Sigrid Nolda
Einführung in die Theorie der Erwachsenenbildung

Grundwissen Erziehungswissenschaft

Die Reihe „Grundwissen Erziehungswissenschaft" stellt Studierenden, Lehrenden und pädagogisch Interessierten den disziplinären Wissensbestand der Erziehungswissenschaft für Studium, Selbststudium und Lehre bereit. In klarer Orientierung am Kerncurriculum der Erziehungswissenschaft der DGfE bilden die Themen der Einzelbände zusammen, systematisch gegliedert, das theoretische Wissen, über das Studierende als Basis für ihr weiteres Studium verfügen sollten.

Die gut verständlichen Texte sind auf neuestem Stand der Forschung und wurden in Lehrveranstaltungen praktisch eingesetzt und gemeinsam mit Studierenden auf ihre Studientauglichkeit hin geprüft. Ein übersichtliches Layout mit leitenden Begriffen in der Randspalte erleichtert den Zugang. Jedes Kapitel enthält am Ende kommentierte Literaturhinweise sowie einen kurzen Überblick über das, was der Leser gelernt haben sollte.

Herausgeber:

Lothar Wigger, Universität Dortmund

Peter Vogel, Universität Dortmund

Sigrid Nolda

Einführung in die Theorie der Erwachsenenbildung

2. Auflage

Die Deutsche Nationalbibliothek verzeichnet diese Publikation
in der Deutschen Nationalbibliografie;
detaillierte bibliografische Daten sind im Internet über
http://dnb.d-nb.de abrufbar.

2., durchgesehene Auflage 2012
© 2012 by WBG (Wissenschaftliche Buchgesellschaft), Darmstadt
1. Auflage 2008
Die Herausgabe des Werkes wurde durch
die Vereinsmitglieder der WBG ermöglicht.
Redaktion: Katharina Gerwens, München
Einbandgestaltung: schreiberVIS, Seeheim
Satz: Lichtsatz Michael Glaese GmbH, Hemsbach
Gedruckt auf säurefreiem und alterungsbeständigem Papier
Printed in Germany

Besuchen Sie uns im Internet: www.wbg-wissenverbindet.de

ISBN 978-3-534-24457-7

Elektronisch sind folgende Ausgaben erhältlich:
eBook (PDF): 978-3-534-72048-4
eBook (epub): 978-3-534-72049-1

Inhalt

Vorbemerkung

Die vorliegende Einführung wendet sich an Studierende der Erziehungswissenschaft. Ziel ist es, einen ersten Überblick über die wesentlichen Fragen und Themen der Erwachsenenbildung zu geben, der auch die historische Entwicklung berücksichtigt. Es geht nicht um *die* Theorie der Erwachsenenbildung oder um eine Auswahl *von* Theorien der Erwachsenenbildung, sondern um eine Darstellung dessen, was aus erziehungswissenschaftlicher Sicht diesem Bereich angehört und was zu einer Theorie der Erwachsenenbildung führen könnte. In diesem Sinn soll in die Theorie, nicht in die Praxis der Erwachsenenbildung eingeführt werden.

Das Buch ist – konsequenter als andere Einführungen – um Verständlichkeit und um Neutralität gegenüber den verschiedenen Richtungen und Ansätzen bemüht. Besonderer Wert wird auf die Einbeziehung der internationalen, in der Regel englischsprachigen Literatur gelegt. Übernahmen aus dem Englischen werden im Text in deutscher Übersetzung und in einem Anhang im Original zur Verfügung gestellt. Die zahlreichen Zitate sollen die unterschiedlichen Autoren und Positionen selbst zu Wort kommen lassen, um den Lesern die Diskussion gegensätzlicher Standpunkte und die Bildung einer eigenen Meinung zu ermöglichen.

Anordnung, Auswahl und Akzentuierung der behandelten Themen sind das Ergebnis von pragmatischen Entscheidungen, die nicht zuletzt durch den vorgegebenen Umfang nötig waren. Verwandte Themen werden durch Querverweise miteinander in Beziehung gesetzt. Zum gezielten Auffinden von Themen, Autoren und Publikationen soll der im Anhang enthaltene Sach- und Personenindex sowie eine alphabetisch angeordnete Literaturliste dienen. Themenbezogene Literaturhinweise finden sich nach Kapitel 1 („Einführende und grundlegende Literatur zur Erwachsenenbildung, deutsch- und englischsprachig"), nach Kapitel 3 („Literatur zur Geschichte der Erwachsenenbildung"), nach Kapitel 7 („Literatur zur Theoriediskussion der Erwachsenenbildung) und nach Kapitel 12 („Literatur zur Erwachsenenbildungsforschung"). Da die Buchtitel aussagekräftig genug sind, wird auf eine Kommentierung der Literatur verzichtet.

A Zugänge

1 Begriffserläuterungen

Über Erwachsenenbildung wird in unterschiedlichen Zusammenhängen gesprochen und geschrieben, ohne dass der Begriff als solcher auftaucht. Für das Lehren und Lernen Erwachsener werden nicht nur unterschiedliche Bezeichnungen verwendet, diese werden zudem nur selten definiert und deutlich voneinander abgegrenzt. Man kann zwar eine historische Entwicklung nachzeichnen, muss aber dabei erkennen, dass nicht immer ein älterer durch einen neueren Begriff abgelöst wird, sondern dass verschiedene Begriffe gleichzeitig nebeneinander benutzt werden. Trotzdem ist eine historische Betrachtung sinnvoll, weil nur diese die Ideen erkennen lässt, die mit den Begriffen ursprünglich verbunden waren und die sich selbst in ihren ironischen Verwendungen niederschlagen. Die Kenntnis der dahinterstehenden Ideen erlaubt es zudem, die Entscheidung für bzw. gegen die Wahl eines der in Frage kommenden Begriffe zu begründen.

1.1 Von der „Volksbildung" zur „Erwachsenenbildung"

Volksbildung Das, was wir heute Erwachsenenbildung nennen, wurde vor allem im 19. Jahrhundert unter den Begriff der Volksbildung gefasst. Der Begriff war zunächst gleichermaßen auf das Kinder-, Jugend- und Erwachsenenalter bezogen. Erst mit der Etablierung von altersspezifischen Bildungsinstitutionen wurde die erwachsene Bevölkerung zum alleinigen Objekt der Volksbildung (vgl. SEITTER 2001a). Erkennbar ist dies an Bezeichnungen wie Volksbibliotheken, Volksbildungsvereine und den auch heute noch so genannten Volkshochschulen. Der Begriff „Volksbildung", in der DDR noch als Bezeichnung für ein entsprechendes Ministerium verwendet, ist inzwischen weitgehend verschwunden, und die ihm verwandten Wörter wie „Volkspädagogik" bzw. „volkspädagogisch" werden – wenn überhaupt – nur in distanzierender Absicht gebraucht (s. Kap. 13.1).

Erwachsenenbildung In der Zeit der Weimarer Republik begann sich der Begriff „Erwachsenenbildung" durchzusetzen, der zunächst gleichwertig neben dem der Volksbildung verwendet wurde, der aber nach dem Zweiten Weltkrieg den der Volksbildung ersetzen sollte. Mit dem Begriff der Erwachsenenbildung sollte der einzelne Erwachsene mit seinen subjektiven und objektiven Bildungsbedürfnissen im Mittelpunkt stehen. Ein Zentraldokument bildet in dieser Hinsicht das Gutachten „Zur Situation und Aufgabe der deutschen Erwachsenenbildung" des Deutschen Ausschusses für das Erziehungs- und Bildungswesen aus dem Jahr 1960. Dort heißt es:

Gutachten des Deutschen Ausschusses „Gebildet im Sinne der Erwachsenenbildung wird jeder, der in der ständigen Bemühung lebt, sich selbst, die Gesellschaft und die Welt zu verstehen und diesem Verständnis gemäß zu handeln." (DEUTSCHER AUSSCHUSS 1960, S. 20)

Mit dieser Definition grenzt sich das Gutachten einerseits von Vorstellungen ab, die Bildung als festen, auf das Individuum bezogenen Besitz sehen, und wendet sich andererseits gegen Konzepte, die das Kollektiv an die erste Stelle setzen oder die Unüberwindbarkeit sozialer Unterschiede betonen. Mit der Figur des Erwachsenen (s. Kap. 8.1) ist eine Grenze gegenüber der Pädagogik als einer auf das Kind gerichteten Erziehungsaktivität gezogen, mit der Betonung von Bildung, an anderer Stelle definiert als „Entschlossenheit, nach neuen Formen der Erkenntnis und der Lebensgestaltung zu suchen" (a. a. O., S. 16), wird der Aspekt der beruflichen Qualifizierung in den Hintergrund gerückt.

1.2 Von der „Erwachsenenbildung" zur „Weiterbildung"

In der Folgezeit hat sich im Zusammenhang mit der sogenannten „realistischen Wende" ein Verständnis von Erwachsenenbildung durchgesetzt, das sich von der Vormachtstellung allgemeinbildenden Wissens ab- und praktisch verwertbaren Kenntnissen zuwandte. Der Begriff „Weiterbildung" schien passender, um – zusammen mit der Idee des Fortschreitens und Aufsteigens – die Verbindung mit bereits erworbenen Kenntnissen zu verdeutlichen. Beispielhaft ist hier der „Strukturplan für das Bildungswesen" des Deutschen Bildungsrats aus dem Jahr 1970. Ausgehend von der Vorstellung einer Verbindung zwischen den Bildungsphasen in der Kindheit und Jugend einerseits und im Erwachsenenalter andererseits wurde Weiterbildung „als Fortsetzung oder Wiederaufnahme organisierten Lernens nach Abschluss einer unterschiedlich ausgedehnten ersten Bildungsphase bestimmt" (DEUTSCHER BILDUNGSRAT 1970, S. 197).

Die „realistische Wende"

Der Strukturplan legte dar, dass der „Auf- und Ausbau eines Weiterbildungssystems zu einem Hauptbereich des Bildungswesens als öffentliche Aufgabe" anzustreben sei. Auf dieser Basis wurde von einem Arbeitskreis von Erwachsenenbildnern ein „Strukturplan Weiterbildung" ausgearbeitet, in dem die realen Voraussetzungen und erforderlichen Schritte für die Schaffung eines flächendeckenden öffentlichen Weiterbildungssystems in der Bundesrepublik beschrieben wurden. Dabei wurde empfohlen, das vorhandene System der öffentlichen Volkshochschulen als Basis zu nutzen – die Volkshochschulen, die sich bis zu dieser Zeit in ihren Verlautbarungen eher der allgemeinen Bildung verschrieben hatten, de facto aber immer beruflich verwertbare Bildungsangebote gemacht hatten, bekannten sich damit auch offiziell zur stärker berufsorientierten Weiterbildung. Allerdings wurde der politische Anspruch, auch bildungsferne Bevölkerungsgruppen zu erreichen und diesen die Teilhabe an einer demokratischen Gesellschaft zu ermöglichen (s. Kap. 2.2), nicht aufgegeben. Im Grunde ging es um die Anerkennung eines bisher vernachlässigten Bildungsbereichs und um die Behebung von ‚Versorgungsdefiziten':

„Strukturplan Weiterbildung"

„Die bisherige Entwicklung hat [...] mit einer gewissen historischen Zwangsläufigkeit schwerwiegende Defizite bei der Versorgung der Bevölkerung entstehen lassen: soziale Defizite, regionale Defizite und curriculare Defizite. Mit sozialen Defiziten meinen wir die oft nachgewiesene Tatsache, daß große Teile der Bevölkerung in der Weiterbildung unterrepräsentiert sind, wie die Arbeiterschaft und andere Gruppen, deren Vorbildung und berufliche Qualifikation gering und deren Grad sonstiger Partizipation niedrig ist. Die regionalen Defizite werden deutlich, wenn man die außerordentliche Beschränktheit der Weiterbildungsmöglichkeiten in vielen Regionen, besonders in abgelegenen Landgebieten betrachtet. Und die curricularen Defizite, die sich auf das inhaltliche Angebot beziehen, stellen sich zur Zeit besonders in der Notwendigkeit dar, politische Bildung mit der Existenznähe beruflicher Qualifizierungen zu vermitteln, weiterhin in dem dringenden Gebot, ein differenziertes Programm bundeseinheitlicher Kurse nach dem Baukastenprinzip auszubauen und abzusichern, sowie in dem Fehlen wichtiger Sachgebiete, die, wie viele technische Fächer mit apparativen Voraussetzungen, bisher vernachlässigt werden mussten." (ARBEITSKREIS STRUKTURPLAN 1975, S. 8)

Verbreitung des Begriffs Weiterbildung

Beide Ziele – die öffentliche Anerkennung der Bildungsarbeit mit Erwachsenen und der Ausbau des Bildungssystems – schienen mit dem Begriff „Weiterbildung" leichter erreichbar zu sein. Tatsächlich hat sich dieser Begriff in der politischen und öffentlichen Diskussion durchgesetzt; er wird aber auch in der Wissenschaft verwendet – auch wenn unter Weiterbildung meist funktionales Weiterlernen, unter Erwachsenenbildung dagegen eher personenbezogenes Lernen verstanden wird (vgl. TIETGENS 2003, S. 61).

1.3 Von der „Weiterbildung" zum „Lebenslangen Lernen"

Politische Bedeutung des Lebenslangen Lernens

Das Konzept des „Lebenslangen Lernens" („Lifelong Learning") erlangte nach einigen weniger beachteten Vorstößen in den 1960er Jahren politische Bedeutung und wurde dann wieder in den 1990er Jahren zu einem allseits verwendeten Begriff. Eine wesentliche Rolle haben dabei die politischen Organisationen UNESCO (United Nations Educational, Scientific and Cultural Organization), OECD (Organisation for Economic Cooperation and Development) und der Europarat eingenommen. Diese Diskussion wurde in den englischsprachigen Ländern und in Europa intensiver geführt als in (West-) Deutschland, wo sich Theorie und Praxis der Erwachsenenbildung eher mit dem Begriffspaar ‚Erwachsenenbildung – Weiterbildung' auseinandersetzten. Im Unterschied zu diesen beiden Begriffen bedeutet Lebenslanges Lernen aber – wie der Name schon sagt – ein Lernen über die gesamte Lebenszeit, schließt also auch die Kinder- und Jugendphase mit ein. In den frühen Lebensphasen soll der Grundstock für ein das Leben begleitendes Lernen gelegt werden, und zwar weniger durch die Vermittlung eines Kanons an Grundwissen, sondern durch das Erarbeiten von Grundfähigkeiten und -einstellungen, wozu vor allem die Fähigkeit zum und das Interesse am Lernen gehören.

„Recurrent education" und „lifelong education"

Bevor sich der Begriff des „Lifelong Learning" durchgesetzt hatte, wurde von „recurrent education", dann von „lifelong education" gesprochen. Als recurrent education wurde, speziell von der OECD, der Prozess einer über das Leben verteilten diskontinuierlichen Wahrnehmung von Bildungsangeboten verstanden. Absicht war es, ein Bildungssystem zu schaffen, das Ausbildung und Praxis im periodischen Wechsel und damit die wiederholte

Aufnahme aktuellen Wissens ermöglicht und sich vom traditionellen Modell einer Vorratsbildung abgrenzt (vgl. KNOLL/KÜNZEL 1981, S. 240f.).

In den 1970er Jahren war international von ‚lifelong education' die Rede, die im Gegensatz zur eher berufsbezogenen recurrent education deutlicher auf allgemeine Bildung bezogen war. Mittlerweile ist der Aspekt des Lernens in den Vordergrund getreten, der sich auch auf selbstorganisierte Lernaktivitäten bezieht, die zu Hause, bei der Arbeit oder in der unmittelbaren Lebensumgebung stattfinden können. Während recurrent education von Unterbrechungen des Berufs durch das Lernen und umgekehrt ausgeht, zielt die Vorstellung des Lifelong Learning auf ein ununterbrochenes Lernen, das von unterschiedlichen, auch unterschiedlich verbindlichen Lernformen in unterschiedlichen Umgebungen geprägt ist (vgl. HASAN 1996).

Als wesentliches Dokument der UNESCO gilt der nach dem damaligen französischen Unterrichts- bzw. Bildungsminister genannte FAURE-Report, der Anfang der 1970er Jahre unter dem Titel „Wie wir leben lernen" erschien. Der Bericht geht davon aus, dass Bildung, die die volle Entfaltung des Menschen zum Ziel hat, nur global und permanent sein kann und einen wesentlichen Motor der Demokratisierung darstellt (vgl. FAURE u.a. 1973, S. 21ff.). Angestrebt wird hier eine Veränderung der gegenwärtigen Gesellschaft zur sogenannten ‚Lerngesellschaft' (s. Kap. 5.6), die dann verwirklicht sei, wenn „das Lernen sich sowohl durch seine Dauer als auch durch seine Vielschichtigkeit auf das ganze Leben ausweitet und Sache der ganzen Gesellschaft und ihrer erzieherischen, sozialen und wirtschaftlichen Mittel" (a.a.O., S. 42) ist. Eingeschränkt wird die Bedeutung von Bildungsinstitutionen, indem betont wird, dass informelles Lernen (s. Kap. 9.4) den Großteil allen menschlichen Lernens umfasst. Der FAURE-Report hat damit nicht-institutionelles Lernen zu einer Zeit fokussiert, als die deutsche Diskussion vor allem um den Ausbau von Erwachsenenbildungseinrichtungen kreiste. Als Kernsatz aus dem FAURE-Report kann deshalb die folgende Erklärung gelten:

Der Faure-Report

> „Bildung muß auf vielfältige Weise erworben werden können; wichtig ist dabei nicht, welchen Weg das Individuum gewählt, sondern was es gelernt hat." (a.a.O., S. 251)

Das Konzept relativierte die Bedeutung der traditionellen, in der ersten Zeit des Lebens stattfindenden institutionellen Bildung und betonte die Bedeutung des Lernens über die gesamte Lebenszeit des Menschen – gleichgültig, ob dieses in institutionellen oder außerinstitutionellen settings stattfindet. Es enthält somit neben der vertikalen (lifelong) auch eine horizontale (lifewide) Dimension und strebt eine Integration auf beiden Ebenen an (vgl. Abb. 1-1, S. 14).

In der Folgezeit wurde dieser Ansatz stärker auf beruflich zu verwertendes Wissens bezogen, ohne die ursprüngliche Intention ganz aufzugeben. Von den zahlreichen neueren Dokumenten zum Lebenslangen Lernen internationaler Organisationen kann exemplarisch das im Jahr 2000 veröffentlichte „Memorandum über lebenslanges Lernen" der Europäischen Union angeführt werden. Auf der Basis der Einschätzung, dass so genannte wissensbasierte Gesellschaften (s. Kap. 5.4) nur unter der Bedingung des Lebenslangen Lernens überleben können, nennt das Memorandum zwei Ziele, die zur

„Memorandum über lebenslanges Lernen"

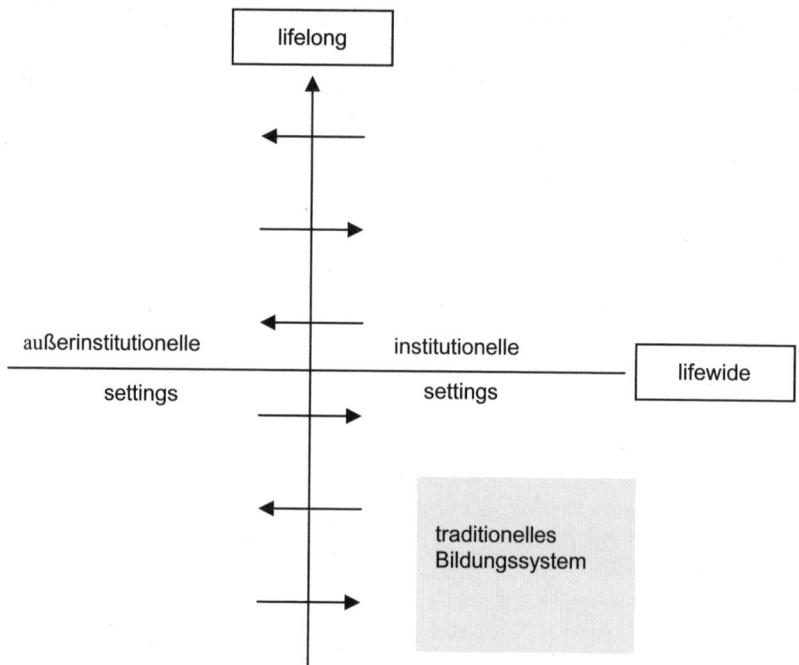

Abb. 1-1: Vertikale und horizontale Dimension des Lebenslangen Lernens
(nach: BOSHIER 2005)

Durchsetzung dieses Prinzips führen sollen: die Förderung der aktiven Staatsbürgerschaft und die Förderung der Beschäftigungsfähigkeit:

„Bei der aktiven Staatsbürgerschaft geht es darum, ob und wie die Menschen in allen Bereichen des sozialen und wirtschaftlichen Lebens teilhaben, es geht um die damit verbundenen Chancen und Risiken, und um die Frage, inwieweit sie das Gefühl entwickeln, zu der Gesellschaft, in der sie leben, dazuzugehören und ein Mitspracherecht zu haben. Für die meisten Menschen gilt, dass während eines großen Teils ihres Lebens die Ausübung einer Erwerbstätigkeit ein wesentlicher Garant für Unabhängigkeit, Selbstachtung und Wohlergehen und damit auch für allgemeine Lebensqualität ist. Beschäftigungsfähigkeit – also die Fähigkeit, eine Beschäftigung zu finden und in Beschäftigung zu bleiben – ist nicht nur eine zentrale Dimension der aktiven Staatsbürgerschaft, sondern auch eine entscheidende Voraussetzung für Vollbeschäftigung, für die Stärkung der Wettbewerbsfähigkeit Europas und für die Gewährleistung von Wohlstand in der ,Neuen Wirtschaft'. Sowohl Beschäftigungsfähigkeit als auch aktive Staatsbürgerschaft setzen voraus, dass man über ausreichende Kenntnisse und Fähigkeiten verfügt, die auf dem neuesten Stand sind und die es ermöglichen, am wirtschaftlichen und sozialen Leben teilzuhaben und einen Beitrag zu leisten." (Kommission der Europäischen Gemeinschaften 2000, S. 6)

Lebenslanges bzw. lebensbreites (REISCHMANN 2004, S. 92 f.) oder lebensbegleitendes Lernen (vgl. BRÖDEL/KREIMEYER 2004) ist ein alle Altersstufen, Bildungsinstitutionen und Lernformen umgreifendes bildungspolitisches Konzept, das erst allmählich auch zum Thema wissenschaftlicher Auseinandersetzungen wird. In Deutschland wird es am ehesten von Vertretern der

Erwachsenenbildungswissenschaft aufgenommen, während die Schulpä-
dagogik und Hochschuldidaktik vergleichsweise verhalten reagieren (vgl.
KRAUS 2001).

Von Anfang an haben sich aber auch kritische Positionen Gehör verschaf- *Lebenslanges Lernen*
fen können: 1976 ist im gleichen Verlag, in dem 1973 der Faure-Bericht *als Verschulung*
„Wie wir leben lernen" erschienen ist, ein Buch veröffentlicht worden, das
gegen eine „lebenslängliche Verschulung" mit dem Ziel, „die Menschen
wirksamer in die Klassenstruktur einzupassen, was für eine zentralisierte, ef-
fektive industrielle Produktion unvermeidlich ist" (DAUBER/VERNE 1976, S. 7)
Position bezieht. Im sogenannten „Manifest von Cuernavaca" werden deshalb Prüfungen und professionelle Lehrer abgelehnt, und es wird vielmehr
der Wert eines herrschaftsfreien bzw. -kritischen, selbstorganisierten und
praxisrelevanten Lernens betont:

„Darum schlagen wir vor:
a) Es ist wichtiger, bestehendes Wissen für jedermann zugänglich zu machen, als
weiteres Expertenwissen anzuhäufen.
b) Experten, wie zum Beispiel Lehrer, Ärzte, Rechtsanwälte, Ingenieure, Wissen-
schaftler, Architekten u. a., sollen verpflichtet sein, andere an ihren Fähigkeiten, ihrer
Fachkenntnis und ihrem Wissen teilhaben zu lassen. Dies bedeutet einen Verzicht
auf ihr professionelles Monopol.
c) Arbeitnehmern muß am Arbeitsplatz selbst Zeit zur Verfügung stehen, dessen Bedingungen zu erforschen und daran zu lernen, um dadurch fähig zu werden, die Ar-
beitsorganisation und ihren Arbeitsplatz kontinuierlich nach ihren Bedürfnissen neu
zu gestalten.
d) Noten, Zeugnisse und Prüfungen sind abzuschaffen. Es soll gesetzlich verboten
sein, schulische Abschlußzeugnisse oder irgendeine Form von Persönlichkeitstests
zur Voraussetzung dafür zu machen, einen Beruf ergreifen zu können. Die Fähigkeit
einer Person, einen Beruf qualifiziert auszuüben, soll von den Mitarbeitern am Arbeitsplatz oder den Klienten beurteilt werden.
e) Individuen und Gruppen sollen ermutigt werden, in ihren Gemeinden Werkstatt-
seminare zu entwickeln und Gemeinschaftszentren aufzubauen, die jedermann offenstehen, die durch ihre Benutzer kontrolliert werden, in denen Lernen und Tun verbunden ist, um kritische Analyse und Selbstvertrauen zu fördern.
f) Der freie Zugang zu Massenmedien und die Kontrolle über sie muß dadurch gesi-
chert werden, daß ihre Komplexität vereinfacht und die Zahl der zur Verfügung stehenden Einrichtungen vermehrt wird.
g) Jedermann soll, ohne Rücksicht auf Ausbildung oder Berechtigungsnachweis, das
Recht haben, seine Erfahrung, sein Wissen oder seine Fähigkeiten mit anderen zu
teilen. Darum wenden wir uns gegen jede Professionalisierung der Erwachsenener-
zieher." (a. a. O., S. 18)

Mit den Veränderungen des Konzepts – von der lifelong education zum *Lebenslanges Lernen*
lifelong learning und mit der Anerkennung auch informellen und selbstge- *als soziale Kontrolle*
steuerten Lernens – hat sich auch die Kritik an diesem Konzept gewandelt.
Vor allem wird die Vagheit des Konzepts angegriffen, das sich nicht nur auf
verschiedene Bereiche wie die des beruflichen und nicht-beruflichen Lernens bezieht, sondern auch unterschiedlichen, wenn nicht sogar gegensätz-
lichen Zwecken und dabei vor allem der sozialen Kontrolle dienen kann
(vgl. COFFIELD 1999, S. 487 f.). Speziell aus machttheoretischer Sicht (s.
Kap. 7.3) werden die Kontrolle über bisher nichtöffentliche Bereiche wie informelles Lernen und die Steuerung durch Selbststeuerungsaufforderungen

kritisch dargestellt, und es wird befürchtet, dass mit der Durchsetzung des Konzepts lernungewohnte Menschen benachteiligt werden und die Bedeutung von Bildungsinstitutionen abnimmt:

„Tatsächlich geht es beim Lebenslangen Lernen um einen gigantischen Umerziehungsprozess der Bevölkerung. Sie soll lernen, eigenaktiv zu lernen. Lebenslanges Lernen stellt sich als ehrgeiziges Metabildungsprogramm heraus, in dem es darum geht, die Bevölkerung moderner industrialisierter Gesellschaften auf eine Bildungseinstellung zu verpflichten, in der sie sich das bisher von Bildungsinstitutionen Vermittelte jenseits dieser Institutionen ‚selbst' aneignet." (FORNECK 2001)

1.4 Erwachsenenbildung oder Weiterbildung?

Bildung vs. Qualifizierung und Erziehung

Wenn Volksbildung politisch diskreditiert und national verengt, Lebenslanges Lernen auf die gesamte Lebensspanne und damit eben auch auf Kinder- und Jugendbildung bezogen ist, dann bleibt die Frage, ob man besser von Erwachsenenbildung oder von Weiterbildung sprechen sollte. Obwohl das Ziel beruflicher Weiterbildung bekanntlich auch, wenn nicht in erster Linie, Qualifizierung ist, hat sich der Begriff „Erwachsenenqualifizierung", der in der DDR geläufig war, nicht durchsetzen können. Daran ist erkennbar, dass die Akteure in diesem Feld – Theoretiker ebenso wie Praktiker – offensichtlich den Anspruch haben, Erwachsene als allgemein entwicklungsfähige Personen anzusprechen und ihnen mehr als nur eine äußerliche Anpassung an berufliche Notwendigkeiten zu ermöglichen. Auch der Begriff Erziehung, der ein Erzieher-Zögling-Verhältnis beinhaltet, wird traditionell in Bezug auf Erwachsene so gut wie nicht benutzt. Der englische Begriff „education", der sowohl Erziehung als auch Bildung umfasst, könnte dagegen als „adult education" problemlos auf Erwachsene angewandt werden. Er entspricht dem deutschen Begriff der Erwachsenenbildung, so wie „continuing education" dem deutschen Begriff der Weiterbildung entspricht.

Allgemeinbildung und Berufsbezug

Die Diskussion konzentriert sich also auf die Begriffe Erwachsenenbildung und Weiterbildung. Einerseits liegt es nahe, sich – zum besseren allgemeinen Verständnis oder zur politischen Durchsetzung von Vorhaben – des in der Öffentlichkeit verbreiteten Begriffs Weiterbildung zu bedienen. Andererseits ist mit dem Begriff Weiterbildung häufig eine Eingrenzung auf die Vermittlung und Aneignung unmittelbar berufsrelevanten Wissens verbunden, so dass eine davon unabhängige Vertiefung von Wissen oder ein In-Frage-Stellen von Einstellungen damit meist nicht assoziiert werden. Erwachsenenbildung aber umfasst beide Aspekte – den allgemeinbildenden und den anwendungsbezogenen. Hinzu kommt, dass beide Ausrichtungen nicht immer eindeutig voneinander abgegrenzt werden können (vgl. SCHIERSMANN 2007b, S. 24): Das Erlernen von Fremdsprachen in organisierten Kursen beispielsweise kann sowohl für den Erwerbs- wie für den Privatbereich sinnvoll sein.

Institutionelle und nicht-institutionelle Formen

Dies würde dafür sprechen, den Begriff Erwachsenenbildung als Oberbegriff zu verwenden, der nicht nur allgemeine Erwachsenenbildung und berufliche Weiterbildung, sondern auch institutionelle und institutionsunabhängige Formen (vgl. Abb. 1-2) umfasst. Erwachsenenbildung bezieht sich damit auf das institutionell organisierte und das nicht-organisierte Lehren und Lernen Erwachsener, das berufsbezogene Qualifizierung ebenso wie allgemeine Bildung betrifft.

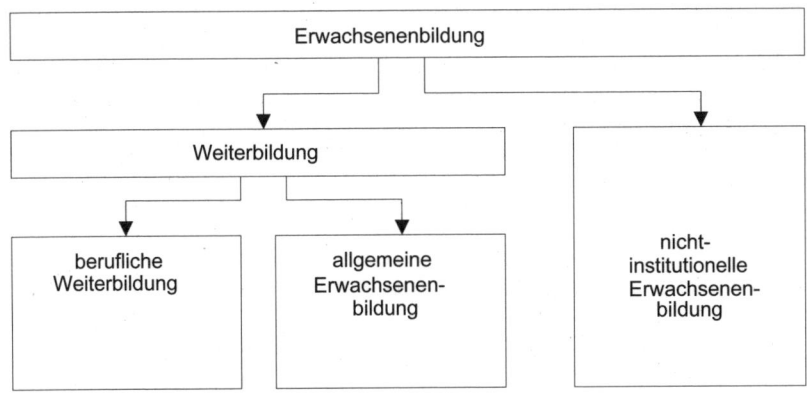

Abb. 1-2: Erwachsenenbildung als Oberbegriff
         (nach: WEINBERG 2000, S. 39)

Erwachsenenbildung als Disziplin

Erwachsenenbildung bezeichnet aber nicht nur das Feld der praktischen Anwendung, sondern auch die – relativ junge – wissenschaftliche Disziplin gleichen Namens. In Deutschland gibt es seit den 1970er Jahren Lehrstühle für diesen Bildungsbereich, in England seit den 20er und in Schweden erst seit den 80er Jahren. Obwohl auch hier keine einheitliche Bezeichnung festgestellt werden kann, führen die meisten deutschen Lehrstühle (noch) die Bezeichnung Erwachsenenbildung. Dementsprechend trägt die für diesen Bereich zuständige Kommission bei der Deutschen Gesellschaft für Erziehungswissenschaften den Namen „Kommission Erwachsenenbildung", und das führende außeruniversitäre Institut heißt „Deutsches Institut für Erwachsenenbildung". Einige Einführungen in das Fach benutzen den Begriff Erwachsenenbildung, andere den Begriff Weiterbildung und manche führen beide Bezeichnungen im Titel. Um Abweichungen von der zitierten Literatur möglichst gering zu halten, werden deshalb auch in der vorliegenden Einführung beide Begriffe gelegentlich synonym verwendet.

Was Sie wissen sollten, wenn Sie Kapitel 1 gelesen haben:

- Sie sollten die Begriffe Erwachsenenbildung und Weiterbildung in ihrer historischen Entstehung erläutern können.
- Sie sollten die Entwicklung des Konzepts des Lebenslangen Lernens und die darauf bezogene Kritik nachzeichnen können.
- Sie sollten Argumente anführen können, die für und solche, die gegen die Verwendung des Begriffs „Erwachsenenbildung" sprechen.

Einführende und grundlegende Literatur zur Erwachsenenbildung

Für die Erwachsenenbildung ist in den letzten Jahren eine Reihe von Einführungen erschienen, die den jeweils aktuellen Stand einerseits und die spezifische Perspektive des

Autors bzw. der Autorengruppe spiegeln. Es empfiehlt sich, einige dieser Einführungen unter Beachtung des Jahres der Erstauflage miteinander und punktuell mit den Wörter- und Handbüchern zu vergleichen. Da die internationale Diskussion in der deutschen Literatur bisher kaum berücksichtigt wurde, sollte zusätzlich auf die unten angeführten englischsprachige Grundlagenliteratur zurückgegriffen werden.

Deutschsprachige Literatur:

ARNOLD, ROLF ([5]2006): **Erwachsenenbildung. Eine Einführung in Grundlagen, Probleme und Perspektiven**. Hohengehren. Erstauflage: 1988.

ARNOLD, ROLF/NOLDA, SIGRID/NUISSL, EKKEHARD (Hrsg.) ([2]2010): **Wörterbuch der Erwachsenenbildung**. Bad Heilbrunn.

FAULSTICH, PETER ([3]2008): **Weiterbildung. Begründungen lebensentfaltender Bildung.** München.

FAULSTICH, PETER/ZEUNER, CHRISTINE ([2]2006): **Erwachsenenbildung. Eine handlungsorientierte Einführung in Theorie, Didaktik und Adressaten**. Weinheim. Erstauflage 2002.

FORNECK, HERMANN J./WRANA, DANIEL (2005): **Ein parzelliertes Feld. Eine Einführung in die Erwachsenenbildung.** Bielefeld.

HOF, CHRISTIANE. (2009): **Lebenslanges Lernen. Eine Einführung**. Stuttgart.

HUFER, KLAUS-PETER (2009): **Erwachsenenbildung. Eine Einführung**. Schwalbach/Ts.

KADE, JOCHEN/NITTEL, DIETER/SEITTER, WOLFGANG ([2]2007): **Einführung in die Erwachsenenbildung, Weiterbildung**. Stuttgart. Erstauflage 1999.

NUISSL, EKKEHARD (2000): **Einführung in die Weiterbildung: Zugänge, Probleme und Handlungsfelder**. Neuwied.

TIETGENS, HANS (1981): **Die Erwachsenenbildung**. München.

TIPPELT, RUDOLF/HIPPEL, AIGA VON (Hrsg.) (2009): **Handbuch Erwachsenenbildung/ Weiterbildung**. Wiesbaden.

WEINBERG, JOHANNES (2000): **Einführung in das Studium der Erwachsenenbildung**. Bad Heilbrunn. überarb. Neuaufl.

WEISSER, JAN (2002): **Einführung in die Weiterbildung**. Weinheim.

WITTPOTH, JÜRGEN ([3]2009): **Einführung in die Erwachsenenbildung**. Opladen. Erstauflage: 2003.

Englischsprachige Literatur:

ENGLISH, LEONA M. (Hrsg.) (2005): **International Encyclopedia of Adult Education**. New York.

JARVIS, PETER (1983): **Adult and Continuing Education: Theory and Practice**. London.

JARVIS, PETER (1990): **International Dictionary of Adult and Continuing Education**. London.

KNOWLES, MALCOLM S. (1980): **The Modern Practice of Adult Education: From Pedagogy to Andragogy**. New York.

LOWE, JOHN ([2]1982): **The Education of Adults in a World Perspective.** Paris.

ROSE, AMY D./KASWORM, CAROL E./ROSS-GORDON, JOVITA M. (Hrsg.) (2010): **Handbook of adult and continuing education**. Los Angeles u. a.

TIGHT, MALCOLM ([2]2002): **Key Concepts in Adult Education and Training**. London.

TITMUS, COLIN J. u. a. (1979): **Terminology of Adult Education**. Paris.

TITMUS, COLIN J. (Hrsg.) (1989): **Lifelong Education for Adults. An International Handbook**. Oxford.

TUIJNMAN, ALBERT C. (Hrsg.) (1996): **International Encyclopedia of Adult Education and Training**. Paris.

B Historische Konzepte und aktuelle Theorien

Anders als Kinder- und Jugendbildung scheint Erwachsenenbildung der Rechtfertigung zu bedürfen. Die Geschichte der Erwachsenenbildung ist deshalb eng mit der Geschichte von Konzepten verbunden, die Ziele und Begründungen von Erwachsenenbildung beschreiben. Diese Konzepte sind normativ, geben also vor, wie bzw. was Erwachsenenbildung sein soll. In den Kapiteln 2 und 3 werden solche Konzepte von Erwachsenenbildung skizziert, auf die mit unterschiedlichen Akzentuierungen bis heute zurückgegriffen wird. In den Kapiteln 4 bis 7 geht es nicht um Rechtfertigungen, sondern um Wege, grundlegende Phänomene und Prozesse zu verstehen. Dabei wurden Theorien herangezogen, die außerhalb der Erwachsenenbildung entwickelt wurden, dann aber auf spezielle Probleme der Erwachsenenbildung angewendet worden sind.

2 Ziele von Erwachsenenbildung

2.1 Aufklärung als Mündigkeit

Mit der Aufklärung etablierte sich im 18. Jahrhundert ein neues Selbstverständnis des Menschen, in dem die fortgesetzte Auseinandersetzung mit der Welt einen zentralen Platz einnahm. Traditionelle Bindungen verloren an Bedeutung; politischer, gesellschaftlicher und wirtschaftlicher Wandel erforderte den Erwerb neuen Wissens und neuer Formen der Kommunikation. Während die christliche Religion ein gottgefälliges Leben verlangte und Erlösung im Jenseits versprach, waren die Anstrengungen der Aufklärer auf die positive Gestaltung des Diesseits gerichtet. Diese sollte durch religiöse Toleranz, rechtliche Gleichstellung aller Menschen, Meinungsfreiheit sowie persönliche, wirtschaftliche und politische Freiheit gewährleistet werden. Moralisches Handeln stellte sich somit nicht als Unterordnung unter (religiöse) Gebote, sondern als Vernunftentscheidung dar: Es ist vernünftig, so zu handeln, dass das eigene Handeln als Gesetz für alle anderen gelten könnte – so die moderne Übersetzung des von IMMANUEL KANT (1724–1804) formulierten kategorischen Imperativs („Handle so, dass jeder Zeit dein Handeln zur Maxime des Handelns erhoben werden kann!").

Freiheit und Vernunft

Die Vernunft, nicht der Glaube prägte die Epoche, die auch als „Age of reason" (so der Titel eines 1795 erschienenen Buchs von THOMAS PAINE) bezeichnet wurde. Mit Hilfe der Vernunft sollte der Mensch mündig werden – auch und gerade der erwachsene Mensch. Bis heute immer wieder zitiert wird die Antwort KANTS auf die Frage „Was ist Aufklärung?"

„Aufklärung ist der Ausgang des Menschen aus seiner selbst verschuldeten Unmündigkeit. Unmündigkeit ist das Unvermögen, sich seines Verstandes ohne Leitung eines anderen zu bedienen. Selbst verschuldet ist diese Unmündigkeit, wenn Ursa-

Selbstverschuldete Unmündigkeit

chen derselben nicht am Mangel des Verstandes, sondern der Entschließung und des Mutes liegt, sich seiner ohne Leitung eines anderen zu bedienen. Sapere aude! Habe Mut, Dich deines eigenen Verstandes zu bedienen! Ist also der Wahlspruch der Aufklärung." (KANT 1784)

Der Mensch wird nicht als Opfer gesehen, sondern als derjenige, der seine eigene Unmündigkeit selbst zu verantworten hat. In dieser zu verbleiben ist Zeichen mangelnden Mutes und fehlender Entschlusskraft. Das auffordernde Moment der Aufklärung, hier auch durch die grammatische Form des Imperativs erkennbar, ist als Gegensatz zu Bescheidung und Demut, aber auch zu Faulheit und Passivität gedacht.

In der Aufklärung ist der Beginn der Durchsetzung der Idee der Erwachsenenbildung anzusetzen. In dieser Zeit sind auch schon ihre wesentlichen Ausrichtungen erkennbar, die sich im Laufe der Zeit in unterschiedlicher Intensität entwickelt, sich teilweise abgespalten und dann auch wieder miteinander verbunden haben. Was heute als personenbezogene und politische Bildung, als berufliche und freizeitbezogene Bildung bezeichnet wird, findet sich bereits im Konzept der zugleich rational wie ethisch orientierten Aufklärung. In den Begriffen der damaligen Zeit ging es um „Selbstbestimmung und Gemeinwohl, Nützlichkeit und Geselligkeit, mit dem Ziel einer Einheit von Vernunft und Tugend" (TIETGENS 1999, S. 27).

Aufklärende Schriften
Dieses Konzept wurde auch praktisch durchzusetzen versucht. Anfang des 18. Jahrhunderts erschienen – zuerst in England – sogenannte moralische Wochenschriften, die eine rationale Weltsicht propagierten und vielfältige Probleme des täglichen Lebens, aber auch moralische, wirtschaftliche, theologische, medizinische und vor allem auch pädagogische Fragen behandelten. Daneben erschien eine Reihe von volkspädagogischen Schriften mit belehrendem Charakter. Vermittelt wurde in erster Linie unmittelbar anwendbares Wissen, wobei die unterhaltsame Form der Erzählung bevorzugt wurde. Erkennbar ist dies bereits am Titel des wohl bekanntesten Beispiels dieser Gattung, dem „Noth- und Hülfsbüchlein oder lehrreiche Freuden- und Trauergeschichte der Einwohner von Mildheim" von RUDOLF ZACHARIAS BECKER (1759–1822). Auch der geistliche Stand war an derartiger Volksaufklärung beteiligt. So erschien 1791 in Zürich ein ‚Lesebuch für Landgeistliche und Bauern' mit dem Titel „Der vernünftige Dorfpfarrer", in dem etwa erzählt und mit Illustrationen veranschaulicht wurde, wie ein idealer Kinderspielplatz einzurichten sei (vgl. LICHTENBERG 1970).

Vereine und Gesellschaften
Mit dem Anstieg des Teils der Bevölkerung, der lesen und schreiben konnte, und dem Wechsel vom wiederholten, andächtigen Lesen zum Lesen von immer neuen Publikationen, waren die Voraussetzungen für diese Art der Aufklärung gegeben. Sie verband sich aber auch mit neuen Formen der Lesen und Lernen fördernden Geselligkeit. Hier sind an erster Stelle die zahllosen Vereine und Gesellschaften zu nennen, die in dieser Zeit gegründet wurden. Dort fanden sich Bürger aus unterschiedlichen Berufen zusammen, die nicht nur an Fragen der Kultur, sondern auch an solchen des öffentlichen Lebens, speziell an Ökonomie und Politik, interessiert waren und nach Mitbestimmung und Mitverantwortung verlangten. In den demokratisch organisierten Vereinen oder Assoziationen trafen sich Gleichgesinnte mit einem starken Interesse an Informationen aus allen Bereichen des Wissens und des

gesellschaftlichen Lebens. Eine besondere Rolle spielten dabei die in ganz Europa verbreiteten sogenannten ‚Lesegesellschaften' (vgl. DANN 1988), die den benötigten Lesestoff anschafften und bereitstellten, teilweise aber auch Vorträge anboten und die Möglichkeit zur gemeinsamen Diskussion schufen. Sie können deshalb als Frühform organisierter Erwachsenenbildung gelten (vgl. OLBRICH 2001, S. 42).

In Zeitungen und Zeitschriften sowie bei nicht-privaten Zusammenkünften in Kaffeehäusern und Salons wurde eine – kritische – bürgerliche Öffentlichkeit praktiziert. Durch das öffentliche Räsonnement waren die Voraussetzungen für eine Teilhabe an politisch-gesellschaftlichen Prozessen gegeben: Theoretisch (und manchmal auch praktisch) konnten die eigenen Bedürfnisse vermittelt werden, und der mündige Bürger konnte die Staatstätigkeit einer demokratischen Kontrolle unterwerfen (vgl. HABERMAS 1996).

Bürgerliche Öffentlichkeit

Mündigkeit meint hier nicht Volljährigkeit im juristischen Sinn, sondern im Sinne der Aufklärung Selbstbestimmung und Selbstbildung. Auf das Ziel Mündigkeit kann erzogen werden, die Mündigkeit selbst wird dann aber als „prozeßhaft lebenslange Aufgabe des Subjekts" (WEBER 1994, S. 89) verstanden. Zu ihrer Bewältigung können – unter entsprechenden gesellschaftlichen Rahmenbedingungen – (erwachsenen-)pädagogische Arrangements beitragen. Die Idee der Mündigkeit war und ist ein von fast allen getragenes Ziel der Bildungsarbeit, gerade auch mit Erwachsenen. Sie ist eng mit der Idee der Demokratisierung verbunden und kann in Deutschland deshalb in den Vorstellungen zur Bildungsarbeit mit Erwachsenen in der Weimarer Republik (vgl. ZEUNER 2001), nicht aber in der Erwachsenenbildung der Zeit des Nationalsozialismus nachgewiesen werden. Eine besonders große, auch kontroverse öffentliche Resonanz hatte sie in der Zeit der Studentenbewegung.

Mündigkeit

Erst in den letzten Jahren äußern sich Stimmen, die nicht das Ziel, wohl aber naive Machbarkeitsvorstellungen in Frage stellen und die Freisetzung des Menschen auch als Belastung und sogar als indirekte Manipulation beschreiben. An zwei Buchtiteln kann man diese Entwicklung ablesen: Im Jahr 1971 erschien der Band „Erziehung zur Mündigkeit", der Gespräche mit THEODOR W. ADORNO, dem Hauptvertreter der sogenannten „Kritischen Theorie", über Fragen der Pädagogik, darunter auch der Erwachsenenbildung, enthielt. 2002 hat der Schüler seines Schülers JÜRGEN HABERMAS, AXEL HONNETH, einen Band herausgegeben, der den Titel „Befreiung aus der Mündigkeit" trägt und der den Paradoxien nachgeht, die mit diesem Konzept verbunden sind. In der Erwachsenenbildung selbst wird dieses Problem neuerdings unter machttheoretischen Aspekten diskutiert (s. Kap. 7.3).

2.2 „Bildung für alle"

Mit der Französischen Revolution hatte sich die Idee der Gleichberechtigung (‚égalité') festgesetzt – auf Bildung bezogen bedeutete dies die Aufhebung ihrer Beschränkung auf die (männlichen) Angehörigen der gehobenen Schichten und auf das Kinder- und Jugendalter. Es entstanden Pläne, die eine allgemeine Versorgung mit Bildung vorsahen. In Frankreich wurde ein soge-

Französische Revolution: Bildung und Unterricht für alle

nannter Nationalerziehungsplan („Decret sur l'organisation générale de l'instruction publique") entworfen, der das Menschenrecht auf Vervollkommnung aller Fähigkeiten und Fertigkeiten für jeden, unabhängig von Alter, Geschlecht und Herkunft, gewährleisten sollte. Sein Verfasser JEAN MARIE ANTOINE CONDORCET (1752–1794) trug im April 1792 den Entwurf der Nationalversammlung vor und forderte als „erstes Ziel eines nationalen Unterrichtswesens":

National-
erziehungsplan

„allen Angehörigen des Menschengeschlechts die Mittel zugänglich zu machen, daß sie für ihre Bedürfnisse sorgen, ihr Wohlergehen sichern, ihre Rechte erkennen und ausüben, ihre Pflichten begreifen und erfüllen können;
jedem die Möglichkeit zu sichern, seine berufliche Geschicklichkeit zu vervollkommnen, sich für gesellschaftliche Funktionen vorzubereiten, zu denen berufen zu werden er berechtigt ist, den ganzen Umfang seiner Talente, die er von der Natur empfangen hat, zu entfalten und dadurch unter den Bürgern eine tatsächliche Gleichheit herzustellen und die politische Gleichheit, die das Gesetz als berechtigt anerkannt hat, zu einer wirklichen zu machen." (CONDORCET 1966, S. 20 f.)

Die Ausbildung der menschlichen Fähigkeiten sollte dem ständigen Fortschritt der Gesellschaft bzw. der Nation dienen und konnte deshalb niemals abgeschlossen sein. Der Nationalerziehungsplan sah ausdrücklich auch Unterricht für Erwachsene vor und kann als frühes Beispiel der Idee des Lebenslangen Lernens (s. Kap. 1.3) gelten, das auch Selbstlernen (Benutzung eines Lexikons, Lesen einer Landkarte, Anfertigen von Notizen und Auszügen aus Büchern) einschloss. In Deutschland wurde von HEINRICH STEPHANI (1761–1850) ein ähnlicher Plan entwickelt, der neben der Einrichtung von Stadt- und Dorfbibliotheken auch die von Erziehungsanstalten für Erwachsene vorschlug. Zu dieser Form der Institutionalisierung ist es weder in Frankreich noch in anderen europäischen Ländern gekommen, und die Verbreitung der (Selbst-)Bildung und des Lernens Erwachsener hat sich zunächst auch fern von schulischen Einrichtungen vollzogen: zum einen durch Publikationen und zum anderen durch Vereine und Gesellschaften.

Gesellschaft für
Verbreitung von
Volksbildung:
Teilhabe des Volkes?

In den Vereinen und Gesellschaften war der Zugang zu dieser Öffentlichkeit zwar prinzipiell frei – de facto aber auf das Bürgertum (und vor allem auf seinen männlichen Teil) beschränkt. Dieser weitgehenden Beschränkung der Teilhabe auf das Bürgertum im 18. Jahrhundert stand im 19. Jahrhundert die Forderung nach der Ermöglichung der Teilhabe der unteren Volksschichten und vor allem der Arbeiterschaft entgegen. So verfolgte die 1871 gegründete „Gesellschaft für Verbreitung von Volksbildung" – laut Statut – den Zweck,

„der städtischen und ländlichen Bevölkerung, welcher durch die staatlichen Volksschulen im Kindesalter nur die Elemente der Bildung zugänglich gemacht werden, dauernd Bildungsstoff und Bildungsmittel zuzuführen, um sie in höherem Grade zu befähigen, ihre Aufgaben im Staate, in Gemeinde und Gesellschaft zu verstehen und zu bewältigen".

Kritiker haben darauf hingewiesen, dass hier nicht das Durchsetzen eigener Bedürfnisse, sondern das Verständnis der – von außen – gestellten politisch-gesellschaftlichen Aufgaben im Vordergrund stehe (vgl. DRÄGER 1975).

Die im Aufklärungskonzept enthaltenen Aspekte der Selbstbildung und des kritischen Vernunftgebrauchs seien damit hinfällig.

Mit dem Übergang von der Monarchie zur Demokratie erwuchs 1918 in Deutschland die Notwendigkeit, Erwachsene aller Schichten zur Teilnahme am politischen Leben zu bewegen. Dies schien über traditionelle Formen der in gleichartiger Weise an viele gerichteten ‚extensiven' Wissensvermittlung nicht möglich. Von den Vertretern der sogenannten ‚Neuen Richtung' wurde deshalb davon ausgegangen, dass ein solcher Einfluss auf die Gesellschaft, auf das damals sogenannte ‚Volksganze', nur von kleinen Gruppen ausgehen könne, die in speziellen sogenannten „Arbeitsgemeinschaften" entsprechend intensiv ausgebildet werden sollten. Lehrende und Lernende sollten demnach eine Arbeitsgemeinschaft im Sinne einer Lerngruppe bilden, die gemeinsam über Verfahren und Inhalte entscheidet. Angestrebt war eine Überwindung der durch die gesellschaftlichen Schichten gesetzten Grenzen sowie eine Herausbildung gemeinsamer Lebensformen von Arbeitern und Intellektuellen. Die Arbeitsgemeinschaft sollte der Kern und gleichzeitig die Vorwegnahme der neuen Volksgemeinschaft sein (vgl. OLBRICH 1980, S. 27).

,Neue Richtung': stellvertretende Teilhabe

Ähnlich argumentierten die Autoren des 1960 erschienenen Gutachtens des „Deutschen Ausschusses für das Erziehungs- und Bildungswesen" (s. Kap. 1.2), indem sie zwischen den ‚Massen' und den ‚aktiven Minderheiten' unterschieden. Die Erwachsenenbildung sei zwar für alle Menschen zuständig, wende sich aber speziell an die ‚aktiven Minderheiten', von denen ein besonderer Beitrag für die demokratische Gemeinschaft zu erwarten sei:

Gutachten des Deutschen Ausschusses: Teilhabe durch aktive Minderheiten

„Unsere Demokratie wird schon Festigkeit gewinnen, wenn keine Schicht der Gesellschaft von der Möglichkeit, sich zu bilden, ausgeschlossen ist und aktive Minderheiten in allen Gruppen diese Chance wahrnehmen. Die Einrichtungen der Erwachsenenbildung müssen sich an alle wenden und müssen allen offenstehen, schon um sie gegen die entbildenden Mächte der Zeit widerstandsfähig zu machen, aber auch um ihnen zu helfen, den Weg zu sich selbst zu finden. Diese Einrichtungen werden aber vor allem jene aktiven Minderheiten stützen müssen." (DEUTSCHER AUSSCHUSS 1960, S. 16)

In neueren Konzeptionen der politischen Erwachsenenbildung werden diese Einschränkungen nicht fortgeführt. Teilhabe wird als Bedürfnis aller Menschen dargestellt, und es wird impliziert, dass Erwachsenenbildung dazu beitragen könne. So heißt es in der Bildungskonzeption des Bundesvorstands der Vereinten Dienstleistungsgewerkschaft ver.di, die ausdrücklich für die Orientierung am Menschen, am Subjekt eintritt:

Teilhabe aller Menschen

„Subjektorientierung geht von der Vorstellung aus, dass Menschen ein Bedürfnis haben sich weiterzuentwickeln, am gesellschaftlichen Leben teilzuhaben und ihre Umwelt zu beeinflussen. Das menschliche Interesse ist auf erweiterte gesellschaftliche Teilhabe gerichtet: Im Beruf, in der Politik, in der Freizeit usw. ist Lernen in diesem Zusammenhang eine zielorientierte Tätigkeit, mit der Lernende ihre persönlichen Interessen realisieren wollen." (VER.DI 2007, S. 13)

Teilhabe ist ein historischer, aber immer noch geläufiger Terminus in der Erwachsenenbildungsdiskussion, der in letzter Zeit durch den Begriff der Inklusion (vgl. Kronauer 2010) ersetzt zu werden scheint. Man kann zwischen

Inklusion

politischer, sozialer und bildungsbezogener bzw. kultureller Inklusion (bzw. Exklusion, also Ausschließung) unterscheiden. Es ist demnach zu trennen zwischen der realen Teilhabe an Erwachsenenbildung und der durch Erwachsenenbildung zu ermöglichenden Teilhabe an der Gesellschaft. Dass das eine das andere bedingt, liegt ebenso auf der Hand wie die oft beklagte Tatsache, dass die durch Schulausbildung ermöglichte Inklusionsleistung kaum durch Erwachsenenbildung erreicht werden kann (s. Kap. 8). Teilhabe an Erwachsenenbildung und Teilhabe an der Gesellschaft sind auf diese Weise zwar miteinander verbunden, aber nicht identisch.

„Education for All"   Die von der Gleichheitslosung der Französischen Revolution beeinflusste Idee der Teilhabe scheint auch heute nicht an Bedeutung verloren zu haben. Das betrifft die politische und soziale wie auch die auf den Besuch von Bildungsinstitutionen bzw. die Wahrnehmung von Bildungsgelegenheiten bezogene Inklusion – umso mehr wenn man in globaler Sicht auch die Länder der sogenannten Dritten Welt mitberücksichtigt: Die Forderung „Bildung für Alle" stand im Mittelpunkt der Konferenz der UNESCO, die 1990 in Jomtien (Thailand) stattfand. Verabschiedet wurden die „World Declaration on Education for All" und ein „Framework for Action", deren Ziele es waren, dass es weltweit bis zum Jahr 2000 keine erwachsenen Analphabeten mehr geben sollte. Auf dem Weltbildungsforum „Education for All" 2000 in Dakar haben sich 164 Länder dann u. a. dazu verpflichtet, bis zum Jahr 2015 die Analphabetenrate bei Erwachsenen um die Hälfte zu senken und ein angemessenes Grundbildungsniveau für Erwachsene zu sichern.

Teilhabe durch   Eine aktuelle Bedeutung hat die Frage der Teilhabe am globalen gesell-
Medien?   schaftlichen Leben durch die Durchsetzung der elektronischen Medien erfahren, die ursprünglich von der Hoffnung begleitet war, Teilhabemöglichkeiten zu vervielfachen und zu erleichtern. Inzwischen mehren sich aber die Stimmen, die – unter dem Stichwort „Digital Divide" – durch die Medien bedingte Benachteiligungen diskutieren. Damit sind zwei Konsequenzen für die Erwachsenenbildung verbunden: Zum einen die Frage, inwieweit diese selbst durch Angebote wie E-Learning bestimmte Lernende ausschließt bzw. in welcher Weise Erwachsenenbildung zum Abbau der durch Medien errichteten Barrieren beitragen kann (vgl. Grotlüschen/Brauchle 2004). Hier spiegelt sich die allgemeine Frage, inwiefern Erwachsenenbildung tatsächlich – wie es meist ihre erklärte Absicht ist – zur Inklusion beiträgt oder ob sie zu einer Exklusion beiträgt, indem sie diejenigen, die nicht an ihr teilnehmen, ausgrenzt.

2.3 Bildung und Befreiung

Wissen ist Macht –   Anders oder zumindest stärker als Teilhabe aller hat die Idee der Befreiung
Macht ist Wissen   durch Bildung einen herrschaftskritischen, wenn nicht gar kämpferischen Charakter. Der Machtaspekt steht im Vordergrund, und es ist kein Zufall, dass sich eine in diesem Zusammenhang bedeutende Kontroverse an der vom englischen Philosophen Francis Bacon (1561–1626) formulierten Losung „Wissen ist Macht" entzündet hat.

Der Vorstellung, durch Bildung zur Macht zu gelangen, hat der Arbeiterführer Wilhelm Liebknecht (1826–1900) widersprochen, als er 1872 in seiner berühmten Rede „Wissen ist Macht – Macht ist Wissen" die Meinung vertrat, dass nicht Bildung, sondern allein die Umgestaltung der staatlichen und gesellschaftlichen Verhältnisse die Arbeiter befreien und ihnen Bildung zugänglich machen könne:

„„Durch Bildung zur Freiheit' das ist die *falsche* Losung, die Losung der falschen Freunde. Wir antworten: *Durch Freiheit zur Bildung!* Nur im freien Volksstaat kann das Volk Bildung erlangen. Nur wenn das Volk sich politische Macht erkämpft, öffnen sich ihm die Pforten des Wissens." (LIEBKNECHT 1986, S. 94)

Kritik dieser Art führte nicht zur Aufhebung der an die Arbeiter gerichteten Bildungsbestrebungen, wohl aber zur Trennung der bürgerlichen von der proletarischen bzw. sozialistischen Volksbildungsbewegung. Emanzipation schien nur möglich über die Loslösung von der bürgerlichen Weltanschauung und damit von der bürgerlichen Bildung. 1906 legten CLARA ZETKIN und HEINRICH SCHULZ dem sozialdemokratischen Parteitag in Mannheim entsprechende Leitsätze zur Volkserziehung vor. Demnach kann das Proletariat die bürgerliche Geisteskultur nicht einfach übernehmen, sondern muss sie, seiner eigenen Weltanschauung gemäß, umwerten. An der bürgerlichen Volksbildung könne die Sozialdemokratie sich deshalb nicht beteiligen, sondern müsse sich selbst um die Weiterbildung ihrer Mitglieder kümmern (vgl. ZETKIN/SCHULZ 1906 in FAULSTICH/ZEUNER 2001, S. 84f.). Nicht Bildung als solche, sondern allein Bildung, die explizit die Interessen spezieller Gruppen berücksichtigt, könne zu einer Befreiung von Abhängigkeiten führen.

Eigenständigkeit der proletarischen Volksbildung

Diese Position ist im 20. Jahrhundert von der sogenannten Befreiungspädagogik aufgegriffen worden, die in der internationalen Erwachsenenbildung bis heute einen großen Einfluss hat. Der brasilianische Pädagoge PAOLO FREIRE (1921–1997) entwickelte nach dem 2. Weltkrieg ein Alphabetisierungsprogramm, das nicht nur eine Technik des Erwerbs von Lesen und Schreiben, sondern darüber hinaus auch eine Methode zur Herausbildung kritischen Bewusstseins darstellt, die den Lernenden ihre soziale und politische Situation vor Augen führen sollte. FREIRES 1971 auf Deutsch erschienenes Buch „Die Pädagogik der Unterdrückten" hat weltweit Aufmerksamkeit erregt. Es richtete sich gegen Entmündigung und Bevormundung durch staatliche Bildungssysteme, die Normen, Werte und Traditionen der bestehenden Herrschaftsstrukturen sowie Lösungswege für Probleme vorgeben, die nicht im Interesse derjenigen sein müssen, zu deren Wohl sie angeblich dienen sollen. Bildung im Sinne FREIRES sollte dagegen Kräfte freisetzen, mit denen die Betroffenen ihre Situation selbst verändern.

„Pädagogik der Unterdrückten"

In der Bundesrepublik hat die von der Studentenbewegung geprägte emanzipatorische Erwachsenenbildung in den 1970er und 1980er Jahren zu vielfältigen theoretischen Überlegungen und praktischen Anwendungen geführt. Die enge Verbindung von Theorie und Praxis grenzte dieses Konzept von der etablierten Praxis der Erwachsenenbildung deutlich ab. Nicht individuelle Befreiung, sondern kollektive Emanzipation und die revolutionäre Veränderung der Gesellschaft wurden angestrebt. In einem Papier aus der damaligen Zeit heißt es dazu:

Emanzipatorische Erwachsenenbildung

„Über eine bessere Verteilung von Bildungschancen in einer Gesellschaft, zu deren System es gehört, auch Bildungschancen nach der in diesem System erforderlichen

Verwertbarkeit von Leistungen zu verteilen, ist eine kollektive Emanzipation nicht möglich. Kollektive Emanzipation kann nur als revolutionäre Veränderung der Gesellschaft begriffen werden. Nur durch eine grundlegende Veränderung der die Gesellschaft bestimmenden Produktions- und Herrschaftsverhältnisse kann der Klassenantagonismus beseitigt werden, der eine Befreiung der Gesellschaft verhindert. Eine Theorie der Erwachsenenbildung kann dieser historischen Aufgabe nicht ausweichen. Sich dieser Aufgabe stellen heißt, den kollektiven Emanzipationsprozeß im Klassenkampf zu organisieren" (KLEIN/WEICK 1970, S. 345).

Neben dieser radikalen Variante hat sich aber auch die ‚gemäßigte', d. h. demokratiekonforme Form emanzipatorischer Erwachsenenbildung behauptet, die Emanzipation allgemein mit Demokratisierung identifiziert und eher an einer Verbesserung des politischen Systems als an dessen Abschaffung interessiert ist (vgl. STRZELEWICZ 1970).

Emanzipatorische — Während sich Emanzipation zunächst auf die Schicht der Unterprivile-
Frauenbildung gierten, vor allem die Arbeiter bezog, hat sich der Begriff „Emanzipation" in den 1970er Jahren mit dem der Frauenemanzipation verbunden. In Anknüpfung an die erste Frauenbewegung Mitte des 19. Jahrhunderts bis Anfang des 20. Jahrhunderts war auch die zweite Frauenbewegung seit den 1960er Jahren mit Frauenbildung verbunden: Zum einen wurde, wie schon in der ersten Welle der Frauenbewegung, für das Recht von Frauen auf Bildung gekämpft, zum anderen entstanden selbstorganisierte Gruppen, die Frauen in die Lage versetzen sollten, sich gegen Benachteiligungen in allen gesellschaftlichen Bereichen zu wehren. Emanzipation stand vor allem für die Befreiung „aus unbegriffenen Abhängigkeiten" (KADE, S. 1991, S. 92). Adressatinnen waren nicht nur offensichtlich benachteiligte Frauen aus der Arbeiterschicht, arbeitslose oder alleinerziehende Frauen, sondern auch alle diejenigen, die mit der gesellschaftlich gering geschätzten Haus- und Erziehungsarbeit beschäftigt waren. Ziel war es – auch in speziellen Angeboten der öffentlich geförderten Erwachsenenbildung – die Frauen zu Artikulation und Durchsetzung ihrer Interessen zu veranlassen und Möglichkeiten der Durchsetzung zu entwickeln (vgl. WURMS 1992, S. 31).

Kritik der — Im Zuge einer politischer Ernüchterung und eines prinzipiellen Zweifels
Emanzipationsidee an einer über pädagogische Intervention zu bewerkstelligenden ‚Befreiung' ist der Begriff der Emanzipation allmählich in den Hintergrund getreten. So wurde grundsätzliche Kritik an „einer mit Universalitätsansprüchen auftretenden Emanzipationsidee" (KADE, J. 1992, S. 235) geübt – eine Kritik, die sich allerdings nicht gegen Emanzipation, sondern gegen die Vorgabe einer normativen Utopie richtet:

„Jenseits der blinden Versprechen fertiger utopischer Entwürfe sind Antworten eher dort zu suchen, wo die Vielfalt möglicher Emanzipationsprozesse, die irgendwo zwischen Alltagszwängen und Befreiungsträumen geschehen, erforscht wird, wo ungenutzte Möglichkeiten besseren Lebens und größerer Autonomie aufgewiesen werden und der Beitrag realistisch bestimmt wird, den Bildungsarbeit in diesem Zusammenhang leisten kann." (a. a. O., S. 235)

Emanzipation gilt einer solchen Kritik als Mythos, der den Blick auf die Realität verstellt. Sie scheint ‚naiv' – ähnlich wie die Versprechungen der Aufklärung, allein durch den Gebrauch der Vernunft Glück und Wohlstand erreichen und sichern zu können.

Demgegenüber finden sich aber auch Stimmen, die an der Idee der Emanzipation – verbunden mit der Idee der Aufklärung – festhalten und das kritische Potenzial, das mit dem Begriff der Emanzipation verbunden ist, in der Erwachsenenbildung erhalten wollen:

Festhalten an der Kategorie Emanzipation

„Ebenso wie ,Aufklärung' ist […] ,Emanzipation' eine kritische Kategorie, welche nur begründbar ist, indem sie sich mit bestehenden Verhältnissen und Verhaltensweisen nicht zufrieden gibt. Sie erhält dann ein utopisches Potential im Sinne von Karl Marx in der ,Kritik der Hegelschen Rechtsphilosophie': alle Verhältnisse umzuwerfen, in denen der Mensch ein geknechtetes, ein entrechtetes, ein verlassenes und verächtliches Wesen ist. Ein solcher kritischer Begriff von Emanzipation, der die Realität konfrontiert mit unausgeschöpften Möglichkeiten, ist dann für Bildungsarbeit ebenso schwierig wie unverzichtbar." (FAULSTICH 2004, S. 92 f.)

Was Sie wissen sollten, wenn Sie Kapitel 2 gelesen haben:

– Sie sollten erklären können, inwiefern die Aufklärung die Entstehungszeit der Erwachsenenbildung ist.
– Sie sollten den Unterschied zwischen Teilhabe an Gesellschaft und Teilhabe an Erwachsenenbildung erklären können.
– Sie sollten zur Kritik an der emanzipatorischen Erwachsenenbildung Stellung nehmen können.

3 Begründungen für Erwachsenenbildung

3.1 Anpassung an Veränderungen

Die Entstehung der Erwachsenenbildung in der Aufklärung ist zum einen den geistigen Strömungen der Zeit, zum anderen den realen Veränderungen zu verdanken, die sich in dieser Epoche abzeichneten, um dann im 19. Jahrhundert zur vollen Wirksamkeit zu gelangen. Gemeint ist die wirtschaftliche, technische und soziale Entwicklung, der sich die Menschen durch den Erwerb neuer Kenntnisse und Fertigkeiten anpassen wollten und mussten. In dieser Zeit entstanden in den Städten Handwerker- und Sonntagsschulen, in denen neben Elementarfächern vorzugsweise naturwissenschaftliche und technische Fächer unterrichtet wurden.

Aufklärung

Für die Landbevölkerung wurden sogenannte Ackerbauschulen und landwirtschaftliche Akademien errichtet. Überlegungen zur Weiterbildung der bäuerlichen Bevölkerung wurden bereits im 18. Jahrhundert angestellt – so etwa im „Grundriss einer zu errichtenden Ackerschule" von PHILIPP ERNST LÜDERS (1702–1786). In dem „Provisorischen Regulativ", einer Art Grundsatzerklärung der „Höheren Bauernschule" in Rendsburg, heißt es 1842 zum Zweck einer solchen Einrichtung:

Landwirtschaftliche Erwachsenenbildung: Anpassung an Zeitumstände

„Der Zweck der Anstalt ist, vorzugsweise dem Bauernstände der Herzogthümer Schleswig-Holstein eine Gelegenheit darzubieten, ihren confirmierten Söhnen eine den Zeitumständen anpassende allgemeine Ausbildung zu verschaffen, und sie in besonderer Berücksichtigung der Landwirtschaft für diesen ihren Beruf auch in praktischer Hinsicht möglichst zu vervollkommnen." (zit. nach LAACK 1960, S. 56)

Man wandte sich demnach bewusst an konfirmierte, das heißt an erwachsene Menschen bzw. Männer mit der Absicht, ihnen eine allgemeine und speziell berufliche Ausbildung auf dem neuesten Stand zu vermitteln.

Handwerker-bildungsvereine und die ‚mechanics institutes'

Auch die in der ersten Hälfte des 19. Jahrhunderts entstandenen Handwerkerbildungsvereine wollten ihren Mitgliedern fachliches und allgemeines Wissen vermitteln, um ihnen zu ermöglichen, ihre Arbeit den veränderten wirtschaftlichen Bedingungen anzupassen und technische Neuerungen für sich zu nutzen.

In England und in den Vereinigten Staaten entstanden um diese Zeit die ‚mechanics institutes' als freiwillige Zusammenschlüsse, die der Selbstbildung von handwerklich Tätigen dienten und – je nach Ausstattung – über eine Bibliothek, ein Museum oder ein Laboratorium verfügten und öffentliche Vorträge sowie Fortbildungen aller Art anboten.

Mit der Verschlechterung der Lebens- und Arbeitsbedingungen der Handwerker und dann auch der Arbeiter änderte sich die Zielrichtung der Vereine, die sich nun politisch ausrichteten und eine Veränderung der Lage ihrer Adressaten anstrebten. Als dann durch staatliche Intervention nach 1848 politisch auffällige Vereine verboten wurden, wurde der Schwerpunkt wieder auf die Vermittlung fachlichen (Anpassungs-)Wissens gelegt. Dies war möglich, weil die fachbezogene Ausbildung immer ein integraler Anteil der Bildungsarbeit war.

Gutachten des Deutschen Ausschusses: Anpassung und Widerstand

Einen Ausgleich zwischen fachlicher Anpassung und politischem Widerstand, der de facto die Erwachsenenbildung in weiten Teilen schon immer gekennzeichnet hatte, strebte man explizit nach dem Zweiten Weltkrieg im Gutachten des Deutschen Ausschusses für das Erziehungs- und Bildungswesen an (s. Kap. 1.1). Die dort fixierte Formel „Anpassung und Widerstand" war stärker als heute auf die Erfahrungen bezogen, die man in der Zeit des Nationalsozialismus gemacht hatte, erscheint aber in den Formulierungen des Gutachtens als allgemeine, fast überzeitliche Aussage zur Bildung:

„Im Feld der Polarität von Anpassung und Widerstand vollzieht sich der Prozeß der Bildung; in der Fähigkeit, zu bestimmen, wo Anpassung und wo Widerstand geboten ist, bewährt sich die Freiheit des Menschen in dieser Welt.
Es bedarf daher bedeutender Anstrengungen der Erwachsenenbildung, um möglichst viele Menschen der gegenwärtig lebenden Generation so zu bilden, daß sie in Anpassung und Widerstand sowohl sich selbst als Menschen bewahren als auch ihren Beitrag zu einem glimpflichen Ausgang unserer Epoche leisten können." (DEUTSCHER AUSSCHUSS 1960, S. 27)

Auch in dem Abschnitt unter der Überschrift „Ausbildung und Bildung" wird jede Polarität abgelehnt, und es wird hervorgehoben, dass eine gründliche Ausbildung eine Existenznotwendigkeit sei und dass auch Berufsausbildung eine allgemeinbildende Wirkung habe. Diese Einschätzung bezieht sich auch auf nachträgliche Veränderungen und Erweiterungen der ursprünglichen Ausbildung, wie sie durch neue Entwicklungen notwendig geworden seien. Am Bildungsanspruch wird eindeutig festgehalten und eine

Beschränkung „auf die unmittelbar notwendigen Fertigkeiten, auf ‚Abrichtungen'" (a.a.O., S. 31) abgelehnt.

Die Idee der Anpassung an Veränderungen im Berufsleben ist bis heute eine wesentliche, weitgehend akzeptierte Aufgabe der Erwachsenen- bzw. Weiterbildung. Besonders herausgestellt wird sie von den Berufsverbänden selbst. So schreibt eine regionale Vertretung der Industrie- und Handelskammer zum Thema „Weiterbildung":

„Weiterbildung wird im heutigen wirtschaftlichen Umfeld immer wichtiger. Durch steigenden Wettbewerb und den raschen Wandel in technischen und politischen Bereichen entstehen für Arbeitgeber sowie Arbeitnehmer immer wieder neue Herausforderungen, die eine hohe geistige Flexibilität sowie eine ständige Anpassung an die neuen Bedingungen erforderlich machen" (http://www.weiterbildung–ist–zuku nft.de/index.htm).

Unter beruflicher Weiterbildung werden auch im Alltagsverständnis häufig Anpassungsmaßnahmen an moderne Arbeitsmittel und -abläufe verstanden; diese werden manchmal auch explizit als Anpassungslehrgänge bezeichnet. Eine Anpassung ist demnach durch von außen gesetzte Veränderungen nötig. Dies kann sich auf die Anpassung von Qualifikationen im erlernten Beruf beziehen, aber auch eine Umschulung, also die Ausbildung für einen neuen Beruf, bedeuten.

Daneben wird aber auch immer wieder auf die allgemeinbildenden Anteile derartiger Ausbildungen hingewiesen. So heißt es auf der Homepage eines Zentralverbandes Aus- und Weiterbildung in einem der neuen Bundesländer:

„Die Weiterbildung ist neben der Schule, der Berufsausbildung und der Hochschule Teil des Bildungssystems. Sie erfüllt in unserer Gesellschaft vorrangig zwei Aufgaben:
1. Sie trägt zur Anpassung und Erweiterung des Bildungsniveaus im Hinblick auf die sozialen, technischen und wirtschaftlichen Entwicklungen bei.
2. Sie bietet dem Einzelnen die Möglichkeit zur Entfaltung der Persönlichkeit und zur Teilnahme am gesellschaftlichen, kulturellen, wirtschaftlichen, politischen und sozialen Leben" (http://zaw-mv.de/zaw/images/pdf/siegel/qualittsstandards.pdf).

Dass die Anpassung an soziale Veränderungen mit dem Zusammenbruch des Sozialismus eine neue Bedeutung erfahren hat, liegt auf der Hand. Die langwierige Umgestaltung der Staaten des ehemaligen Ostblocks machte gerade auch für Erwachsene Anpassungen notwendig, die so gut wie jeden Lebensbereich betrafen und die zum Teil durch die institutionelle Erwachsenenbildung zu leisten versucht wurden. *Anpassung an soziale Entwicklungen*

Während die Veränderungen durch den Zusammenbruch des Sozialismus für jeden Bürger des Ostblocks unmittelbar spürbar und Anpassungsnotwendigkeiten mehr oder weniger unausweichlich waren, stellte sich das Problem der Anpassung an aktuelle Veränderungen in Westeuropa ein wenig anders dar. Das Thema Anpassung an moderne Gesellschaften wird auffallend häufig in Form von Appellen behandelt (vgl. NOLDA 2001a). Wirtschaft und Politik rufen dazu auf, sich auf künftige gesellschaftliche Veränderungen durch eine gesteigerte Lernbereitschaft einzustellen. *Anpassung an moderne Gesellschaften*

Neben der Komponente des technologischen Wandels sind es vor allem, aber nicht nur, wirtschaftliche Veränderungen wie die Globalisierung der Herstellungs-, Innovations- und Vertriebsprozesse, die Dezentralisierung und Vernetzung von Klein- und Mittelbetrieben oder die steigende Bedeutung des Dienstleistungssektors, auf die es sich einzustellen gilt. Die Anpassung gilt nicht nur konkreten Erscheinungsformen, sie ist generell auf Veränderung gerichtet und betrifft deshalb auch Folgen von Veränderungen wie „steigende Unsicherheit" und „veränderte Arbeits- und Lernbiographien" (vgl. BUNDESMINISTERIUM FÜR BILDUNG UND FORSCHUNG 2007, S. 5 f.).

Kritik der Anpassungs-konzeption

Kritiker der Anpassungskonzeption sehen darin die Gefahr einer Fremdbestimmung. Im Bereich der beruflichen Bildung weisen sie darauf hin, dass mit der Forderung, sich durch Bildung und Lernen an die Erfordernisse des Arbeitsmarkts anzupassen, die Verantwortung an den Einzelnen delegiert werde. Nicht der strukturelle Mangel an Arbeitsplätzen, sondern die mangelnde Anpassungsbereitschaft der Betroffenen werde dann als Ursache für Arbeitslosigkeit gesehen. Außerdem verdecke die Formulierung von der überlebensnotwendigen Anpassung die Interessen, die hinter der Forderung nach Anpassung stehen. Als Beispiel für eine solche Kritik sei folgende, im Internet verbreitete, Position zitiert:

„Die Prediger des Unvermeidlichen predigen von oben herab, wohl wissend das(!) schicksalhafte Zeiten einer Renaissance des Glaubens Vorschub leisten und einer Dekadenz des kritischen Geistes. Wohl deshalb reden hohe Funktionäre und Amtsinhaber so gerne von ‚unvermeidlichen Entwicklungen'. Sie rechtfertigen so selbst Ihre Existenz, die Ihrer Organisation ebenso wie deren hierarchische Konstruktion: Das heraufbeschworene Unvermeidliche legitimiert die Hierarchie, die zur Metapher für die Unmöglichkeit wird, als einfacher Mensch das Unvermeidliche ändern zu können." (http://www.labournet.de/diskussion/arbeitsalltag/ho–wissen.html)

3.2 Kompensation von Defiziten

Kompensation als Nachholen

Unter Kompensation wird das Nachholen versäumter Bildungsmöglichkeiten zu einem späteren Zeitpunkt verstanden. Dabei kann es sich um normalerweise verfügbare, aber nicht wahrgenommene Bildungsangebote oder aber um Angebote handeln, die nicht zur Verfügung gestanden haben. Nachgeholt werden können Schulabschlüsse, berufliche Aus- und Fortbildungen sowie die unterrichtliche Vermittlung diverser Wissensinhalte. Teilnehmer von Angeboten kompensatorischer Erwachsenenbildung sind beispielsweise Personen, die auf dem zweiten Bildungsweg das Abitur machen und somit die Hochschulreife erlangen, BerufsrückkehrerInnen, die nach einer Erziehungszeit oder Familienphase wieder eine Beschäftigung aufnehmen wollen, oder aus dem Erwerbsleben Ausgeschiedene, die ein Hochschulstudium aufnehmen.

Zielgruppenansatz

Im Strukturplan Weiterbildung wurde das Problem der Kompensation als Versorgungsdefizit bestimmt, das durch den institutionellen Ausbau der Erwachsenenbildung behebbar erscheint (s. Kap. 1.2). In den 1980er Jahren hat man dagegen auf Konzepte gesetzt, die benachteiligte Gruppen direkt ansprechen sollten. Neben der ‚klassischen' Zielgruppe der Arbeiter waren dies Menschen ohne Schulabschluss, Arbeitslose, Analphabeten, Ausländer,

Familien in unterversorgten Stadtteilen, Alleinerziehende, aber auch Frauen und alte Menschen (vgl. SCHIERSMANN/THIEL/VÖLKER 1984). Ein wesentliches Problem des Zielgruppenansatzes bestand darin, zwischen erwachsenen- und sozialpädagogischer Arbeit sowie zwischen pädagogischen und therapeutischen Interaktionsformen zu trennen.

So wie Anpassung häufig als Gegensatz zu Emanzipation konstruiert wurde, so wurde emanzipatorische Erwachsenenbildung auch als Gegensatz zu kompensatorischer Erwachsenenbildung gesehen. In den 1970er Jahren galt ‚kompensatorisch' weitgehend als Schimpfwort, das eine unkritische, affirmative Haltung zu Staat, Gesellschaft und Wirtschaft zu beinhalten schien. Befürchtet wurde, dass Bildung nicht mehr „Hilfe zum Selbst- und Weltverständnis" darstellt, sondern zum „Instrument des Systems, den Einzelnen besser in seinem Sinn ökonomisch zu nutzen" werden könnte (VON CUBE u. a. 1974, S. 27).

Kritik der kompensatorischen Bildung

Demgegenüber wurde geltend gemacht, dass der Gegensatz zwischen Emanzipation und Kompensation das eigentliche Problem der Erwachsenenbildung verstelle:

„Es ist ein sehr altes Mittel, Menschen in Abhängigkeit zu bringen und zu halten, indem man ihnen Kenntnisse, Informationen und intellektuelle Qualifizierungen vorenthält und verweigert oder notfalls bei ihnen direkt wieder auslöscht. Darum ist überall dort, wo Emanzipation ehrlich durchgesetzt werden soll, auch eine Kompensation des bisher erzwungenen Bildungsdefizits nötig. Hier sind Kompensation und Emanzipation keine Gegensätze, sondern Verbündete." (a. a. O., S. 95)

Ähnlich wurde auch über sprachliche Defizite von Angehörigen der unteren Schichten diskutiert. Die ursprünglich durch Untersuchungen in England gestützte These vom elaborierten Sprachcode der Mittelschicht und vom restringierten Code der Unterschicht besagt, dass Mittelschichtangehörige über ein größeres Vokabular verfügen, mehr Relationen verdeutlichende Nebensätze verwenden und zur Abstraktion fähig sind, während Angehörige der Unterschicht mit einem beschränkten Vokabular eher in Hauptsätzen sprechen und zur expressiven Darstellung konkreter Ereignisse neigen. Die Frage war, ob man die Unterschichtsprache in ihrer besonderen Qualität würdigen oder ob man ihren Sprechern ermöglichen sollte, sich den elaborierten, in der Gesamtgesellschaft als offizielle Norm akzeptierten Code anzueignen. Diese, unter dem Stichwort der kompensatorischen Spracherziehung geführte, Debatte hat auch die Erwachsenenbildung erreicht und sie für schichtenspezifische Sprachunterschiede sensibel gemacht (vgl. SCHALK/ TIETGENS 1978).

Schichtenspezifische Sprachcodes

Die Konzeption der kompensatorischen Bildung setzt an Defiziten bzw. an deren Zuschreibung an und wird aus diesem Grund teilweise scharf kritisiert. Eine Gruppe – so die Kritik – maße sich an, einzelne oder andere Gruppen als ‚minderwertig' einzustufen. Statt bestimmte Dispositionen als andersgeartete Potenziale einzustufen, werden diese als Defizite aufgefasst, die ausgeglichen werden müssten (vgl. BOURDIEU/PASSERON 1971).

Ablehnung des Defizitmodells

Wenn aus der heutigen Diskussion der Begriff der kompensatorischen Bildung weitgehend verschwunden ist, so liegt dies – zusammen mit der Distanzierung gegenüber radikalen Formen der emanzipatorischen Erwachsenenbildung – an der Ablehnung von Defizitmodellen. Statt von – nachteiligen – Unterschieden ist deshalb eher von – produktiver – Vielfalt („diversity') die Rede.

3.3 Antizipation von Zukunft

Erwachsenenalter und Zukunft
Anders als in der Kinder- und Jugendbildung, die sich per se als Vorbereitung auf Künftiges versteht, scheint Antizipation in der Erwachsenenbildung nicht selbstverständlich. Sie ist auch nicht zufällig die historisch jüngste der hier vorgestellten Konzeptionen. Mit der Verlängerung der Lebenszeit wird es aber für immer mehr Menschen notwendig, sich auch im Erwachsenenalter auf in der Zukunft liegende Phasen vorzubereiten. Das betrifft auch die verlängerte Zeit nach dem Aufziehen der Kinder und nach der Erwerbstätigkeit. Für diese Phase gibt es noch kaum historische Vorbilder. Die Gestaltung dieser Lebensphase – ob im privaten oder im öffentlichen Rahmen – stellt somit eine Herausforderung dar, die von der Erwachsenenbildung theoretisch und praktisch vielfältig aufgegriffen wird.

Auch im beruflichen Sektor ist das Sich-Einstellen auf künftige Veränderungen nicht mehr eine individuelle Entscheidung, sondern wandelt sich zu einem allgemeinen Prinzip: Zum einen kann kaum noch auf einen klar abgegrenzten Lebensberuf hin ausgebildet werden, zum andern geht es weniger um den Erwerb von Wissen als um die Sicherstellung von Lernfähigkeit und Lernbereitschaft, um künftigen Anforderungen besser gerecht werden zu können.

Schlüsselqualifikationen
Diese Einschätzung liegt der in den 1970er Jahren entwickelten Idee der sogenannten Schlüsselqualifikationen zugrunde, die später als Schlüsselkompetenzen bezeichnet wurden (s. Kap. 10). Unter diesen Kompetenzen versteht man grundlegende Wissenselemente, Fähigkeiten und Fertigkeiten, die zur Bewältigung unterschiedlicher Situationen geeignet sind. Das Konzept entstand, als erkennbar wurde, dass einmal erworbene Qualifikationen auf dem Arbeitsmarkt in immer geringerem Ausmaß verwertbar sind. Schlüsselqualifikationen – so die Grundüberlegung – können zwar nicht das zweifellos fundamentale Fachwissen ersetzen, helfen aber auf einer allgemeinen Ebene, mit nicht vorhersehbaren künftigen Anforderungen im Berufsleben umzugehen.

Beschäftigungsfähigkeit
Das in den 1970er Jahren vom damaligen Direktor des Instituts für Arbeitsmarkt- und Berufsforschung der Bundesanstalt für Arbeit entwickelte Konzept wird mit dem aktuellen Bildungsziel der sogenannten Beschäftigungsfähigkeit („employability') weitergeführt. Ausgangspunkt ist hier die Tatsache, dass immer weniger Unternehmen ihren Mitarbeitern die Sicherheit eines langfristigen Arbeitsplatzes gewähren können. Der Einzelne ist darauf angewiesen, seine Beschäftigungsfähigkeit nicht nur für ein Unternehmen, sondern für den gesamten Arbeitsmarkt zu sichern. Bildungsmaßnahmen sind also dann attraktiv, wenn sie möglichst global verwertbar sind. Auch hier stellt die fachliche Kompetenz das Fundament dar; Schlüsselqualifikationen und eine Leistung und Flexibilität fördernde Mentalität bilden die Säulen, die das Dach der Beschäftigungsfähigkeit tragen. Zu beachten ist, dass es sich bei dem Konzept der employability – ebenso wie bei dem der Schlüsselqualifikationen – um ein originär beschäftigungspolitisches han-

delt (vgl. KRAUS 2006), dessen (erwachsenen-)pädagogische Bearbeitung nachgeordnet ist.

Aus nicht-pädagogischer Sicht ist auch das Konzept des innovativen Lernens entwickelt worden, nämlich 1978 in einem Report des Club of Rome zur Überwindung der Wachstumskrise. Dort wurde die Bedeutung „innovativer" statt „tradierter" Lernprozesse betont und damit den Merkmalen Partizipation, Autonomie und Integration sowie Antizipation Wichtigkeit zugeschrieben, die die traditionelle Adaptation ersetzen sollten.

Club of Rome: innovatives Lernen

In einer Auseinandersetzung mit dem Konzept wurde hervorgehoben, das jeder Lernvorgang – auch in der Erwachsenenbildung – zukunftsbezogen ist, ein Lernziel ‚Zukunftsbewältigung' aber problematisch sei. Hilfreich dagegen sei es, zwei Dimensionen der Bildungsmotivation von Teilnehmern zu unterscheiden, nämlich eine retrospektive „Weil-Motivation" und eine zukunftsorientierte „Um-zu-Motivation". Die Folgerung laute dann:

> „Adaption und Antizipation sind keine Gegensätze; nur aufgrund einer kritischen Aneignung gesellschaftlicher Erfahrungen kann Zukunft verantwortlich gestaltet werden." (SIEBERT 1983, S. 229)

Eine ökonomische Ausrichtung bestimmt die zukunftsorientierten Vorstellungen von globaler Bildung, die die Weltbankgruppe – zusammen mit anderen supranationalen Organisationen – unterstützt (vgl. THE WORLD BANK 1999; SCHEMMANN 2007, S. 159 ff.). Demnach ist Weiterbildung eine Investition in die Zukunft, die wirtschaftliches Wachstum und soziale Sicherheit entstehen lassen. Diese Vorstellung liegt auch der sogenannten Lissabon-Strategie der Europäischen Union zugrunde, die 2000 das Ziel formulierte, Europa innerhalb eines Jahrzehnts zum wettbewerbsfähigsten und dynamischsten wissensbasierten Wirtschaftsraum in der Welt zu machen (vgl. http://ec.europa.eu/growthandjobs/pdf/COM2005_330_de.pdf).

Bildung als Investition

In einer Grafik aus einem Papier der Weltbank wird diese zukunftsgerichtete Funktion von Bildung verdeutlicht (vgl. Abb. 3-1). Investition in Bildung erscheint als Voraussetzung für makroökonomisches Wachstum, das auch von der durch Bildung abhängigen Entwicklung von Human- und Sozialkapital gefördert wird und das auf die Lebensverhältnisse positiv zurückwirkt. Es geht also nicht nur um die Fähigkeiten, Fertigkeiten und das Wissen, die

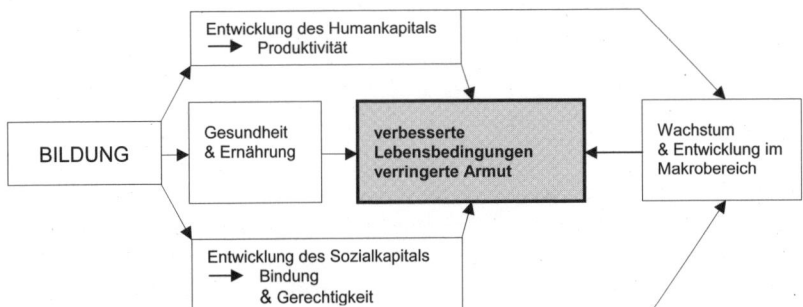

Abb. 3-1: Bildung als Zukunftsinvestition (nach THE WORLD BANK 1999)

Individuen in die Lange versetzen, ökonomisch verwertbare Tätigkeiten auszuüben und damit ein Einkommen zu erzielen (Humankapital), sondern
auch um die Fähigkeit einer Gesellschaft zur Zusammenarbeit und sozialen
Vernetzung bzw. Bürgerbeteiligung (Sozialkapital).

Was Sie wissen sollten, wenn Sie Kapitel 3 gelesen haben:

– Sie sollten die unterschiedliche Bedeutung von Anpassung im Rahmen
  von Erwachsenenbildung erläutern können.
– Sie sollten Argumente für und gegen das Modell der ‚kompensatorischen Erwachsenenbildung' anführen können.
– Sie sollten die Notwendigkeit von Antizipation für die moderne Erwachsenenbildung begründen können.

Literatur zur Geschichte der Erwachsenenbildung

Deutschsprachige Literatur:
OLBRICH, JOSEF (2001): **Geschichte der Erwachsenenbildung in Deutschland**.
    Bonn.
PÖGGELER, FRANZ/ARLT, FRITZ (Hrsg.) (1975): **Geschichte der Erwachsenenbildung**.
    Stuttgart.
SEITTER, WOLFGANG (³2007): **Geschichte der Erwachsenenbildung**. Eine Einführung.
    Bielefeld.
WOLGAST, GÜNTHER (1996): **Zeittafel zur Geschichte der Erwachsenenbildung**.
    Neuwied.

Reihe **„Geschichte und Erwachsenenbildung"** des Forschungsinstituts Arbeit, Bil-
    dung, Partizipation, Recklinghausen

Englischsprachige Literatur:
KELLY, THOMAS (1992): **A History of Adult Education in Great Britain**. Liverpool.
STUBBLEFIELD, HAROLD W./KEANE, PATRICK J. (1994): **Adult Education in the American
    Experience. From the colonial period to the present.** San Francisco.
JARVIS, PETER (ed.) (1987): **Twentieth Century Thinkers in Adult Education**. London.

Dokumentationen der „International Conference on the History of Adult Education"

4 Deutungsanalytische Sichten auf
   Erwachsenenbildung

Erwachsenenbildung und Wissenschaft

Das Bedürfnis der Praktiker der Erwachsenenbildung nach Aufklärung und
Hilfe durch die Wissenschaft war lange Zeit eher gering. Das änderte sich
erst, als in den 1970er Jahren mit der Etablierung des Fachs an bundesdeut-
schen Universitäten Erwachsenenbildung selbst zur universitären Disziplin
wurde, und die in diesem Bereich hauptberuflich Tätigen nach Orientierungen und Legitimationen ihres Handelns verlangen konnten, die über empha-
tische Selbstdarstellungen und Absichtserklärungen hinausgingen.

Erste Ansätze, die von praktisch und publizistisch tätigen Erwachsenenbildnern in der Zeit der Weimarer Republik entwickelt worden waren, konnten

weitergeführt und systematisiert werden. Es wurde aber auch auf den inzwischen in den USA entwickelten symbolischen Interaktionismus zurückgegriffen, der in besonderer Weise geeignet schien, die Komplexität der mit der Bildung Erwachsener verbundenen Fragen abzubilden. Ein zweiter, in gewisser Weise auf diesem aufbauender Theoriestrang ist der Konstruktivismus. Beide Richtungen stellen die Deutungen von Lernenden in den Vordergrund und setzen Vorstellungen, die auf eine einfache Veränderung von Erwachsenen durch Lern- und Bildungsangebote zielen, Grenzen. Sie zeigen aber in der Rezeption durch die Erwachsenenbildung auch Möglichkeiten einer Bildungsarbeit auf, die auf die Prämissen dieser Theorien abgestimmt ist.

4.1 Der symbolische Interaktionismus

Der sogenannte symbolische Interaktionismus ist eine Theorie, die sowohl gesellschaftliche wie auch individuelle Entwicklungen zu beschreiben beansprucht. Ihre Grundlegung hat sie durch den amerikanischen Philosophen und Sozialwissenschafter GEORG HERBERT MEAD (1863–1931) erfahren, ihre Bezeichnung von seinem Schüler HERBERT BLUMER. Der Begriff „symbolisch" bezieht sich auf den gewichtigen Anteil der Sprache bzw. ihrer bedeutungshaltigen Zeichen bei der Vermittlung von Haltungen, Einstellungen und Normen. Diese Vermittlung geschieht innerhalb von Interaktionen, also durch sozialen Austausch. Erst im sozialen Austausch entsteht und entwickelt sich Identität. Identität ist keine feste Gegebenheit, sondern ein Ausbalancieren zwischen zwei Instanzen: den Erwartungen, die die Gesellschaft an den Einzelnen stellt, und den Bedürfnissen und Vorstellungen des Einzelnen selbst. MEAD hat diesen beiden Pole „Me" und „I" genannt, in der deutschen Übersetzung wurde versucht, diesen Gegensatz mit den Schreibweisen „ICH" und „Ich" auszudrücken. Beide Pole wirken aufeinander ein, das „Ich" ist also nicht hilflos einer es bestimmenden Macht ausgesetzt:

Begriffsbestimmung

> „Das ‚Ich' ist die Reaktion des einzelnen auf die Haltung der Gemeinschaft so wie diese in seiner Erfahrung aufscheint. Seine Reaktion auf diese organisierte Haltung ändert wiederum diese." (MEAD 1995, S. 240)

Diese Konfrontation geschieht nicht nur in konkreten Interaktionen. Über die Figur des „generalisierten anderen" sind den Individuen auch außerhalb konkreter Begegnungen die gesellschaftlichen Normen immer gegenwärtig. Erwachsene Menschen sind sich also in der Regel des allgemeinen Rahmens bewusst, der sich auf das von ihnen erwartete Verhalten bezieht – auch und gerade dann, wenn sie davon abweichen.

HERBERT BLUMER hat drei Voraussetzungen oder Prämissen formuliert, auf die der symbolische Interaktionismus beruht:

> „Die erste Prämisse besagt, daß Menschen ‚Dingen' gegenüber auf der Grundlage der Bedeutungen handeln, die diese Dinge für sie besitzen. Unter ‚Dingen' wird hier alles gefasst, was der Mensch in seiner Welt wahrzunehmen vermag – physische Gegenstände, wie Bäume oder Stühle; andere Menschen, wie eine Mutter, oder einen Verkäufer; Kategorien von Menschen, wie Freunde oder Feinde; Institutionen, wie eine Schule oder eine Regierung; Leitideale wie individuelle Unabhängigkeit oder

Prämissen des symbolischen Interaktionismus

Ehrlichkeit; Handlungen anderer Personen, wie ihre Befehle oder Wünsche; und solche Situationen, wie sie dem Individuum in seinem täglichen Leben begegnen. Die zweite Prämisse besagt, daß die Bedeutung solcher Dinge aus der sozialen Interaktion, die man mit seinen Mitmenschen eingeht, abgeleitet ist oder aus ihr entsteht. Die dritte Prämisse besagt, daß diese Bedeutungen in einem interpretativen Prozeß, den die Person in ihrer Auseinandersetzung mit den ihr begegnenden Dingen benutzt, gehandhabt und abgeändert werden." (BLUMER 1973, S. 81)

Die Wirklichkeit erscheint unter dieser Perspektive also nicht als festes Objekt, sondern als gesellschaftlich konstituiert. Um etwas über die gesellschaftliche Wirklichkeit zu erfahren, müssen deshalb − so paradox dies auf den ersten Blick erscheinen mag − die Interpretationen einzelner Menschen betrachtet werden, die diese in Interaktionen mit anderen entwickeln und aushandeln.

4.2 Symbolischer Interaktionismus in der Erwachsenenbildung

Die Relevanz von Deutungen

Eine solche, von den Deutungen der Menschen ausgehende Perspektive schließt an Fragestellungen an, die die Erwachsenenbildung schon in der Weimarer Zeit bewegt haben. So hat schon ALFRED MANN (1889−1937) darauf hingewiesen, dass Erwachsenenbildung es mit Menschen zu tun hat, die bereits über Weltdeutungen verfügen, bevor sie sich einer Bildungserfahrung aussetzen oder dieser ausgesetzt werden:

„Man findet oft genug Lehrer, die zwar in der eigenen fachwissenschaftlichen Arbeit durchaus kritisch sind, die aber dann, wenn sie in dieser Wissenschaft unterrichten, eine ganz naive pädagogische Anschauung zeigen. Sie gehen von der Ansicht aus − oder wenigstens ist ihr Verfahren so, als ob sie davon ausgingen −: hier bin ich, der Lehrer, dort draußen die Welt, in mir mein Weltbild; und da ist der Schüler, und in ihm ist noch nichts; und ihm muß ich mein Weltbild nun ‚beibringen'. Das verfehlt ja natürlich die wirkliche Lage! Auch der Schüler − gar der erwachsene Volkshochschüler − hat schon ein Weltbild in sich. Mag es bloß ein Ausschnitt der Welt darstellen, mag es lückenhaft, verworren, ‚falsch' im Sinne der Wissenschaft sein − aber es ist da! Und es nützt gar nichts, dieses Weltbild des Schülers zu ignorieren und einfach den Versuch zu machen, das ‚wissenschaftliche' Weltbild in den Schüler hineinzubringen. Denn so bleibt auch das ‚falsche' in ihm, ja es beeinträchtigt sogar das ‚richtige', stört seine Aufnahme, seinen Aufbau. Pflicht des Lehrers ist es, nicht einfach zu übermitteln (das ist bestenfalls gut gemeint, entspricht oft genug auch einer gewissen Bequemlichkeit), sondern fertig zu werden mit dem Weltbild des Schülers." (MANN 1948, S. 30)

Was MANN hier als praktisches Problem in Lehr-Lern-Situationen der Erwachsenenbildung beschreibt, taucht in systematisierter Weise dann auf, wenn Deutungen von Menschen wissenschaftlich erfasst und − methodisch kontrolliert − wieder interpretiert werden. In der Erwachsenenbildung haben Forschungen, die auf den Prämissen des symbolischen Interaktionismus aufbauen, seit den 1980er Jahren eine große Bedeutung erlangt. Einer ihrer Befürworter begründet dies wie folgt:

„Es lässt sich eine Problemkongruenz von Forschungssituation und Bildungsarbeit aufzeigen. [...] Mit einem interpretativen Problemangang können gerade die Phänomene ins Blickfeld rücken, die Erwachsenenbildung konstituieren oder ihr Gelingen verhindern können. [...] Er ist ihren Problemen adäquat, insofern diese selbst solche der Situationsinterpretation sind. Obwohl ein solcher Schluß [...] naheliegend ist, wurde er bisher kaum je gezogen. Deshalb ist zu erläutern, wie die These von der Problemkongruenz gemeint ist. [...] Die Interpretationsabhängigkeit gilt nicht nur für Lehr-Lern-Situation im engeren Sinn. Insofern diese nur über eine Auseinandersetzung um die und mit den Rahmenbedingungen von Erwachsenenbildung zustande kommt, ist eine Verständigung auf der bildungspolitischen, der institutionellen und der programminternen Ebene erforderlich. Dabei entstehen allenthalben Schwierigkeiten durch die Inkongruenz der Auslegungen von Aussagen und Situationen." (TIETGENS 1981, S. 121 f.)

Was hier bezogen auf die Handlungsprobleme hauptberuflicher pädagogischer Mitarbeiter in Institutionen der öffentlich geförderten Erwachsenenbildung ausgeführt wird, gilt in einem offensichtlicheren Maß für Lehr-Lern-Situationen, in denen die Beteiligten wechselseitig die Handlungen des anderen deuten, diese für weitere Handlungsschritte nutzen und dabei ihre Deutungen eventuell überprüfen und verändern.

Dabei interessieren die Deutungsdimensionen der didaktischen Planung, des Prozessgeschehens, der Lernmotivation und Lernfähigkeit der Lernenden. So kann man fragen,
– welches Bild Dozenten von ihren Teilnehmern konstruieren und wie dies ihre didaktische Planung beeinflusst,
– welche unterschiedlichen Sichtweisen die Beteiligten bei der Bearbeitung eines Themas einbringen und wie mit diesen Differenzen im Lehr-Lern-Prozess umgegangen wird oder
– ob sich biographische Lernthemen identifizieren lassen, die die Teilnehmer unabhängig vom offiziellen Seminarthema in die Diskussion einzubringen versuchen (vgl. SCHÜSSLER 1998, S. 93 f.).

Ein zentraler Begriff für die Forschung, aber auch für Fortbildung und Selbstreflexion von Unterrichtenden ist in diesem Zusammenhang der des Deutungsmusters:

Deutungsmuster

„Als Deutungsmuster werden [...] die mehr oder weniger zeitstabilen und in gewisser Weise stereotypen Sichtweisen und Interpretationen von Mitgliedern einer sozialen Gruppe bezeichnet, die diese zu ihren alltäglichen Handlungs- und Interaktionsbereichen lebensgeschichtlich entwickelt haben. Im einzelnen bilden diese Deutungsmuster ein Orientierungs- und Rechtfertigungspotential von Alltagswissensbeständen in Form grundlegender, eher latenter Situations-, Beziehungs- und Selbstdefinitionen, in denen das Individuum seine Identität präsentiert und seine Handlungsfähigkeit aufrechterhält." (ARNOLD 1985, S. 23)

Deutungsmuster sind gesellschaftlich vermittelt, wirken durch die Macht der Plausibilität, sind eher verdeckt als offen, zeugen von der Wirkung früher Erfahrungen, wirken in sich schlüssig, reduzieren Komplexität, zeichnen sich durch Beständigkeit, aber auch eine gewisse Flexibilität aus. Es ist die zuletzt genannte Eigenschaft, die auf Veränderungs- bzw. Anpassungs-, Entwicklungs- und eben auch Lern- und Bildungsmöglichkeiten gerade im Erwachsenenalter verweist.

Neben der Interpretation von Interaktionsprotokollen von Lehr-Lern-Prozessen (vgl. NOLDA 1996; SCHÜSSLER 2000) sind biographische Interviews mit

Deutungen in Lebensgeschichten

Adressaten und Teilnehmern der Erwachsenenbildung (s. Kap. 8) ein zentraler Bereich der auf den Prämissen des symbolischen Interaktionismus aufbauenden Erwachsenenbildungsforschung. Den dadurch erhobenen Lebensgeschichten kann die Spannung zwischen dem Eigenwillen des Einzelnen und den Erwartungen der Gesellschaft entnommen werden:

> „Indem wir Lebensgeschichten sammeln, erhalten wir einen Einblick in die existenzielle, psychologische und soziale Befindlichkeit von Erwachsenen, in ihre Anstrengungen, als Individuen und Gruppen Identitäten und Biographien herzustellen in einer Kultur der durch Paradoxe gekennzeichneten Spätmoderne, die durch ständige Bewegung und angstmachende Unsicherheiten charakterisiert und Risiken ausgesetzt ist, die aber auch neue Möglichkeiten für Selbstdefinitionen enthält [...]. Dies schließt die Idee der Intentionalität ebenso wie die Existenz gesellschaftlich definierter Rollen und Erwartungen ein. Es sind die Schnittpunkte dieser beiden Prozesse, an denen Selbstidentität entwickelt und sich mit dem Wandel auseinandergesetzt wird." (BRON 2002, S. 175 – Übers. aus dem Engl.)

4.3 Systemisch-konstruktivistische Ansätze

System-Umwelt-Differenz

Die Anhänger des symbolischen Interaktionismus und des Deutungsmusteransatzes in der deutschen Erwachsenenbildung haben mit der Verbreitung systemisch-konstruktivistischer Theorien eine weitere Bestätigung und Fundierung ihrer Grundannahmen erhalten. In diesem Zusammenhang wurde ein Systembegriff entwickelt, der nicht nur, aber auch auf Menschen und das Lernen von Menschen anwendbar ist (s. Kap. 6).

Demnach sind Systeme – biologische, psychologische und soziale – zunächst einmal von ihrer jeweiligen Umwelt unterschieden. Diese Umwelt ist nicht als feste Größe zu denken, sie wird vielmehr vom jeweiligen System erzeugt. Der Soziologe NIKLAS LUHMANN (1927–1998) spricht von einer System-Umwelt-Differenz:

> „Die Differenz ist keine ontologische, und darin liegt die Schwierigkeit des Verständnisses. Sie zerschneidet nicht die Gesamtrealität in zwei Teile: hier System und dort Umwelt. Ihr Entweder/Oder ist kein absolutes, es gilt vielmehr nur systemrelativ, aber gleichwohl objektiv." (LUHMANN 1984, S. 244)

Beobachtung erster und zweiter Ordnung

Nach der Auffassung der Systemtheoretiker existieren auch Systeme nicht einfach, sondern werden durch – unterscheidende – Beobachtung konstituiert. Zentral ist dabei die Unterscheidung zwischen einer Beobachtung erster und einer Beobachtung zweiter Ordnung: Beobachten ist eine Unterscheidung, die eine Seite bezeichnet und damit eine andere Seite unbezeichnet lässt. Die Unterscheidung selbst wird dabei nicht bezeichnet. Insofern ist jede Beobachtung blind: Sie verwendet eine Unterscheidung, sieht aber nicht die Unterscheidung selbst, die sie gerade verwendet. Der blinde Fleck ist nur mit einer erneuten, zweiten Beobachtung beobachtbar, die dann wiederum einen blinden Fleck hat. Ein Beobachter zweiter Ordnung beobachtet den Beobachter erster Ordnung – oder besser gesagt: seine Unterscheidungen. Die Unterscheidungen, die der Beobachter erster Ordnung anlegt, um etwas beobachten zu können, macht der Beobachter zweiter Ordnung zum Gegenstand weiterer Beobachtungen. Jede Beobachtung ist damit eine Konstruktion, die auf einer bestimmten – dem Beobachtenden selbst meist verborgenen – Unterscheidung beruht.

Die Systeme selbst sind durch Selbstorganisation und Selbstreferenz bestimmt. Systeme erzeugen sich demnach selbst, sind „autopoietisch" und auf sich selbst bezogen. Externe Zugriffe sind nicht möglich, sie können allenfalls Störungen innerhalb der Systeme bewirken. Das trifft auch für einzelne Menschen zu, die nur das ‚lernen', was in ihr kognitives System passt oder was sie an bereits vorhandene Elemente anschließen können. Bildung kann demnach nur durch eigene Leistung, nicht durch äußeren Zwang erreicht werden – ein Gedanke, der der klassischen Bildungstheorie im Sinne WILHELM VON HUMBOLDTS (s. Kap. 13.2), durchaus nah, den Vorstellungen einer Instruktionspädagogik jedoch fremd ist. Diese Theorie der selbstreferentiellen Systeme stellt pädagogische Vorstellungen in Frage, die davon ausgehen, andere Menschen unmittelbar erreichen und beeinflussen sowie genau erkennen zu können, inwieweit diese das an sie herangetragene neue Wissen erfasst und verarbeitet haben. Die Nähe zum Deutungsmusterkonzept liegt auf der Hand: Menschen, in diesem Fall Lehrende und Lernende, sind selbstreferentielle Systeme und konstruieren jeweils eigene subjektive Wirklichkeiten.

Selbstreferentielle Systeme

Wenn Systeme in dieser Weise in sich geschlossen sind und sich selbst erzeugen, ergibt sich die Frage, ob und wie unterschiedliche Systeme mit ihrer Umwelt und untereinander in Verbindung treten können. Die chilenischen Biologen HUMBERTO MATURANA und FRANCISCO VARELA haben den Begriff Perturbation für eine Zustandsveränderung benutzt, die von Zuständen des Umfelds eines Systems ausgelöst, nicht aber direkt bewirkt wurde. Von struktureller Koppelung sprechen sie dagegen, wenn man – als Beobachter – Wechselwirkungen zwischen unterschiedlichen Systemen wahrnimmt:

Perturbation und strukturelle Koppelung

„Die strukturelle Koppelung zweier oder mehrerer Systeme führt zur strukturellen Determinierung einer geordneten Folge aufeinander bezogener Zustandsveränderungen der Systeme, die in Form geordneter Sequenzen von wechselweise als Auslöser wirksamen (Stör-)Einflüssen realisiert wird." (MATURANA 1985, S. 151)

Ein weiterer wichtiger Begriff ist der der Viabilität, d.h. Gangbarkeit. Handlungen, Begriffe und begriffliche Operationen sind viabel, „wenn sie zu den Zwecken oder Beschreibungen passen, für die wir sie benutzen" (VON GLASERSFELD 1996, S. 43). Diese Ausgangsposition hat weitreichende Konsequenzen für den Wahrheitsbegriff bzw. für den Anspruch auf Wahrheit. Wahrheit – traditionell verstanden als wahre Abbildung einer von Menschen unabhängigen Realität – wird nämlich im Radikalen Konstruktivismus ersetzt durch eine Viabilität innerhalb der Erfahrungswelt der Subjekte.

Viabilität

4.4 Verwendung der Ansätze in der Erwachsenenbildung

Wenn wissenschaftliche Kriterien wie Objektivität, also die Übereinstimmung mit einer Sache oder einem Ereignis ohne Wertung und subjektive Verzerrung, und Reliabilität, also die formale Genauigkeit wissenschaftli-

Einschränkungen der Erwachsenenbildung

cher Untersuchungen, als Illusion bezeichnet werden, dann hat das für die Erwachsenenbildung als Theorie und in der Praxis einschränkende Folgen. Diese können als Erleichterung, aber auch als Funktionsverlust der Erwachsenenbildung erlebt werden:

– „Zum einen kann sie mit Hilfe des Radikalen Konstruktivismus auch nur viable Erklärungsmuster für das Verständnis vom Erwachsenenlernen anbieten, das Erwachsenenlernen selbst aber in seiner Systematik nicht erklären.
– Zum anderen stellt sich angesichts der Konstruktivität von Wissen die Aufgabe der ‚Wissensvermittlung‘ und der ‚Lehre‘ in der Erwachsenenbildung neu. Erwachsene lassen sich demnach nicht über bestimmte Sachverhalte aufklären, sondern ihnen können nur verschiedene Interpretationsangebote unterbreitet werden, über deren Nützlichkeit sie aber letztlich selbst entscheiden müssen." (SCHÜSSLER 2000, S. 131)

Konstruktivistische Erwachsenenbildung – Thesen

Im Konzept der „Konstruktivistischen Erwachsenenbildung" (vgl. ARNOLD/ SIEBERT 1997) wird auf die Relevanz von Deutungen bzw. Deutungsmustern und speziell auf Lernerfahrungen zurückgegriffen und die Abgeschlossenheit der Systeme der Lehrenden von denen der Lernenden betont, ohne den Anspruch auf (erwachsenen-)pädagogische Arbeit aufzugeben. SIEBERT hat diese Überlegungen in den folgenden Thesen zusammengefasst:

1. „Lernen und Leben, Erkennen und Handeln, Wahrnehmen und Interpretieren sind untrennbar miteinander verknüpft. Insbesondere für den Menschen als ‚instinktgeleitetes Wesen‘ ist Lernen eine Überlebensnotwendigkeit.
2. Was Erwachsene lernen und wie sie lernen, hängt von ihrer Lerngeschichte, ihren Lerngewohnheiten, ihren psycho-sozialen Vorstrukturen, ihren kognitiven und emotionalen Mustern, ihren bewährten Problemlösungsstrategien, ihren ‚Denk-Fühl-Verhaltensprogrammen‘ [...] ab. Es gibt keine zwei Menschen, die in einem Seminar dasselbe auf dieselbe Weise lernen.
3. Lernen ist prinzipiell selbstgesteuert und nicht fremdgesteuert. Lernen kann aber angeregt, unterstützt, auch ‚perturbiert‘ werden, und zwar u. a. durch motivierende ‚Kontexte‘ (die Gruppe, die Kursleiter, der Lernort) und durch relevante Verwendungssituationen.
4. Für sein Denken, Lernen und Nichtlernen ist jeder selbst verantwortlich. Die Lehrenden sind verantwortlich für ihre Lehre, also für die Gestaltung der Lernsettings, für die ‚didaktische Reduktion und Rekonstruktion‘ der Themen und Qualifikationsanforderungen.
5. Ein konstruktivistischer Lernbegriff hat keineswegs eine ‚Laissez-faire-Pädagogik‘ oder einen unverbindlichen Meinungsaustausch zur Folge. Die Konstruktion von viablen Wirklichkeiten in einer hochkomplexen Wissensgesellschaft erfordert die ‚Anstrengung des Begriffs‘, das Erkennen von Zusammenhängen, systematisches, vernetztes Denken, reflexive Beobachtungen." (SIEBERT 2003a, S. 45)

Deutungslernen

Diese Sicht hat Auswirkungen auf den Lernbegriff (s. Kap. 9) und auf didaktische Konzepte. Lernen ist damit in prinzipieller Weise ein „Deutungslernen" (vgl. SCHÜSSLER 2000), wobei das explizite Deutungslernen, also eine pädagogische Kommunikation über Deutungen, eher eine Sonderform darstellt. Ein direkter, verändernder Zugriff auf Deutungen von Lernenden ist dabei nicht möglich. Lehrende können Veränderungen nicht erzeugen, sie können sie bestenfalls ermöglichen. Es wird deshalb für ein Umstellen von der sogenannten „Erzeugungsdidaktik" auf eine „Ermöglichungsdidaktik" plädiert (s. Kap. 12.3). Diese stellt kein konsistentes didaktisches Konzept dar, bietet aber für die in der Erwachsenenbildung praktisch und wissenschaftlich Tätigen eine Grundlage, die vor überzogenen Machbarkeitsvorstellungen ebenso wie vor der Idee eines resignierten Rückzugs bewahren soll.

Systemisch-konstruktivistische Sichtweisen sind speziell in der betrieblichen Bildung auf große Zustimmung gestoßen. Statt auf Planbarkeit und Kontrollierbarkeit von außen setzen neuere Managementtheorien und -praktiken in diesem Sinne auf Selbstorganisation und Selbststeuerung (s. Kap. 9.4). Der in diesem Zusammenhang zentrale Begriff der ‚lernenden Organisation‘ geht von einer Strukturähnlichkeit zwischen Organisationen und Lernen aus. Organisationen sind demnach – wie lernende Menschen – autopoietische Systeme, die sich nicht zentral kontrollieren lassen und eigene Wirklichkeitsvorstellungen kreieren (vgl. SCHÜERHOFF 2006, S. 103). Individuelles und organisationales Lernen werden dementsprechend durch veränderte Umweltbedingungen oder durch Informationen ausgelöst. Wenn Organisationen als Sammelbecken des Wissens, der Erfahrungen und der Deutungen ihrer Mitglieder gelten können, dann ist dies einerseits eine Erklärung für vielfältige Probleme der Kommunikation und der Steuerung, andererseits aber – und zwar aus pädagogischer Perspektive –gleichzeitig der Ansatzpunkt für ein Programm des pädagogisch begleiteten Organisationslernens, das an den Deutungen der Organisationsmitglieder ansetzt:

„Organisationales Lernen ist darum bemüht, ihre geteilten Deutungen und Visionen über die Routinen und Strategien im betrieblichen Alltag a) ins Bewusstsein zu heben, b) zu reflektieren und c) durch die Initiierung geeigneter Lernprozesse zu transformieren." (ARNOLD 1998, S. 93)

Der Konstruktivismus hat – wie kaum anders zu erwarten – nicht überall Zustimmung gefunden. Das mag zum einen an der nicht immer leicht verständlichen Terminologie liegen, das liegt aber auch vor allem an der Tatsache, dass aus konstruktivistischer Sicht vermeintliche Sicherheiten der Erwachsenenbildung sowie ihr historisches Selbstverständnis als Instanz der Aufklärung in Frage gestellt werden. Kritik an einem konstruktivistisch geprägten Bildungsverständnis wurde vor allem von Seiten der politischen Bildung formuliert. Der Hauptvorwurf bezieht sich auf die vermeintliche politische Indifferenz des Konstruktivismus:

Kritik am Konstruktivismus

„Der Konstruktivismus ist eine Erkenntnistheorie ohne Auftrag, politische Bildung bemüht sich um die Umsetzung der demokratischen Idee. Ohne Normativität ist politische Bildung unvorstellbar. Die an ihr teilnehmen, versammeln sich mit einem gemeinsamen Interesse, z. B. an der Funktionsfähigkeit der Demokratie, der Realisierung der Bürger- und Menschenrechte. Fragen dieser Art sind für Konstruktivisten vermutlich nicht ‚wissenschaftlich‘ genug. Deswegen lehnen sie auch Normativität ab. Die angemessene Erkenntnis der Wirklichkeit erfordert mehr als Deutungen, erforderlich ist auch Wissen. Wissen und seine Vermittlung spielen bei den Bildungsvorstellungen der Konstruktivisten eine allenfalls sekundäre, mitunter auch nur eine minderrangige Rolle. Aber ohne ausreichendes Wissen, ohne Bildung gibt es auch keine adäquate Erkenntnis einer zunehmend komplexen und komplizierten Welt. Die Schuldenfalle, in der die Länder der Dritten und Vierten Welt sitzen, die Rechtswege in der Bundesrepublik, die Ursachen des Ozonlochs, die Finessen auf dem Aktienmarkt, die Strategie der globalisierten Konzerne etc. – ohne Fakten, Wissen, Informationen und die Möglichkeit, diese in einen konsistenten Zusammenhang zu bringen, sind alle damit verbundenen Fragen nicht zu beantworten und Lösungsperspektiven nicht zu entwickeln. Auch sei angemerkt, dass die Teilnehmenden an Bildungsveranstaltungen oft mit Frustration und Wegbleiben reagieren, wenn sie statt Informationen (z. B. auch durch kompetente Referenten) lediglich Deutungen (und dann auch noch ihre eigenen) angeboten bekommen." (HUFER 2001, S. 5 f.)

Die (erwachsenen-)pädagogische Anwendung des Konstruktivismus ist auch als Vereinfachung, Verfälschung oder unzulässige Vereinnahmung einer Erkenntnistheorie kritisiert worden, die derartigen Verwendungen fernsteht (vgl. BERZBACH 2005). Festzuhalten ist jedoch, dass die von dieser Richtung ausgehende Provokation teils zu einer Korrektur, teils zu einer Legitimation bestehender Vorstellungen geführt sowie zur Verbreitung einer Haltung professioneller Bescheidenheit beigetragen hat, die der Gefahr der Enttäuschung von Veränderungserwartungen entgeht.

Teilnehmer-orientierung

Es kann damit an das in den 1970er Jahren entwickelte Prinzip der Teilnehmerorientierung (s. Kap. 8.3 und 12.2) angeschlossen werden. Mit Teilnehmerorientierung ist nicht Anpassung an Teilnehmerwünsche im Sinne einer Kundenorientierung gemeint, sondern eine von der Angebotsplanung bis zum didaktischen Vorgehen in Lehr-Lern-Situationen wirksame Richtschnur, die die vermuteten Lernerfahrungen und -interessen der Teilnehmer in Abhängigkeit von der Thematik, der Funktion des Angebots und der Veranstaltungsform berücksichtigt (vgl. a. a. O., S. 105), ohne die Illusion, die Teilnehmer wirklich erkennen und ändern zu können (vgl. auch KEMPKES 1987 und TIETGENS 2001b).

Was Sie wissen sollten, wenn Sie Kapitel 4 gelesen haben:

– Sie sollten erläutern können, inwiefern eine Affinität zwischen Erwachsenenbildung und symbolischem Interaktionismus besteht.
– Sie sollten die zentralen Argumente der Kritik an konstruktivistischen Positionen anführen können.
– Sie sollten beschreiben können, welche praktischen Konsequenzen für die Erwachsenenbildung aus konstruktivistischen Sichtweisen gezogen werden können.

---

5 Modernisierungstheoretische Sichten auf Erwachsenenbildung

Erwachsenenbildung ist auf Erkenntnisse angewiesen, die mehr bieten als Klagen über den Verfall der Sitten oder flüchtige Impressionen aufgrund zufälliger Beobachtungen, wie sie vor allem von der Soziologie bereitgestellt werden. Unter den Zeitdiagnosen, die sich um eine Charakterisierung der Moderne bzw. der Modernisierung der Moderne oder der Postmoderne im Hinblick auf Wissen und Lernen bemühen, nehmen die Konzepte der Risiko- und der Wissensgesellschaft bzw. der „learning society" einen besonderen Platz ein. Für die Erwachsenenbildung, die als Produkt der Aufklärung eng mit der Moderne und dem damit verbundenen Anspruch auf Rationalität und wissenschaftsorientierten Fortschritt verbunden ist, erweisen sich die darüber geführten Diskussionen als hilfreich. So können Lebenssituation und Bildungsbedürfnisse von Teilnehmern sowie Anforderungen der Gesellschaft, aber auch Entwicklungen der Erwachsenenbildung selbst besser verstanden und eingeordnet werden.

5.1 Risikogesellschaft und reflexive Modernisierung

Ein Autor, dessen Schriften maßgebliche Bedeutung auch für die Erwachsenenbildung hatte und hat, ist der deutsche Soziologe ULRICH BECK, der 1986 ein Buch mit dem Titel „Risikogesellschaft. Auf dem Weg in eine andere Moderne" vorgelegt hat. Anders als Autoren, die die mit der Industrialisierung eintretende Moderne an ihrem Ende sehen und von „Postmoderne" sprechen, hebt Beck hervor, dass die gegenwärtigen Umgestaltungen moderner Gesellschaften nichts anderes als Folgen dieser sogenannten ersten Moderne mit ihrem Glauben an Rationalität und Fortschritt sowie der Herauslösung aus traditionellen Sozialformen und -bindungen sind.

Von der ersten zur zweiten Moderne

Bereits mit dem Haupttitel des Buchs hatte er eine Formel gefunden, die auch in den Massenmedien aufgegriffen wurde. Das Buch ist in dem Jahr erschienen, in dem durch eine Explosion im Reaktor des Kernkraftwerks Tschernobyl in der Ukraine große Mengen an radioaktiver Materie in die Luft geschleudert wurden und sich bis nach Westeuropa verteilten. Zu den unmittelbaren Folgen – Todesfällen und Krebserkrankungen – kamen weitere, immer noch unabschätzbare Langzeitfolgen, auch im ökologischen und ökonomischen Bereich, hinzu.

Der Unfall hat auf ein allgemeines Problem aufmerksam gemacht, das Beck als Selbstgefährdung bezeichnet: Indem Menschen Kernkraftwerke bauen, produzieren sie Gefährdungen, die sich gegen sie selbst richten. Die Katastrophe kann so als nicht beabsichtigte negative Folge des wissenschaftlich-technischen Fortschritts gesehen werden. Allgemein ausgedrückt entstehen Risiken immer dann, wenn die Folgen des Handelns für die Zukunft nicht klar erkannt werden (können). Dies betrifft auch soziale Risiken, wie etwa die durch technischen Fortschritt bedingte Arbeitslosigkeit. Solche nicht erkannten Folgen prägen nun – nach Beck – in einem besonderen Maße die Situation der Gegenwart.

Selbstgefährdung und Zweifel am Fortschritt

Zu den Eigenheiten der selbstproduzierten Risiken für Gesundheit und Umwelt gehört ihre Unsichtbarkeit. Sie bedürfen der Feststellung durch die Wissenschaft, um überhaupt als Gefährdungen erkennbar zu werden. Die Menschen werden auf diese Weise von den Einschätzungen – darunter auch den Fehleinschätzungen – von Experten abhängig. Auf der einen Seite ist Wissenschaft nötig, auf der anderen Seite ist diese zunehmend weniger in der Lage, sichere Prognosen zu treffen. Während die (erste) Moderne noch von einem allumfassenden Glauben an die Wissenschaft und an die Erkennbarkeit von Fehlern geprägt war, herrschen in der anderen oder ‚zweiten' Moderne verstärkt Zweifel an der Idee eines ungebrochenen Fortschritts und der Auffassung, die den Menschen umgebende Wirklichkeit sei immer besser erkenn- und beherrschbar.

Reflexive Moderne und reflexive Modernisierung

Nachdem Beck noch 1986 von einer „anderen Moderne" gesprochen hatte, scheint dieser Begriff mittlerweile durch den der „reflexiven Moderne" ersetzt worden zu sein. Damit ist nicht eine reflektierte, gewollte Modernisierung gemeint, sondern eine gewissermaßen eigendynamische Veränderung der Gesellschaft, die sich im Zuge normaler Modernisierung ungeplant und allmählich vollzieht (vgl. BECK/GIDDENS/LASH 1996, S. 29). Reflexive Modernisierung meint also eine potenzierte Modernisierung. GIDDENS hat dies auch – weniger missverständlich – „Hochmoderne" genannt und die Meinung vertreten, dass wir uns auf eine Zeit hinbewegen, in der sich die Konsequenzen der Moderne radikaler und umfassender auswirken als bisher (vgl. GIDDENS 1995, S. 11).

5.2 Individualisierung und Pluralisierung

Herauslösung und neue Einbettung

Neben dem Begriff des Risikos ist es der der Individualisierung, der mit der Zeitdiagnose der Risikogesellschaft verbunden ist. BECK bezeichnet den Begriff als „überbedeutungsvoll" und „missverständlich", aber notwendig (vgl. BECK 1986, S. 205). Individualisierung meint nämlich nicht Personwerdung oder Vereinzelung, sondern bezeichnet einen dreigliedrigen Prozess, der
– die Herauslösung aus historisch vorgegebenen Sozialformen und -bindungen,
– den Verlust von traditionellen Sicherheiten im Hinblick auf Handlungswissen, Glauben und leitende Normen sowie
– eine neue Art der sozialen Einbettung
umfasst. Dabei gilt es, zwischen objektiver Lebenslage und der subjektiven Reaktion darauf zu unterscheiden. Dieses allgemeine Modell konkretisiert Beck für die Nachkriegszeit in Deutschland und spricht dabei von einem „Individualisierungsschub", der sich auf die Sozialstruktur, die Stellung der Frau und auf den Bereich der Arbeit bezieht: Gemeint ist die Auflösung der proletarischen Schicht und des mit ihr verbundenen Milieus, die Freisetzung von Frauen aus der Versorgung durch die Ehe und die Wandlung der Erwerbsarbeit durch Flexibilisierung einerseits und durch Unterbeschäftigung andererseits.

Diese Freisetzungen haben – nach Beck – zur Folge, dass der/die Einzelne verstärkt auf sich selbst angewiesen sei und nicht mehr durch Instanzen wie die Familie aufgefangen werde: Die generationsübergreifende Familie zerbreche, und die Individuen werden mit ihrem Kampf um Existenzsicherung und ihrer Lebensplanung allein gelassen (vgl. a.a.O., S. 209). Vereinzelung und Standardisierung schließen einander nicht aus. So löse das Fernsehen den Einzelnen aus traditionellen Kommunikationszusammenhängen heraus, setze ihn aber den gleichen Programmen aus, die Millionen anderer Menschen konsumieren.

Pluralität – Pluralisierung

Als weiteres Kennzeichen der zweiten Moderne kann die Anerkennung von Uneindeutigkeit und Pluralität gelten. Statt um jeden Preis Eindeutigkeit und Einheit herzustellen, geht es darum, das Fehlen klarer Abgrenzungen und die Vielfalt von möglichen Grenzziehungen zu akzeptieren. Grenzen sind nicht feststehend, sondern können jederzeit neu definiert werden. Pluralität entsteht nicht nur durch zusätzliche Formen, sondern in starkem Maß durch Mischungen. Bisheriges verbindet sich mit neuen Elementen, wobei dann auch scheinbar überholte Strukturen wieder aktuell werden können (vgl. BECK/BONSS/LAU 2001, S. 32). Pluralität betrifft auch den Zwang zur Entscheidung. Nicht mehr die eine endgültige Lösung wird angestrebt, sondern mehrere gleichwertige Zwischenlösungen erscheinen geeignet, sich immer wieder auf Unerwartetes einzustellen.

Der Prozess der Herstellung von Pluralität wird Pluralisierung genannt. Pluralisierung kann vor allem bei Lebensstilen und Formen der Erwerbsarbeit festgestellt werden. Für die Erwachsenenbildung bedeutet die neue Vielfalt von Lebens- und Arbeitsformen, dass sie nicht mehr wie in der ersten Moderne ihre Adressaten (vgl. Kap. 8.2), als feste Gruppen mit eindeutigen Merkmalen ansprechen und abgrenzen kann, sondern mit vielfältigen Differenzierungen rechnen muss.

5.3 Risikogesellschaft und Erwachsenenbildung

Die Diagnose der Risikogesellschaft ist nicht nur von der deutschen Erwachsenenbildung aufgenommen worden. Auch in der englischsprachigen Literatur zur Erwachsenenbildung haben die bald ins Englische übersetzten Bücher Becks zusammen mit den Büchern von ANTHONY GIDDENS Wirkung gezeigt. So ist dort beispielsweise von der ‚risk society perspective' die Rede, aus der gegenwärtige Entwicklungen kritisch betrachtet werden (vgl. HAKE 1998).

Gefährdungen und Ungewissheit

Das Thema der gefährdeten Welt (denn Gefährdungen sind im Zuge der Globalisierung nicht mehr nur auf bestimmte Regionen beschränkt) und des Verlusts der Wissenschaftsgläubigkeit hat schnell die praktische Erwachsenenbildung erreicht: Nicht nur die politische Bildung hat sich mit dem Thema auseinandergesetzt (vgl. SCHULZ 1994). In dieser Zeit ist auch als neuer Bereich die Umweltbildung entstanden, die sich zunächst auf die Vermittlung ökologischen Wissens konzentrierte, dann aber verstärkt soziale und sozialethische Fragen des Umgangs mit Nicht-Wissen und Ungewissheit behandelte (s. Kap. 10.5). Mit der ethischen Seite des Problems hat sich schon früh die evangelische Erwachsenenbildung beschäftigt (vgl. GEILING/HÖHMANN/GRIEP 1991).

Bei der Behandlung des Themas Risiko können mehrere Positionen unterschieden werden, die im konkreten Fall meist in vermischter Form auftreten. Die eine geht davon aus, Menschen Antworten geben zu können, die sie von Politik und Wissenschaft nicht erhalten, eine andere propagiert die Einrichtung von Gesprächsforen im Sinne einer Gegenöffentlichkeit und eine dritte will die Menschen befähigen, mit dem Verlust von Sicherheiten umzugehen (vgl. z. B. DOHMEN 1995; SIEBERT 1994; zusammenfassend KADE. 2001). Allen diesen Positionen ist gemein, dass sie den ‚Risikodiskurs' zur Begründung für Erwachsenenbildung nutzen. So wird etwa argumentiert, dass selbst-produzierte Risiken wie Umweltprobleme durch die globale Erwärmung, Nahrungsmittelskandale, die Übertragung der Verantwortung für die Beschäftigungsfähigkeit auf den Einzelnen und die verschärfte Wettbe-

Risiko als Begründung für Erwachsenenbildung

werbssituation auf dem globalen Arbeitsmarkt das Lernen im Erwachsenenalter zur Notwendigkeit werden lassen (vgl. JOHNSTON 1999).

Auch in der Hamburger Deklaration der UNESCO zum Lernen im Erwachsenenalter wird die Notwendigkeit des Lernens im Jugend- und im Erwachsenenalter mit dem Anwachsen von Komplexität und Risiko in der Gesellschaft begründet:

„Die Herausforderungen des 21. Jahrhunderts können nicht allein von Regierungen, Organisationen oder Institutionen bewältigt werden. Auch die Energie, die Phantasie und der Schöpfergeist der Menschen und ihre volle, freie und energische Partizipation in allen Aspekten des Lebens wird benötigt. Das Lernen im Jugend- und Erwachsenenalter ist eines der wichtigsten Mittel, Kreativität und Produktivität im weitesten Sinn deutlich zu vermehren. Kreativität und Produktivität wiederum sind unverzichtbar, um die komplexen und miteinander verbundenen Probleme einer Welt zu bewältigen, die bedrängt wird von beschleunigtem Wandel, wachsender Komplexität und Risiko." (CONFINTEA 1997 – Übers. aus dem Engl.)

Aus anderen Positionen wird die Beziehung zwischen Risiko und Erwachsenenbildung kritischer gesehen und die Rolle der Erwachsenenbildung als ‚Helferin' eher ironisiert:

„Die jungen Menschen, die immer weniger mit einem durch familiäre und schichtbezogene Sozialisation festgelegten, wertegefüllten Rucksack auf ihren Lebensweg geschickt werden, stehen vor der Situation, diesen Rucksack selbst immer wieder neu füllen zu müssen. Für die Erwachsenenbildung ist dies der Anlaß, das ‚lebenslange Lernen' zum Prinzip zu machen. Die Pflicht zur Freiheit (mit Selbstverwirklichungsdruck) ist die Pflicht zum permanenten Lernen. Die Risikogesellschaft ist daher der ideale Humus für die Erwachsenenbildung: Das Ozonloch provoziert die Veranstaltung, in der man Rat sucht, um sich vor den Folgen schützen zu können, der Rinderwahnsinn fördert den Besucherandrang beim vegetarischen Kochkurs." (GEISSLER 1996, S. 22 f.)

Erwachsenenbildung *– außerhalb und* *innerhalb der* *Risikogesellschaft* Bei der Zusammenstellung der unterschiedlichen Reaktionen, die die Diagnose der ‚Risikogesellschaft' in der Erwachsenenbildung gefunden hat, fällt ein Unterschied auf: Zum einen wird die Gesellschaft von der Erwachsenenbildung quasi von außen betrachtet, zum anderen wird die Erwachsenenbildung selbst als Teil der (Risiko-)Gesellschaft wahrgenommen. Aus der ersten Perspektive kann Erwachsenenbildung als Gegenmacht oder Hilfsinstanz gesehen werden, aus der zweiten werden Veränderungen thematisiert und neue Fragestellungen entwickelt. So wäre zu überlegen, inwiefern Erwachsenenbildung selbst als Teil der Gesellschaft zu der beschriebenen gesellschaftlichen Entwicklung beiträgt. Überlegungen, die die (ungewollten) Nebenwirkungen der Erwachsenenbildung selbst thematisieren und diese als Mittel einer letztlich unkontrollierbaren Modernisierung sehen (vgl. WITTPOTH 2001, S. 143), stehen aber immer noch am Rande. Die Anwendung des Konzepts der reflexiven Moderne betrifft aber auch die Frage nach der Entscheidungsnotwendigkeit, der die Menschen in allen Bereichen unterliegen. So könnte man untersuchen, wie Menschen mit dem Zwang zur Entscheidung in der Weiterbildung umgehen, unter welchen Bedingungen also welche Form der Weiterbildung und wann überhaupt Lernen als Lösungsstrategie gewählt wird (vgl. FISCHER 2007).

5.4 Theorie(n) der Wissensgesellschaft

Die Zustimmung, die in den neunziger Jahren des vergangenen Jahrhunderts die Diagnose der Risikogesellschaft gefunden hatte, ist mittlerweile auf die Theorie der Wissensgesellschaft übergegangen – unabhängig von der Tatsache, dass die von BECK und anderen beschriebenen und prophezeiten Risiken nicht geschwunden sind.

Von der Risiko- zur Wissensgesellschaft

Tatsächlich wird unter der Bezeichnung „Wissensgesellschaft" eine Reihe von Problemen angesprochen, die auch schon von den Theoretikern der Risikogesellschaft behandelt worden sind, so dass „Wissensgesellschaft" in gewisser Weise als weniger dramatische Variante des Begriffs „Risikogesellschaft" verstanden werden kann (vgl. NOLDA 2001b, S. 97). Die Entstehungsgeschichte des Begriffs ist jedoch eine andere, und um die aktuellen Diskussionen zu verstehen, ist es sinnvoll, sich dieser Genese zu vergewissern.

Der Begriff „knowledge society" (bzw. „knowledgeable society") ist zunächst von US-amerikanischen Wissenschaftlern benutzt worden, die aktuelle Entwicklungen in Politik, Arbeitswelt, Wirtschaft und im Bildungssektor als Zeichen eines grundlegenden Wandels interpretierten. Wissensgesellschaft meinte vor allem eine Gesellschaft, in der die Bedeutung des wissenschaftlichen Wissens wächst. ROBERT E. LANE (1966) hatte so eine Gesellschaft charakterisiert, die wichtige Entscheidungen auf der Basis rationaler Überlegungen und nicht aufgrund ideologischer Einstellungen fällt. 1969 legt PETER F. DRUCKER in seinem Buch „The Age of Discontinuities" aus der Perspektive des Managements dar, dass Wissen in den USA zum entscheidenden Wirtschaftspotenzial geworden sei. Nicht Güter, sondern Ideen und Informationen seien entscheidend für die Volks- und Weltwirtschaft. DANIEL BELL sah in seinem 1972 in den Vereinigten Staaten erschienenen Buch „The Coming of Post-Industrial Society" die USA auf dem Weg in eine Wissensgesellschaft, weil zu erwarten sei, dass der Anteil an wissensbasierten Tätigkeiten ständig zunehme. Eine größere Bedeutung wissenschaftlichen Wissens für die Wirtschaft, bessere Ausbildung für alle und wachsende Beschäftigungsmöglichkeiten im Dienstleistungssektor kennzeichnen diese moderne Gesellschaft:

Ursprünge

„Die nachindustrielle Gesellschaft ist in zweifacher Hinsicht eine Wissensgesellschaft: einmal, weil Neuerungen mehr und mehr von Forschung und Entwicklung getragen werden (oder unmittelbarer gesagt, weil sich auf Grund der zentralen Stellung des theoretischen Wissens eine neue Beziehung zwischen Wissenschaft und Technologie herausgebildet hat); und zum anderen, weil die Gesellschaft – wie aus dem aufgewandten höheren Prozentsatz des Bruttosozialprodukts und dem steigenden Anteil der auf diesem Sektor Beschäftigten ersichtlich – immer mehr Gewicht auf das Gebiet des Wissens legt." (BELL 1996, S. 219)

Die implizite Fortschrittsgläubigkeit dieser ersten Ansätze ist inzwischen eingeschränkt worden. Der deutsch-kanadische Soziologe NICO STEHR schließt an die These von der zunehmenden Wissensbasierung von Wirtschaft und Gesellschaft an, sieht aber die Gesellschaft dadurch nicht stabiler, sondern im Gegenteil zerbrechlicher werden. Indem er aber Wissen als „Möglichkeit zum Handeln" definiert, erkennt er in der zunehmenden Verbreitung von Wissen auch die Chance zunehmender Demokratisierung:

Zerbrechlichkeit vs. Demokratisierung

„Eine illusionslose Bewertung der sozialen Rolle des Wissens muss [...] zu dem Schluß kommen, dass die Ausweitung des Wissens und damit der Handlungsmöglichkeiten in der modernen Gesellschaft nicht nur unüberschaubare Risiken und Unsicherheiten mit sich gebracht hat, sondern auch ein befreiendes Handlungspotenzial für viele Individuen und soziale Gruppen." (STEHR 2001, S. 13)

Organisierte Wissensarbeit

Die tiefgreifenden Änderungen, die die modernen digitalen Technologien in den letzten Jahrzehnten weltweit bewirkt haben, haben dem Konzept eine aktualisierte Bedeutung verliehen, so dass inzwischen vielfach von der Informations- und Wissensgesellschaft die Rede ist. Arbeitsformen und Produkte der entsprechenden Industrien scheinen beispielhaft für die Veränderungen moderner – wissensbasierter – Gesellschaften. Das drückt sich auch in der Bedeutung von Produkten „mit eingebauter Expertise" wie z. B. Software oder Logik-Chips aus (vgl. WILLKE 1998). Neues Wissen und neue Expertise, d. h. der Bezug von Wissen auf konkrete Entscheidungssituationen, schaffen in zunehmendem Maße und in zunehmendem Tempo die für die Wirtschaft notwendigen Innovationen. Der Wohlstand einer Gesellschaft hängt also immer weniger von Landwirtschaft, industrieller Produktion und (einfachen) Dienstleistungen und immer mehr von Umgang mit Wissen, von seiner Interpretation und seiner Anwendung ab. Die geleistete Arbeit ist dabei immer seltener Produkt einiger weniger genialer Individuen, sondern häufig Ergebnis von organisierter Wissensarbeit, wie sie in den sogenannten lernenden Organisationen (s. Kap. 9.6 und 10.3) durchzusetzen versucht wird.

Der „Lissabon-Prozess"

Begriff und Theorie der Wissensgesellschaft können offensichtlich auch zu politischen Zwecken eingesetzt werden. Das Konzept der Wissensgesellschaft ist jedenfalls von der europäischen und von der nationalen Bildungspolitik mit großem Engagement aufgenommen worden. Im „Lissabon-Prozess" der Europäischen Union (s. Kap. 1 und 3.3) spielt das Konzept eine herausragende Rolle. Es dient als Begründung für ein Programm, das durch Erhöhung der Grundbildung aller Bevölkerungsgruppen und das Vorhalten von Lernmöglichkeiten über den gesamten Lebenslauf die Beschäftigungsfähigkeit der Bürger der Europäischen Union sichern soll.

Kritiker der bildungspolitischen Verwendung des Begriffs verweisen auf die einseitige Ausrichtung von (Weiter-)Bildung auf die Zwecke der Ökonomie. Kritisiert wird auch die Vorstellung, Arbeitslosigkeit allein über verbesserte Grund- und Weiterbildung sowie Risiko- und Mobilitätsbereitschaft der Menschen beheben oder reduzieren zu können. Dem Staat wird vorgeworfen, sich aus seiner Verantwortung zurückzuziehen und die Verantwortung für Beschäftigung, Weiterbildung sowie deren Kosten zunehmend den einzelnen Bürgern zu übertragen (vgl. BITTLINGMAYER/BAUER 2006).

5.5 Wissensgesellschaft und Erwachsenenbildung

Prognosen der Theoretiker der Wissensgesellschaft

Von den Theoretikern der Wissensgesellschaft selbst sind Überlegungen angestellt worden, wie sich diese Entwicklung moderner Gesellschaften auf das Lernen der Menschen auswirkt. Vor allem wird darauf hingewiesen, dass traditionelle, auf der Vermittlung fester Inhalte beruhende Lehr-Lern-Konzepte obsolet werden. Statt der Vermittlung eines Wissenskanons wird –

speziell im Fall von Organisationen – auf die Erhaltung von Lernfähigkeit und damit auch auf Verlernen gesetzt (s. Kap. 9.5).

Von der für die Wissensgesellschaft typischen Unsicherheit profitieren Experten und Berater. Auf die wachsende Bedeutung dieser „Wissensarbeiter" hat vor allem STEHR (1994) aufmerksam gemacht. Diese ersetzen aber nun nicht einfach die einstige Autorität der Wissenschaft, sondern tragen insofern zur Fragilität moderner Gesellschaften bei, als Expertenmeinungen von anderen Experten oder auch in zunehmendem Umfang von ratsuchenden Klienten in Frage gestellt werden. Berater üben also keine Macht in dem Sinne aus, dass sie ihren Willen gegen den Willen anderer durchsetzen. Zur Gruppe derjenigen, die in dieser Weise Wissen übermitteln und anwenden, gehören auch Lehrende, die als Lernberater auftreten. Dabei ist zu beachten, dass das übermittelte Wissen sich im Prozess der Übermittlung verändert und deshalb durchaus produktiv ist. Wissensarbeiter schreiben nicht vor, sondern bieten in der Kommunikation mit ihren Klienten Interpretationen an (s. Kap. 12.3 und 13.4).

Wissensarbeiter

Die Erwachsenenbildung hat sich des Begriffs der Wissensgesellschaft in dem Maß angenommen, wie er allgemein verbreitet wurde. Dabei ist eine eher unreflektierte Übernahme der das Lernen Erwachsener rechtfertigenden Diagnose (vgl. NOLDA 2001a) von Überlegungen zu unterscheiden, die den Begriff aufgreifen, um das veränderte Verständnis von Wissen und damit auch veränderte Erscheinungsformen und Aufgaben von Erwachsenenbildung zu erfassen.

Im Rahmen einer vom Bundesministerium für Bildung und Forschung in Auftrag gegebenen Befragung wurden Ende der neunziger Jahre Experten nach den „Potenzialen und Dimensionen der Wissensgesellschaft", bezogen auf Bildungsprozesse und Bildungsstrukturen, befragt. U.a. wurden folgende Veränderungen als erwünscht angesehen, gleichzeitig wurde aber auch Skepsis gegenüber einer schnellen Realisierung formuliert:

Potenziale und Dimensionen

– „Die Entwicklung hin zur Wissensgesellschaft stellt nach Ansicht der meisten Experten neue Anforderungen an die Rollen von Lehrenden und Lernenden. Dies betrifft vor allem die Umsetzung des Schlagwortes vom lebenslangen Lernen in die Realität, mehr Selbstverantwortung und Selbststeuerung und die Aufgabe, das Lernen zu lernen.
– In diesem Zusammenhang wünscht eine Mehrheit der Experten eine neue Rollenverteilung zwischen Lehrenden und Lernenden, die sich vor allem auf folgende Aspekte bezieht: Lehrende werden zu Beratern und Moderatoren im Lernprozeß, und Lernende agieren als ‚Entdeckungsreisende', die sich in Lernteams und Projektarbeit zunehmend zu Mitgestaltern von Lernprozessen entwickeln.
– Die Wahrscheinlichkeit, dass sich eine neue Rollenverteilung in diesem Sinne im Bildungssystem des Jahres 2020 weitgehend durchgesetzt hat, schätzen Experten vor allem für den allgemeinbildenden Bereich und die Hochschulen eher skeptisch ein." (KUWAN/WASCHBÜSCH 1998, S. 67)

Neben den praktischen Auswirkungen auf die Bildungsarbeit haben sich Vertreter der Erwachsenenbildung mit der gesamtgesellschaftlichen Veränderung der Bedeutung und des Umgangs mit Wissen und ihrer Bedeutung für die Erwachsenenbildung auseinandergesetzt. In diesem Zusammenhang wird eine Verbindung zur These von der Universalisierung der Erwachsenenbildung bzw. der Pädagogisierung der Gesellschaft, also der Durchdrin-

Wissensgesellschaft und Pädagogisierung

gung der Gesellschaft mit pädagogischen Vorstellungen und Praktiken, gezogen (s. Kap. 13.3). Demnach entspricht der zunehmenden Bedeutung des Wissens eine zunehmende Verbreitung von „Formen pädagogisch strukturierter Wissensvermittlung" (KADE/SEITTER 2007b, S. 16).

5.6 Die „learning society"

Wirtschaftlicher Erfolg und Selbstaufklärung durch Lernen

In der englischsprachigen Literatur zur Erwachsenenbildung ist spätestens seit dem Faure-Report (s. Kap. 1.3) häufiger von der „learning society" die Rede. Auch das Mitte der 1990er Jahre von der Europäischen Kommission veröffentlichte Weißbuch „Teaching and Learning: Towards a Learning Society" („Lehren und Lernen: Auf dem Weg zu einer kognitiven Gesellschaft") hat zur Durchsetzung des Begriffs beigetragen. Damit ist einerseits eine Gesellschaft gemeint, deren Mitglieder über Weiterbildung zu Lebensqualität, wirtschaftlichem Erfolg und sozialer Integration beitragen bzw. ein Sinken der Lebensqualität, wirtschaftlichen Misserfolg und Desintegration verhindern (vgl. EUROPÄISCHE KOMMISSION 1996). Eine andere – weniger defensive – Deutung bezieht sich auf eine Gesellschaft, die Lernen kreativ als Selbstaufklärung begreift und die imstande ist, selbst die Bedingungen ihres Lernens zu verändern:

> „Eine lernende Gesellschaft ist sehr viel mehr als eine Gesellschaft, deren Mitglieder einfach über eine gute Bildung verfügen. Es ist ein Ort oder eine Gesellschaft, wo die Idee des Lernens jedes Gewebe ihres Seins durchdringt: ein Ort, wo Individuen oder Organisationen ermuntert werden, etwas über die Dynamik des Ortes, an dem sie leben, zu lernen, und darüber, wie er sich verändert: ein Ort, der auf dieser Basis die Art verändert, wie er lernt – ob durch Schulen oder jede andere Institution, die helfen kann, Verstehen und Lernen zu fördern; ein Ort, an dem alle Mitglieder ermuntert werden zu lernen, schließlich und vielleicht am wichtigsten ein Ort, der lernen kann, die Bedingungen seines Lernens auf demokratische Weise zu verändern." (CARA/LANDY/RANSON 1998, S. 1 f. – Übers. aus dem Engl.)

Kritik an der ‚learning society'

‚Learning society' entspricht als modernes Gesellschaftsmodell dem Konzept des Lebenslangen Lernens. Alle Hoffnungen, aber auch alle Vorbehalte gegenüber diesem Konzept, finden sich deshalb auch in der Einschätzung gegenüber der Diagnose bzw. Prognose der ‚lernenden Gesellschaft' (vgl. WAIN 2004). Auch die von deutschen Erwachsenenbildnern geäußerte Kritik an dem genannten Weißbuch ist eher als eine Kritik am Konzept des Lebenslangen Lernens zu verstehen:

> „Der Idee einer Humanisierung unseres Lebens durch die Zuhilfenahme einer breiten Skala von Lernmöglichkeiten widerspricht es zutiefst, wenn letztere durch eine ständig härter durchgreifende soziale Verteilungsmechanik immer mehr Menschen vorenthalten wird. Darüber können die euphemistischen Botschaften, die in die Ankündigung einer ‚kognitiven Gesellschaft' eingebaut sind, nicht hinwegtäuschen. Die allgemeine Mobilmachung für lebenslanges Lernen, ein sich verdichtendes normatives Weiterbildungsklima müssen von denen mit Argwohn, ja offener Ablehnung quittiert werden, die wegen Dauerarbeitslosigkeit und anderer Formen der Marginalisierung für ‚wertschöpfende' Bildungsleistungen nicht (mehr) in Frage kommen." (KÜNZEL 1996, S. 101)

In Deutschland hat sich der Terminus der „lernenden" bzw. der kognitiven Gesellschaft nicht durchsetzen können. Stattdessen ist vereinzelt von der „Lern-" oder „Bildungsgesellschaft" die Rede (vgl. KADE 1992; TIETGENS 1996; BRÖDEL/SIEBERT 2003). Gemeint sind in jedem Fall Entwicklungen, wie sie im komplexen Konzept der Wissensgesellschaft beschrieben sind: vor allem ein angesichts der Dynamik von Wissensproduktion, -verbreitung und -verwendung erhöhter Bedarf an lernender Verarbeitung von Wissen, aber auch eine Entwicklung des Lernens Erwachsener „zu einer selbstverständlichen Sozialitätsform" (NITTEL 1999, S. 312).

Was Sie wissen sollten, wenn Sie Kapitel 5 gelesen haben:

– Sie sollten die Bedeutung von Modernisierungstheorien für die Erwachsenenbildung beschreiben können.
– Sie sollten die Begriffe Individualisierung und Pluralisierung erklären können.
– Sie sollten die Beziehung zwischen Risiko- und Wissensgesellschaft darstellen können.
– Sie sollten den Stellenwert des wirtschaftlichen Aspekts in den dargestellten Modernisierungstheorien einschätzen können.

---

6 Systemtheoretische Sichten auf Erwachsenenbildung

Anders als in Kap. 4 werden im Folgenden systemtheoretische Positionen nicht unter der Perspektive ihrer Auswirkungen auf das Lernen und Lehren von Erwachsenen behandelt. Im Mittelpunkt steht vielmehr die Frage nach dem Status des Systems Erwachsenenbildung im Gesamtsystem der Gesellschaft und in Bezug auf andere Systeme. Diese Frage wurde von Vertretern der Erwachsenenbildung zunächst in den 1970er Jahren und dann noch einmal in den 1990er Jahren diskutiert. In den verschiedenen Rezeptionsphasen spiegelt sich die Entwicklung der Systemtheorie selbst wider, die inzwischen das Konzept der Autopoiesis in sich aufgenommen hatte, aber auch die unterschiedliche Situation der Erwachsenenbildung: Hatte in den 1970er Jahren die staatliche geförderte, öffentlich verantwortete Erwachsenenbildung im Mittelpunkt der Überlegungen gestanden, so waren es in den neunziger Jahren auch die nicht-institutionellen Formen der Erwachsenenbildung und vor allem auch die beruflich–betriebliche Weiterbildung, die die Aufmerksamkeit auf sich zogen.

6.1 Grundbegriffe der soziologischen Systemtheorie

Unter Rückgriff auf die Arbeiten von TALCOTT PARSONS (1902–1979), dem Begründer des sogenannten Strukturfunktionalismus, geht LUHMANN davon aus, dass moderne Gesellschaften, gesehen als Systeme, durch eine Aufteilung in Untersysteme gekennzeichnet sind. Diese übernehmen jeweils spe-

Funktionale Ausdifferenzierung

zielle Funktionen für das Gesamtsystem (,funktionale Ausdifferenzierung') und weisen spezielle Leistungen auf, die sie von den anderen Systemen unterscheiden. Zu diesen Systemen gehören beispielsweise das rechtliche, das wirtschaftliche, das wissenschaftliche oder eben auch das (demgegenüber relativ junge) Erziehungssystem.

Die Schwierigkeit und der Reiz der von Luhmann entwickelten Theorie liegen darin, dass sie in großem Ausmaß mit Begriffen und Vorstellungen arbeitet, die von der üblichen Verwendung im Alltag abweichen. Der Zentralbegriff des Systems wird beispielsweise nicht durch seinen Inhalt, also durch die Zahl und die Art seiner ihm zugehörenden Elemente definiert, sondern durch Tätigkeiten, sogenannte Operationen.

System und Umwelt   Ein System entsteht, indem es sich von seiner Umwelt abgrenzt und sich dadurch als Einheit darstellt. Es besteht also nicht an sich, sondern nur in seiner Differenz zur Umwelt (s. Kap. 4). Mit Umwelt ist keine feststehende Größe gemeint, Umwelt ist das, was es allein in Bezug auf ein bestimmtes System gibt, sie ist sozusagen seine ,Außenseite'. Ein System bildet eine Einheit nur hinsichtlich der Differenz gegenüber der Umwelt (vgl. Abb. 6-1).

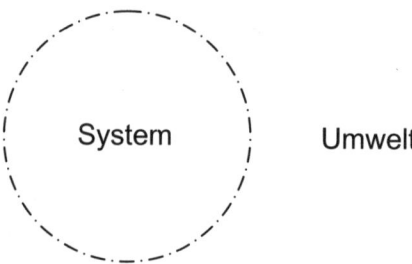

Abb. 6-1: System und Umwelt

Dieser Unterschied wird bei internen Differenzierungen eines Systems weitergeführt. Ein System kann so eine prinzipiell unendliche Zahl von Untersystemen bzw. System-Umwelt-Differenzen enthalten. Umwelt wiederum kann man genauer bestimmen, indem man zwischen einer systemrelevanten Umwelt und einer absoluten Umwelt, nämlich der ,Welt', unterscheidet. Alles, was nicht von den für das System typischen Unterschieden erfasst wird, wird vom System nicht wahrgenommen. Systeme schützen sich so vor Überlastungen, sie reduzieren Komplexität, indem sie die Umwelt nach Unterschieden absuchen, die sie selbst konstruieren.

Zwang zur   Systeme operieren – in Differenz zur Umwelt – selbstreferentiell, also
Autonomie   auf sich selbst bezogen (s. Kap. 4.3). Sie sind ,autopoietisch' (griech. autos = selbst, poiein = machen), d.h. sie produzieren die Elemente, aus denen sie bestehen, selbst und reproduzieren sie wieder (vgl. Abb. 6-2). Systeme müssen nicht nur operieren, sie müssen so operieren, dass sich weitere Operationen anschließen können:

„Es geht nicht um Anpassung, es geht nicht um Stoffwechsel, es geht um einen eigenartigen Zwang zur Autonomie, der sich daraus ergibt, daß das System in jeder, also in noch so ungünstiger Umwelt schlicht aufhören würde zu existieren, wenn es die momenthaften Elemente, aus denen es besteht, nicht mit Anschlussfähigkeit [...] ausstatten und so reproduzieren würde." (LUHMANN 1984, S. 28)

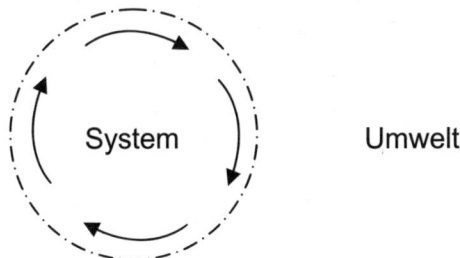

Abb. 6-2: Autopoiesis

Systeme sind demnach geschlossen – allerdings nur auf dieser operationalen Ebene. Luhmann benutzt deshalb auch den Begriff der ‚operationalen Geschlossenheit'.

Operationale Geschlossenheit und strukturelle Koppelung

„Autopoietische Systeme jeder Art [...] sind geschlossene Systeme insofern, als sie auf der Ebene elementarer Operationen ihre Reproduktion ausschließlich selbst vollziehen und in dieser Hinsicht keine Operationen der Umwelt aufnehmen und mitwirken lassen können. Sie arbeiten, anders gesagt, ausschließlich mit Innenbeleuchtung – aber dies natürlich in einer Umwelt, die ihrer Reproduktion Beschränkungen auferlegt." (LUHMANN 1987, S. 81)

Die Gesellschaft besteht aus verschiedenen Teilsystemen, jedes bearbeitet ein spezifisches Problem und hat eine Leitunterscheidung, an der sich das System orientiert. Es beobachtet die Umwelt hinsichtlich dieser Leitdifferenz, die immer einen positiven und einen negativen Wert enthält. Für jedes System besteht ein sogenanntes symbolisch generalisiertes Kommunikationsmedium, kurz: Medium (nicht zu verwechseln mit Unterrichtsmedium oder Massenmedium), wie z. B. Wahrheit für die Wissenschaft, Geld für das Wirtschaftssystem, Recht für das Rechtssystem. Die Wissenschaft richtet sich nach der Leitdifferenz wahr-falsch aus, das Recht danach, ob etwas recht oder unrecht ist, die Wirtschaft operiert nach dem binären, also zweigliedrigen Code Gewinn-Verlust usw. (vgl. Abb. 6-3).

Leitdifferenzen

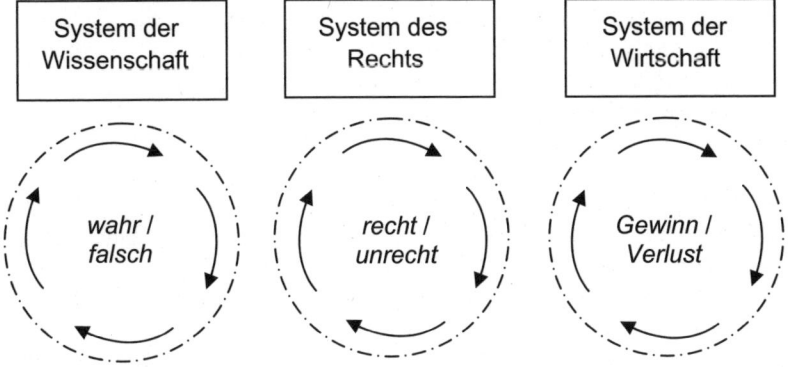

Abb. 6-3: Soziale Systeme und ihr Code

System-'Import' LUHMANN schließt einen Einfluss der Umwelt nicht aus, relativiert ihn aber unter Betonung der prinzipiellen Autopoiesis. Nur über eine aktive Mitwirkung des Systems ist der 'Import' aus einem anderen System möglich. Gestaltet sich ein derartiger Kontakt dauerhaft, wird er als „strukturelle Koppelung" (s. Kap. 4.3) bezeichnet – ein Begriff, der die Eigenart und Eigenständigkeit des aufnehmenden Systems verdeutlicht (vgl. Abb. 6-4).

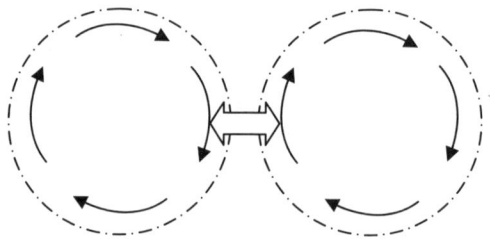

Abb. 6-4: Strukturelle Koppelung

Unzugänglichkeit psychischer Systeme Was für soziale Systeme gilt (System-Umwelt-Differenz, Autopoiesis, operationale Geschlossenheit), gilt auch für andere Systeme, nämlich psychische und organische. Diese unterscheiden sich allerdings hinsichtlich der Art ihrer systemeigenen Operationen: Die allgemeine Operation sozialer Systeme ist die Kommunikation, die der psychischen Systeme das Bewusstsein und die der organischen Systeme das Leben. Menschen als psychische Systeme – und das ist die Provokation der Systemtheorie – werden als autopoietische Systeme außerhalb sozialer Systeme gedacht. Ihre auf dem Bewusstsein fußenden Operationen sind für soziale Systeme unzugänglich. Soziale Systeme haben sowohl innergesellschaftliche Umwelten, d. h. andere soziale Systeme, als auch außergesellschaftliche Umwelten wie die psychischen Systeme.

6.2 Frühe Rezeption der Systemtheorie in der Erwachsenenbildung

In den 1970er Jahren wurde in der Bundesrepublik das Interesse an der Systemtheorie durch Entwicklungen ausgelöst, die auf einen Bedeutungszuwachs der Erwachsenenbildung für die Gesellschaft hinzuweisen schienen: Gesetze in den Bundesländern schufen eine rechtliche Grundlage für die Förderung der Erwachsenenbildung/Weiterbildung, die Einrichtung des Studiengangs Erwachsenenbildung schien Anerkennung durch Wissenschaftlichkeit zu sichern und die Erhöhung der Stellen für hauptberufliches, wissenschaftlich gebildetes pädagogisches Personal die Selbstständigkeit der Erwachsenenbildung gegenüber Anforderungen aus Politik und Wirtschaft gewährleisten zu können.

Erwachsenenbildung als System Trotz der auch schon damals geäußerten Zweifel, ob es sich denn bei der Erwachsenenbildung tatsächlich um ein eigenständiges System handele, überwogen die Stimmen derjenigen, die der Erwachsenenbildung eine zentrale gesellschaftliche Funktion und damit Systemcharakter zuwiesen. Es wurde sogar davon ausgegangen, dass die Erwachsenenbildung als soziales System originäre Impulse geben muss, die auch die Richtung des gesellschaftlichen Wandels betreffen:

„Erwachsenenbildung als Teilsystem des Erziehungs- und Sozialisationsprozesses kann ohne eine intensive Interaktion mit den anderen Teilsystemen ihre zentrale Aufgabe, eine andauernde zukunftsoffene Lernfähigkeit zu organisieren, nicht erfüllen. Die Wechselbeziehung dieser Teilsysteme des Erziehungs- und Sozialisationsprozesses manifestiert sich unter anderem darin, daß die Erwachsenenbildung dem System Schule den Impuls zu vermitteln hat, daß es weniger auf die Vermittlung kanonisierter Wissensbestände und brauchbarer Fertigkeiten ankommt, sondern auf dasjenige Wissen und Können, das die Fähigkeit entwickelt, sich in wechselnden Situationen auf neues Lernen erfolgreich einzustellen." (OLBRICH 1981, S. 75)

Erwachsenenbildung erscheint hier als – gleichberechtigtes – Teilsystem neben anderen Teilsystemen des Erziehungssystems, das zudem in der Lage ist, andere Teilsysteme zu beeinflussen (vgl. Abb. 6-5):

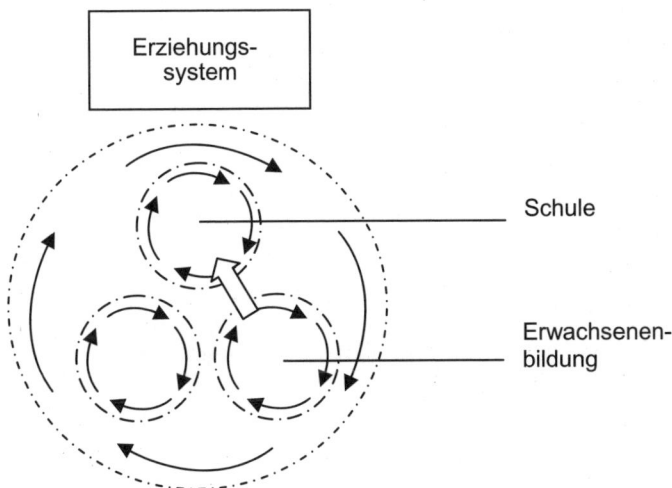

Abb. 6-5: Erwachsenenbildung als (impulsgebendes) Teilsystem des Erziehungssystems

Institutionen

Systemtheoretische Überlegungen erwiesen sich auch bei der Beobachtung der Arbeit von Institutionen der Erwachsenenbildung hilfreich. Sie gingen im Gegensatz zum Alltagsverständnis nicht von Organisationen als hierarchisch steuerbaren, linearen Systemen aus, sondern betonten die Eigendynamik selbstreferentieller Untersysteme, die durch lose Koppelungen miteinander verbunden sind:

„Nur unter der Prämisse einer totalen Integration aller wesentlichen Parameter stellt sich lockere Verknüpfung als Desintegration, ‚organisiertes Chaos' und ‚Strukturschwäche' dar, die als Zeichen von ‚Irrationalität' gewertet werden müssen. Nach dem Konzept lose verkoppelter Systeme erweist sich dies vielmehr als komplexe Struktur höherer Ordnung mit besonderen Gesetzmäßigkeiten und funktionalen Vorzügen." (SCHÄFFTER 1987, S. 155)

6.3 Spätere Rezeption der Systemtheorie in der Erwachsenenbildung

Erwachsenen-bildung – ein System?

Während in der ersten Rezeptionsphase konstatiert wurde, dass der Prozess der Herausbildung der Erwachsenenbildung als ein soziales System nahezu abgeschlossen sei (vgl. OLBRICH 1981, S. 69), haben sich Erwachsenenbildungstheoretiker in den 1990er Jahren die Frage nach einem System Erwachsenenbildung/Weiterbildung erneut und grundsätzlich gestellt. Es ging darum, ob allgemeine Erwachsenenbildung und/oder berufliche oder betriebliche Weiterbildung überhaupt ein System darstellen, ob und inwieweit diese zum Erziehungssystem gehören und nach welcher Leitdifferenz ein solches System – vorausgesetzt es handelt sich um ein System – operiert.

Generell ist festzustellen, dass die optimistische Haltung der 1970er Jahre einer eher vorsichtigen Skepsis gewichen ist. So wird zum Beispiel auf verschiedene Grade von Systemhaftigkeit hingewiesen. Es lasse sich nämlich zwischen unhinterfragten ‚klassischen' Funktionssystemen wie Politik, Recht oder Wirtschaft, jüngeren eher fragilen Funktionssystemen, wie dem Gesundheits- oder dem Erziehungssystem und Funktionsbereichen wie Kunst oder dem Gesamtbildungssystem der Gesellschaft unterscheiden, deren Status als System nicht eindeutig sei (vgl. SCHÄFFTER 1998, S. 64f.).

Abhängigkeit von anderen Systemen

Es finden sich jetzt auch Positionen, die der Erwachsenenbildung den Charakter eines eigenständigen Funktionssystems absprechen, da sie sich jeweils an unterschiedliche soziale Systeme anschließe. Das sei besonders deutlich bei der beruflichen Weiterbildung, die sich eher am Marktgeschehen bzw. am Berufsbildungssystem orientiere (vgl. WITTPOTH 1997, S. 79; HARNEY 1997, S. 111). Ohne eine eigene Funktion könne Erwachsenenbildung bzw. Weiterbildung in unterschiedlichen Kontexten die unterschiedlichsten Funktionen übernehmen: Sie kann berufliche Positionen in Betrieben rechtfertigen, Wissen vermitteln, Nachdenken über die eigene Biographie oder Sozialkontakte fördern (vgl. HARNEY 1997, S. 113). Auf diese Weise sei es möglich, dass sie gewissermaßen als Option verschiedenen Systemen zugehört, ohne ihrerseits ein System zu bilden (vgl. Abb. 6-6):

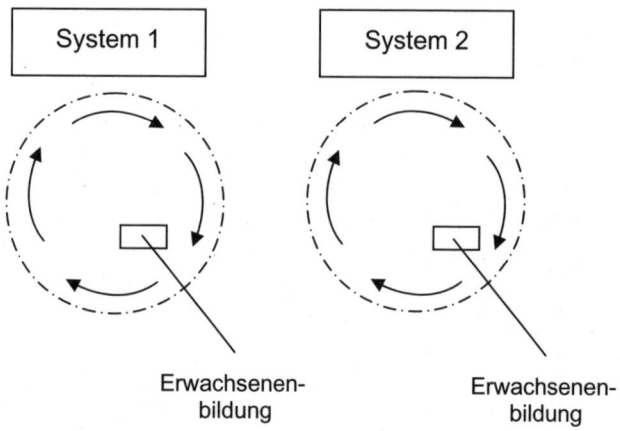

Abb. 6-6: Erwachsenenbildung als optionaler Teil unterschiedlicher Systeme

In einer Studie mit dem Titel „Weiterbildung im sozialen System Betrieb" wird nachgewiesen, dass betriebliche Weiterbildung nicht nur den – unterschiedlichen – Zwecken des Betriebs unterliegt, sondern auch als solche ersetzbar und in diesem Kontext keinesfalls ein eigenständiges System ist:

„Weiterbildung wird im Unternehmen nicht im Sinne einer selbstgenügsamen Idee der Bildung, einer Idee der Identitätsfindung individueller Personen oder einer Idee der moralischen Integrität des unternehmerischen Handelns kommuniziert. Das schließt nicht aus, daß die individuellen Weiterbildungsteilnehmer an die Weiterbildung entsprechende Erwartungen koppeln oder daß sie Weiterbildung individuell in entsprechende Sinnhorizonte stellen. Diese Vorgänge bleiben allerdings gegenüber der Logik der Weiterbildung im System Betrieb indifferent. Ihre soziale Form gewinnt die Weiterbildung relativ zu den wechselnden Problemlagen der betrieblichen Bestandssicherung." (KUPER 2000, S. 254)

LUHMANN selbst hatte die Frage gestellt, inwieweit Erwachsenenbildung dem am Modell von Kindererziehung orientierten Erziehungssystem angehört. Er hat die Frage positiv beantwortet, indem er das Medium Kindheit durch die Kategorie Lebenslauf ersetzt und so das System um die Erwachsenenbildung erweitert hat (vgl. LUHMANN 1997, S. 18). Dies ist von Erwachsenenbildnern unterschiedlich aufgegriffen worden: *Erwachsenenbildung als Grenzfall*

Zum einen wird der Unterschied zwischen beruflicher Weiterbildung und allgemeiner Erwachsenenbildung betont. Demnach könne – wenn man an die öffentliche Förderung der Träger (s. Kap. 11.1) denkt – am ehesten die allgemeine Erwachsenenbildung als Fortsetzung des Erziehungssystems mit anderen Mitteln aufgefasst werden (vgl. HARNEY 1997, S. 110). Andere Autoren sehen keine Verbindung zwischen der Erwachsenenbildung und dem am Modell von Schule und Unterricht orientierten Erziehungssystem. Diese sei vielmehr durch Eigenarten gekennzeichnet, die mit einer Begrifflichkeit, die am Modell von Schule und Unterricht entwickelt wurde, nicht angemessen zu fassen sei: Bei der beruflichen Weiterbildung habe man es mit einem Gebilde zu tun, das teils nach Prinzipien des Erziehungssystems, teils nach denen des Beschäftigungssystems, meist aber an der Grenze zwischen beiden funktioniere (vgl. WITTPOTH 1997, S. 80). Ähnliches gelte auch für die allgemeine Erwachsenenbildung, die sich *„zwischen* Kulturkonsum, (alltags-)kultureller Eigentätigkeit, unverbindlicher Geselligkeit sowie kommunikativen und angeleiteten Formen des ‚Lernens'" (a.a.O., S. 90) bewege. Erwachsenenbildung in ihrer beruflichen und allgemeinen Ausrichtung stelle ein gesellschaftliches Praxisfeld dar, dessen wesentliche Eigenschaft gerade darin bestehe, dass es ständig Grenzen verletze und somit keinem System zuzuordnen sei.

Für diejenigen, die an der Idee oder der Möglichkeit eines Systems festhalten, ergibt sich die Notwendigkeit, neben der Funktion einen passenden Code zu ermitteln, nach dem das System operiert. Ursprünglich hatte LUHMANN zusammen mit dem Erziehungswissenschaftler KARL EBERHARD SCHORR (1919–1996) die soziale Selektion als Funktion des Erziehungssystems ausmacht, das berufliche Karrieren bestimmt. Dementsprechend haben sie zweigliedrige Codes wie Versetzung/Nicht-Versetzung, Abschluss/Nicht-Abschluss oder positive Zensur/negative Zensur vorgeschlagen. Eine solche Codierung kann von der Erwachsenenbildung kaum übernommen werden *Code des Erziehungssystems* (vgl. Schäffter 1998, S. 77; Wittpoth 1997), da Selektion eher selten oder zumindest nur unzureichend durch Erwachsenenbildung geleistet wird.

Code des pädagogischen Systems

Diese Schwierigkeit hat zu Überlegungen darüber geführt, nach welchem anderen spezifischen Code Erwachsenenbildung oder der um Erwachsenenbildung erweiterte Erziehungs- und Bildungsbereich operiert. Wenn man berücksichtigt, dass pädagogische Prozesse auch außerhalb von pädagogischen Institutionen und unabhängig von der Steuerung durch professionelle Pädagogen ablaufen, dann geht es nicht mehr um das Erziehungssystem, sondern um das System bzw. die Systembildung des Pädagogischen. Das Pädagogische wird nicht mehr auf bestimmte Lebensphasen oder auf bestimmte Inhalte begrenzbar, „sondern zu einer allgegenwärtigen, universellen und lebenslangen sozialen Realität" (Kade, J. 1997, S. 37). Dieses pädagogische System bearbeite das gesellschaftliche Problem der ‚Vermittlung':

„Als [...] soziales (Teil-)System schließt das pädagogische System an ‚Vermittlung' als spezifischem Problem der Gesellschaft an. Es setzt Wissen als allgemeines gesellschaftliches Vermittlungsmedium voraus, so wie etwa vom Wirtschaftssystem Geld als Medium vorausgesetzt wird, hat aber auf das Medium Wissen keinen exklusiven Bezug. Das Wissenschaftssystem setzt ebenso Wissen als sein Medium voraus, aber dessen (primärer) Bezug auf Wissen ist die Produktion von (neuem) Wissen. Die Spezifik des pädagogischen Systems ist demgegenüber – im Unterschied auch noch einmal zu der insbesondere universitären oder massenmedialen Wissensproduktion – das Vermitteln von Wissen und der besondere Code, der in das aus einer lockeren Verknüpfung von Elementen bestehende Vermittlungsmedium Wissen eine grundlegende Unterscheidung einführt. Diese Unterscheidung ist die von ‚vermittelbar/ nicht-vermittelbar'." (a.a.O., S. 38 ff.)

Nach dieser Auffassung ist das (entstehende) pädagogische System ein in Differenz zur Umwelt autopoietisch operierendes System, das seine Umwelt nach dem Code vermittelbar/nicht vermittelbar beobachtet und mit dem Vermitteln keine abschließende, sondern eine immer wieder daran anschließende Operation durchführt (vgl. Abb. 6-7).

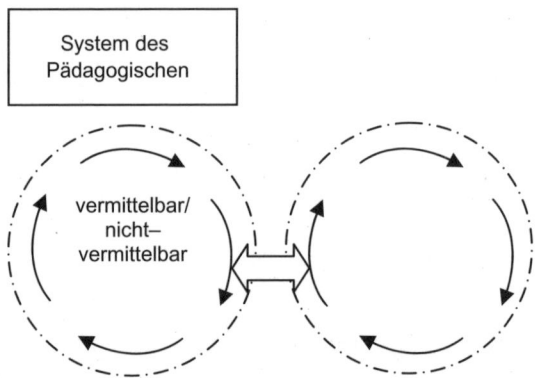

Abb. 6-7: Das System des Pädagogischen

Grenzen der Steuerung

Die Entwicklung der Systemtheorie seit den 1970er Jahren hat die Frage nach der Autopoiesis von Systemen in den Mittelpunkt gerückt. Die Annahme der Selbstständigkeit von Systemen hat schon in den 1970er Jahren dazu geführt, von der Vorstellung eines unmittelbaren Einflusses der Erwachsenenbildungstheorie auf die Praxis Abstand zu nehmen (vgl. SENZKY 1977, S. 27). Von der systemisch-konstruktivistischen Didaktik wird die Nutzlosigkeit von Belehrungen und Bekehrung (SIEBERT 1996b) dargelegt und der Übergang von der Erzeugungs- zur Ermöglichungsdidaktik (s. Kap. 4 und 12.3) gefordert. Damit tritt das Phänomen der Selbstorganisation bzw. Selbststeuerung hervor, das das Lernen von Individuen ebenso wie von Organisationen nicht als Hindernis für pädagogische Interventionen bestimmt, sondern das im Rahmen eines ‚systemisch-evolutionären' Managements (vgl. GÖTZ 1994) als Möglichkeit zur Entwicklung gefördert werden kann.

Auch über den Umweg der zunehmend rezipierten Managementtheorien ist die Erwachsenenbildung mit systemtheoretischen Ansätzen konfrontiert worden, die die Kluft zwischen psychischen und sozialen Systemen thematisieren: So wie Organisationen bei Modernisierungsstrategien nicht auf die Operationen der Individuen zugreifen können, so könne auch in Lehr-Lern-Arrangements der Erwachsenenbildung nicht auf die Operationen der Individuen zugegriffen werden. Die „Grenzen gezielter Steuerung" (HARTZ 2004, S. 47) und die Eigenwilligkeit bei der Aneignung durch Organisationsmitglieder bzw. Teilnehmer sind in beiden Bereichen vergleichbar.

Den positiven Aufnahmen der Systemtheorie in der Erwachsenenbildung stehen teilweise vehemente Ablehnungen gegenüber. So wird etwa darauf hingewiesen, dass hier nur mit anderen Worten etwas ausgedrückt werde, was im Grunde allgemein bekannt sei. Eine inhaltliche Kritik richtet sich vor allem gegen zwei Punkte: Zum einen wird bemängelt, dass in der Systemtheorie Fragen der Macht nicht berücksichtigt werden (vgl. FORNECK/WRANA 2005, S. 84). Zum anderen wird argumentiert, dass in der Systemtheorie nicht – wie in den in Kapitel zwei und drei geschilderten Konzepten – der Mensch im Mittelpunkt stehe, sondern das System und dessen von außen unzugängliche Operationen. Damit werde die Idee der Aufklärung fallengelassen und das Ende nicht nur kritischer Reflexion durch individuelle Subjekte, sondern auch rational bestimmter didaktisch-methodischer Planung eingeleitet (vgl. PONGRATZ 1999, S. 118).

Kritik an der Systemtheorie

Was Sie wissen sollten, wenn Sie Kapitel 6 gelesen haben:

- Sie sollten die Grundbegriffe der Systemtheorie wie System, Umwelt, strukturelle Koppelung und Leitdifferenz definieren können.
- Sie sollten die beiden Rezeptionsphasen der Systemtheorie durch die Erwachsenenbildung charakterisieren können.
- Sie sollten sich eine Meinung zur Frage, ob es sich bei der Erwachsenenbildung um ein System handelt, bilden können.
- Sie sollten die wesentlichen Argumente der Kritiker der Systemtheorie in der Erwachsenenbildung nennen können.

7 Diskursanalytische und machttheoretische Sichten auf Erwachsenenbildung

In der Regel wird Erwachsenenbildung als ein real existierender gesellschaftlicher Bereich gesehen, der Institutionen umfasst, sowie Menschen, die als Planende, Beratende oder Lehrende arbeiten, und Menschen, die unter Anleitung oder selbstorganisiert lernen, sich austauschen, etwas erfahren wollen. Dass über diesen Bildungsbereich gesprochen und geschrieben wird, dass Konzepte entworfen, Erfahrungen fixiert, bestimmte Erscheinungsformen diskutiert werden, scheint eine – mehr oder weniger relevante – Folgeerscheinung zu sein.

Die im Folgenden vorgestellte Position kehrt diese Betrachtungsweise um: Sie interessiert in erster Linie das Reden und Schreiben über Erwachsenenbildung. Dem von unterschiedlichen Akteuren geführten ‚Diskurs' über Erwachsenenbildung wird dabei eine Macht zugesprochen, die Realität nicht nur zu verändern vermag, sondern diese in gewisser Hinsicht selbst gestaltet.

7.1 Diskurs und Wirklichkeit

Begriffsvielfalt Der Begriff des Diskurses ist ebenso überstrapaziert wie unklar. Es lassen sich immerhin verschiedene Bedeutungsstränge grob unterscheiden: Im Alltag, aber auch in einigen Publikationen, wird als Diskurs das bezeichnet, was besser Gespräch oder Diskussion heißen würde. Diese auf Sprache bezogene Bedeutung liegt auch theoretisch fundierten Diskursbegriffen zugrunde, beschränkt sich aber nicht auf sie.

Aushandlung von Geltungsansprüchen Einen solchen theoretisch fundierten Diskursbegriff hat JÜRGEN HABERMAS (geb. 1929) in seiner „Theorie des kommunikativen Handelns" (1981) entwickelt. Diskurs bedeutet hier die Aushandlung von Geltungsansprüchen. Ziel ist eine vernunftorientierte, herrschaftsfreie Kommunikation, die dann gegeben sein kann, wenn die Beteiligten sich um Verständlichkeit, um objektive Wahrheit, um normative Richtigkeit und subjektive Wahrhaftigkeit bemühen. In der Erwachsenenbildung hat dieses ethische Verständnis von Diskurs, das eher einen Ideal- als einen Realzustand bezeichnet, große Resonanz als Ziel einer verständigungsorientierten Bildungsarbeit gefunden (vgl. SCHLUTZ 1984).

Verständnis von Wirklichkeit Einen gänzlich anderen Begriff von Diskurs hat der französische Philosoph MICHEL FOUCAULT (1926–1984) entwickelt. Er benutzt den Begriff, um das in Sprache erkennbare Verständnis zu bezeichnen, das eine Gesellschaft zu einem bestimmten Zeitpunkt von der Wirklichkeit hat. Solche Diskurse sind durch Regeln bestimmt, die vor allem definieren, was überhaupt geäußert werden darf, aber auch, von wem und in welcher Form dies geschehen kann.

„Ich setze voraus, daß in jeder Gesellschaft die Produktion des Diskurses zugleich kontrolliert, selektiert, organisiert und kanalisiert wird – und zwar durch gewisse Prozeduren, deren Aufgabe es ist, die Kräfte und die Gefahren des Diskurses zu bändigen, sein unberechenbar Ereignishaftes zu bannen, seine schwere und bedrohliche Materialität zu umgehen." (FOUCAULT 1991, S. 11)

Es gibt aber nicht nur den einen Diskurs, sondern es existieren viele Diskurse nebeneinander, die allerdings mit unterschiedlicher Macht versehen sind:

Diskursvielfalt

„In allen Gesellschaften läßt sich eine Art Gefälle zwischen den Diskursen vermuten: zwischen den Diskursen, die im Auf und Ab des Alltags geäußert werden und mit dem Akt ihres Ausgesprochenwerdens vergehen, und den Diskursen, die am Ursprung anderer Sprechakte stehen, die sie wieder aufnehmen, transformieren oder besprechen [...]: es sind die religiösen und die juristischen Texte, auch die literarischen Texte mit ihrem so merkwürdigen Status, bis zu einem gewissen Grade die wissenschaftlichen Texte." (a. a. O., S. 18)

Innerhalb eines Diskurses sind wiederum verschiedene ‚Unterdiskurse' zu unterscheiden. So verfügt die Erwachsenenbildung über mehrere Diskurse, die einander abwechseln, die aber auch miteinander um die Bedeutungsmacht streiten. Der Begriff des Diskurses ist in der englischsprachigen Welt verbreiteter als hierzulande, wie man vielleicht dem folgenden Text aus der Einleitung eines Buchs über das Lebenslange Lernen entnehmen kann:

„Dieser Text beschäftigt sich mit Alternativen zu einigen der sich ändernden Diskurse, die die Erwachsenenbildung in den letzten Jahren beherrschen, sowie den Konsequenzen für die Praxis. Er untersucht den Kontext solcher Veränderungen und ihre – bezweifelte – Naturwüchsigkeit. Die Diskussion konzentriert sich auf abweichende Vorstellungen von einer lernenden Gesellschaft und der Art und Weise, in der diese in den sich ändernden Praktiken und Diskursen des Lebenslangen Lernens konstruiert wird. Es geht darum, dass neue Formen des Denkens notwendig sind, um diese Veränderungen zu fassen, und die es mit sich bringen, sich von den herrschenden Diskursen über Erwachsenenbildung zu lösen." (EDWARDS 1997, S. 1 – Übers. aus dem Engl.)

Entscheidend ist, dass hier nicht von Veränderungen, sondern von veränderten Diskursen, dass von verschiedenen Begriffen bzw. Vorstellungen und nicht von verschiedenen Erscheinungsformen des Lebenslangen Lernens die Rede ist. Außerdem gibt es offenbar nicht nur einen herrschenden Diskurs der Erwachsenenbildung, sondern mehrere, die zudem angezweifelt werden können.

Es sind zwei Eigenschaften des Diskurses, die – laut FOUCAULT – dem Alltagsverständnis zuwiderlaufen: die Unwichtigkeit der Person, die sich äußert zum einen und die Unabhängigkeit des Diskurses von der Welt, die er beschreibt. Der Einzelne ist also weniger origineller Schöpfer dessen, was er äußert, sondern vielmehr Sprachrohr von bereits Vorgeprägtem bzw. Erlaubtem. Hinzu kommt, dass ein Diskurs nicht als Versprachlichung der Realität zu sehen ist:

Diskurs als Gewalt

„Wir müssen uns nicht einbilden, daß uns die Welt ein lesbares Gesicht zuwendet, welches wir nur zu entziffern haben. Es gibt keine prädiskursive Vorsehung, welche uns die Welt geneigt macht. Man muß den Diskurs als eine Gewalt begreifen, die wir den Dingen antun; jedenfalls als Praxis, die wir ihnen aufzwingen." (a. a. O., S. 34 f.)

7.2 Theorie und Praxis der Diskursanalyse

‚Critical discourse analysis'

In der angloamerikanischen Linguistik hat man als Diskurs zunächst den konkreten Sprachgebrauch, vor allem der mündlichen Rede, bezeichnet und entsprechende Analysemethoden entwickelt. Anders bzw. stärker als die auf sprachliche Eigenheiten konzentrierte ‚discourse analysis' erhebt die ‚critical discourse analysis' den Anspruch, die gegenseitige Beeinflussung von Sprache und sozialer Struktur zu erhellen.

Norman Fairclough, einer ihrer prominenten Vertreter, hat ein Modell entwickelt, das diesen Bezug verdeutlicht. Im Zentrum steht ein konkreter (geschriebener oder gesprochener) Text, der auf seine sprachlichen Eigenheiten untersucht wird. Ein solcher Text wird aber auch immer in seiner Einbettung in eine diskursive Praxis der Textproduktion, Textverbreitung und Textrezeption gesehen, die wiederum von einer sozialen Praxis eingerahmt ist, die ökonomisch, politisch bzw. ideologisch oder kulturell orientiert sein kann. Bei politischen bzw. ideologischen Praktiken geht es darum, wie Diskurse Machtbeziehungen herstellen und verändern bzw. wie sie Bedeutungen der Realität herstellen und verändern.

Fairclough selbst hat Analysen zum (Weiter-)Bildungsdiskurs in Großbritannien vorgelegt, die sich auch auf die deutsche Situation übertragen lassen. Im Zentrum seines Interesses steht die seit einiger Zeit beobachtbare Veränderung des Bildungsdiskurses durch Begriffe aus der Welt des Handels und der Waren. Diese ‚commodification' ist aber nicht nur durch ein verändertes Vokabular geprägt, sondern durch neue Textanordnungen und -präsentationen, die sich zunehmend des Texttyps Werbung bedienen, also beispielsweise mit animierenden Farben und Illustrationen versehen sind (vgl. Fairclough 1992, S. 207 ff.).

Diskursanalyse in Frankreich und Deutschland

Einen ähnlichen Ansatz wie die englische ‚critical discourse analysis' verfolgt die französische ‚analyse du discours', die besonders an der Rolle von Sprache bei Entstehung von Ideologien interessiert ist. Ebenso wie die angloamerikanische und französische beruft sich auch die mittlerweile etablierte deutsche Diskursforschung mehr oder weniger explizit auf Foucault. Die noch junge Diskursanalyse in den Erziehungswissenschaften (vgl. Höhne 2003) untersucht, wie Erziehungs- und Bildungsverhältnisse sprachlich konstituiert werden. Dies geschieht in unterschiedlich strenger Anwendung der skizzierten theoretischen Positionen. Gegenstand ist aber in jedem Fall das Sprechen bzw. Schreiben über Erziehung und Bildung auf der Ebene der Bildungspolitik und der Erziehungswissenschaft (vgl. Kraus 2001 und 2006), auf der Ebene der im Bildungsbereich praktisch Tätigen (vgl. Kossack 2006) sowie auf der Ebene derjenigen, die von Erziehungs- und Bildungsprozessen unmittelbar – in der Erwachsenenbildung als Teilnehmer – betroffen sind (vgl. Forneck 2004; Wrana 2006).

Im Folgenden werden zwei Bereiche ausgewählt, die Vorgehen und Ertrag von Diskursanalysen für die Erwachsenenbildung veranschaulichen sollen:

Bildungspolitische Dokumente

Ziel der kritischen Diskursanalyse ist es, Prozesse zu erfassen, in denen Macht ausgeübt, legitimiert, aber auch verborgen wird, also zu untersuchen, wie Diskurse Machtbeziehungen herstellen und verändern bzw. wie sie Bedeutungen herstellen und verändern. Von besonderem Interesse sind deshalb offizielle bildungspolitische Dokumente und die darin verwendeten

Schlüsselbegriffe. So gibt es zahlreiche Beiträge, in denen das Konzept des Lifelong Learning, wie es in nationalen (britischen) und gesamteuropäischen Dokumenten vertreten wird, diskursanalytisch untersucht wurde. So konnte anhand des sprachlichen Materials u. a. gezeigt werden, dass in derartigen Dokumenten das Lernen bzw. die lernende Gesellschaft oder die Kultur des Lebenslangen Lernens in die Subjektposition, die lernenden Individuen dagegen in die Objektposition gerückt sind und kaum in ihrer Unterschiedlichkeit berücksichtigt werden (vgl. PIPER 2000).

Andere Arbeiten konzentrieren sich auf den Begriff des Lebenslangen Lernens selbst. Dieser kann als Metapher angesehen werden, mit der bestimmte Bedeutungen produziert und bestätigt (und andere ausgeschlossen) werden. Die sprachbezogene Analyse belegt, dass diese Metapher in bildungspolitischen Dokumenten der letzten Jahre eine sozialdarwinistische Bedeutung befördert hat: Die Gesellschaft erscheint hier als Umgebung, an die man sich anpassen muss, um zu überleben. Lebenslanges Lernen gewinnt so die Funktion einer Anpassungsstrategie, die es dem Individuum ermöglicht, auf Veränderungen in der Umgebung zu reagieren (vgl. NICOLL/EDWARDS 2000).

Diskursanalytisch wurden auch deutsche bildungspolitische Gutachten und Programmpapiere zur Erwachsenenbildung analysiert, die mit dem Ziel verfasst wurden, Gestaltungsmöglichkeiten des Staates in Bezug auf das Weiterbildungssystems zu eruieren (vgl. WRANA 2003). Während im Gutachten des Deutschen Ausschusses für das Erziehungs- und Bildungswesen von 1960 noch von Bildung in einem allgemeinen, nicht berufsbezogenen Sinn die Rede ist (s. Kap. 1.1), ist im Gutachten des Bildungsrats von 1970 das konkrete Können als unmittelbare Wertsteigerung der Arbeitskraft von Interesse („Insofern Weiterbildung unter dem Aspekt wirtschaftlich-technischer Erfordernisse steht, hilft sie dem Einzelnen, wechselnden Aufgaben gerecht zu werden, die in Beruf und Gesellschaft auf ihn zukommen"). In den folgenden Jahren, zum Beispiel in den 1997 erschienenen „Maßnahmen zur Verbesserung der Beschäftigungslage" der Zukunftskommission der Länder Bayern und Sachsen geht es dann aber darum, einen Wechsel der Einstellung des Einzelnen gegenüber Dritten – den Arbeitgebern und dem Staat – zu bewirken, die nicht mehr länger für Erwerbseinkommen und Versorgung bei Krankheit und im Alter verantwortlich gemacht werden sollen: „Deshalb müssen künftig bei Schülern, Auszubildenden und Studenten gezielt Eigenschaften wie Selbstständigkeit, Verantwortungsbewusstsein, Eigeninitiative und Leistungsbereitschaft entwickelt werden." Das in den Texten unter verschiedenen Begriffen angesprochene Lebenslange Lernen erscheint demnach als diskursive Figur, die im Laufe von vierzig Jahren gravierende Veränderungen erfährt und die dem Staat und den erwachsenen Lernern unterschiedliche Rollen zuschreibt.

Neben dem bildungspolitischen Diskurs bildet der Diskurs der Praktiker und Institutionenvertreter einen wichtigen Gegenstand der Diskursanalyse. Auch hier geht es nicht um die Charakterisierung eines Individualstils, sondern um das Aufspüren allgemeiner Tendenzen, denen die einzelnen Verfasser solcher Texte Ausdruck verleihen.

Bildungsprogramme

Anhand der Analyse von sogenannten Geleitworten ostdeutscher Volkshochschulprogramme vor, während und nach der Wende konnte beispielsweise herausgearbeitet werden, dass Einrichtungen das Problem der Verunsicherung u. a. durch einen – unpolitischen – regionalen Bezug und durch eine fast beflissene Hinwendung zu den Teilnehmern („Sie, die Kursteilnehmer der Volkshochschule, werden … im Mittelpunkt stehen", „Wir wollen … Ihr Partner sein und Ihre Wünsche erfüllen") zu lösen versuchen (vgl. KADE, S./NITTEL/NOLDA 1993).

Selbstdarstellungen Zum Diskurs gehören – wie bereits oben angedeutet – nicht nur sprachliche Einheiten: Auch visuelle Elemente transportieren Bedeutungen, so dass sich Analysen nicht nur auf sprachliche Formulierungen beschränken sollten. Das ist bei Bildungsprogrammen von Einrichtungen der Erwachsenenbildung (vgl. NOLDA 1998) der Fall, die sich mit dem Anspruch auf Kunden- bzw. Teilnehmerwerbung und Selbstdarstellung an die Öffentlichkeit richten. Das trifft aber auch auf Selbstdarstellungen nationaler Organisationen der Erwachsenenbildung zu, die mittlerweile über das Internet weltweit zugänglich sind. Ihnen ist zu entnehmen, wie sie einerseits ihre Reputation durch den Verweis auf ihre langjährige Geschichte stützen und sich andererseits als Organisationen darstellen, die in besonderer Weise geeignet sind, den aktuellen und künftigen Herausforderungen zu begegnen. Diskursanalytisch kann nachgewiesen werden, wie dieser tendenzielle Widerspruch durch das Übergehen prekärer historischer Phasen, durch die Bedeutungserweiterung zentraler Begriffe, durch Akzentverschiebungen und durch indirekte – z. B. visuelle – Anspielungen auf heute überholte Konzepte gelöst wird (vgl. NOLDA 2008).

Feministische
Diskursanalyse Die Attraktion, die die kritische Diskursanalyse ausübt, ist eng mit ihrer Distanz gegenüber angeblich natürlichen Gegebenheiten verbunden. Es kann deshalb nicht verwundern, dass die feministische Wissenschaft sich für Methoden interessiert hat, mit deren Hilfe man Konstruktionen als solche analysieren kann. So wurden in einer Studie zur Konstruktion des Geschlechterverhältnisses in diesem Bildungsbereich (VENTH 2006) Ankündigungen in Bildungsprogrammen, fachöffentliche Texte und Weiterbildungsstatistiken daraufhin untersucht, inwieweit dort Geschlechterverhältnisse diskursiv verfestigt werden.

7.3 Weiterbildung als gouvernementale Machtpraktik

Gouvernementalität Aus dem Bisherigen ist zu ersehen, dass der Machtaspekt in der Diskursanalyse ein entscheidender ist. Macht wird dabei – in Anlehnung an FOUCAULT – nicht als Fähigkeit einer Person oder einer Gruppe gesehen, andere gegen ihren Willen zu etwas zu zwingen. Macht ist vielmehr ein Prozess, der alle menschliche Aktivitäten und Denkweisen durchdringt. FOUCAULT hat in späteren Arbeiten den Begriff der Regierung (frz.: gouvernement) dem der Macht (frz.: pouvoir) vorgezogen. Damit hat er sich von dem Modell der kriegerischen Konfrontation abgesetzt, das dem klassischen Machtbegriff unterliegt. Regierung meint unterschiedliche Handlungsformen und Praxisfelder, die auf die Lenkung, Kontrolle und Leitung von Einzelnen und Gruppen zielen. Im Begriff der gouvernementalité sind die Wörter gouvernement und mentalité (dt.: Denkweise) zusammengezogen. Wichtig dabei ist, dass damit nicht nur Formen der Fremdführung, sondern auch solche der Selbstführung erfasst werden können.

Die im Anschluss an das von FOUCAULT skizzierte Konzept der Gouvernementalität entstandene Forschungsrichtung der governmentality studies analysiert auf dieser Basis aktuelle gesellschaftliche Erscheinungsformen der Moderne. Dabei geht es vor allem um Umbrüche, die im Zeichen des sogenannten Neoliberalismus stehen, in dem der Rückzug des Staates aus der Verantwortung für die Bürger mit Appellen zur Eigenverantwortung einhergeht (vgl. BRÖCKLING/KRASMANN/LEMKE 2000). Diese neoliberale Gouvernementalität ist bei der Behandlung unterschiedlicher gesellschaftlicher und ökonomischer Probleme erkennbar und betrifft auch den Bereich der Weiterbildung. FORNECK/WRANA (2005) haben in ihrer „Einführung in die Erwachsenenbildung" den Bereich Erwachsenenbildung/Weiterbildung konsequent unter dieser Perspektive betrachtet. Sie gehen davon aus, dass der Markt zum organisierenden Prinzip des Staates geworden ist, dass also ökonomische Denk- und Handlungsweisungen auf den Bereich des Sozialen ausgeweitet werden. Ähnlich wie in der Theorie der Risikogesellschaft ist der Umgang mit Risiken eine allseits – von Teilnehmern wie von Organisatoren der Erwachsenenbildung – geforderte Qualifikation. Die Individuen versuchen, über den Erwerb von vielfältigen Schlüsselqualifikationen und Kompetenzen, Risiken zu minimieren, die Bildungsanbieter über Managementprozeduren die Wahrscheinlichkeit ihres Erfolgs zu erhöhen (vgl. a.a.O., S. 105). Der Mensch als „Unternehmer seiner selbst" müsse an der ständigen Verbesserung seines Marktwerts interessiert sein. Hier biete das politisch gewollte Konzept des Lebenslangen selbstgesteuerten Lernens scheinbar eine adäquate Antwort:

Neoliberale Gouvernementalität

„Aus dieser Perspektive lässt sich Weiterbildung als gouvernementale Machtpraktik betrachten, die auf die Führung der Individuen abzielt. Unter einer gouvernementalitätstheoretischen Perspektive zeichnet sich hier die Transformation des direkten Weisungsverhältnisses im kursorischen, professionell geführten Prozess (Kurs, Seminar etc.) durch eine indirekte Mobilisierung der Beteiligten ab." (a.a.O., S. 107)

Die Spezifik dieses Ansatzes liegt darin, dass die Menschen – hier als Adressaten oder Teilnehmer von Erwachsenenbildung – nicht als einer ihnen fremden Macht ausgeliefert gesehen werden. Vielmehr sind es die Menschen selbst, die mit so genannten Selbstpraktiken die beschriebenen Probleme durch Lernen zu lösen versuchen, ohne sich dabei im Sinne der klassischen Bildung befreien zu können. Unter gouvernementalitätstheoretischer Perspektive stellt sich das selbstgesteuerte Lernen (s. Kap. 9.4) nämlich als eine Steuerungstechnologie des Staates und die Weiterbildung als Teil der damit verbundenen Macht dar:

Selbststeuerung als Fremdsteuerung

„Die Selbststeuerung des Lernens, demnach die politisch angestrebte millionenfache Aktivität von einzelnen Individuen, die auf der permanenten Suche nach Lernmöglichkeiten sind, um ihre Employability zumindest zu erhalten, ist also eine Sicherheitstechnologie des modernen Staates. Mit dieser soll die Wahrscheinlichkeit gelingender Lernbiografien und damit befriedigender ökonomischer Lebenssicherung erhöht werden. Aber zugleich wird damit die Aura der Selbststeuerung des Lernens zerstört und die Fremdgesteuertheit wird offensichtlich: Das lernende Subjekt soll sich der übergeordneten Realität und ihrer neuen Form der Gouvernementalität durch Eigenregulation anpassen." (a. a. O., S. 158 f.)

Chancen für Demokratisierung?

Eine gouvernementalitätstheoretische Sicht auf Erwachsenenbildung dürfte für viele ihrer Akteure nicht nur ungewohnt, sondern auch in gewisser Weise bedrohlich sein. Es ist deshalb vielleicht wichtig darauf hinzuweisen, dass diejenigen, die Weiterbildung und/oder das Konzept des Lebenslangen Lernens unter dieser Perspektive sehen, keineswegs ohne Hoffnung sind, den Zwängen der neoliberalen Gouvernementalität zu entgehen. MARK OLSSEN, Professor für Politische Theorie und Bildungspolitik in England, geht davon aus, dass man der neoliberalen Verengung von Lernen auf den Erwerb von arbeitsmarktbezogenen Fähigkeiten ein alternatives Verständnis entgegensetzen kann, das unter anderem auch Einsichten in Machtverhältnisse und -praktiken als Lernobjekt enthält:

„Beim Lernen sollte es nicht um die quantitative Addition von kognitiven und metakognitiven Fertigkeiten, sondern um die qualitative Veränderung des Subjekts durch aktives Engagement im demokratischen Prozess gehen. Solch ein Prozess beinhaltet in der Tat das Zugreifen auf neue Informationen und das Hinzufügen neuer Fertigkeiten, ein solcher Prozess soll aber im Kontext einer aktiven Teilnahme und eines Engagements in den demokratischen Strukturen stattfinden, durch die Wandel und Veränderung bewirkt werden. Das erfordert eine Theorie des Lernens, die lehrt, wie Macht gebildet, nutzbar gemacht und aufrechterhalten wird, wie Regelungen geschaffen oder vermieden, wie Begegnung beeinflusst werden und wie die auf Institutionen und Verbände bezogene Politik produktiv ausgehandelt wird." (OLSSEN 2006, S. 225 – Übers. aus dem Engl.)

Grenzen der Diskursanalyse

Eine konsequente Anwendung des Diskursbegriffs kann sich nicht nur in der Kritik an jeweils anderen Diskursen erschöpfen: Die in diesem Zusammenhang produzierten Äußerungen müssen sich selbst wiederum als Teile eines Diskurses und damit auch als Machtproduzenten sehen. Gerade wissenschaftliche Texte, die mit dem Anspruch auftreten, von einem angeblich neutralen, übergeordneten Standpunkt aus Beurteilungen vorzunehmen, üben Macht aus – auch dann, wenn sie die Macht anderer Diskurse kritisieren. Diskursanalytische Untersuchungen reflektieren deshalb im Idealfall auch ihre eigene (Macht-)Position in diesen Auseinandersetzungen.

Was Sie wissen sollten, wenn Sie Kapitel 7 gelesen haben:

- Sie sollten den Diskursbegriff von Habermas gegenüber dem Diskursbegriff von Foucault abgrenzen können.
- Sie sollten die Beziehung zwischen Macht und Diskurs beschreiben können.
- Sie sollten darstellen können, welche Anwendungsmöglichkeiten die Erwachsenenbildung für die Diskursanalyse bietet.
- Sie sollten erläutern können, inwiefern Erwachsenenbildung eine Machtpraktik darstellt.

Literatur zur Theoriediskussion der Erwachsenenbildung

BRON, AGNIESZKA/SCHEMMANN, MICHAEL (Hrsg.) (2002): **Social Science Theories in Adult Education Research.** Münster.

DEWE, BERND u. a. (Hrsg.) (2005): **Theoretische Grundlagen und Perspektiven der Erwachsenenbildung.** Literatur- und Forschungsreport Weiterbildung H. 1, Bielefeld.

SIEBERT, HORST (^{2}2006): **Theorien für die Praxis**. Bielefeld.

WITTPOTH, JÜRGEN (Hrsg.) (2001): **Erwachsenenbildung und Zeitdiagnose – Theoriebeobachtungen**. Bielefeld.

C Forschungsfelder und Handlungsbereiche

Nachdem es in den vorausgegangenen Kapiteln um den Gesamtbereich der Erwachsenenbildung gegangen ist, sollen im Folgenden die verschiedenen Felder betrachtet werden, auf die sich das Interesse der Erwachsenenbildungsforschung bisher – in unterschiedlicher Intensität – gerichtet hat. Diese Forschungsfelder stellen zugleich Handlungsbereiche der Praktiker der Erwachsenenbildung dar, deren Tätigkeit in Konzeption, Planung, Durchführung und Einschätzung von Angeboten Kenntnisse über Adressaten und Teilnehmer, über Lernen und Wissen, über Institutionen und Lernorte voraussetzt.

8 Adressaten und Teilnehmer

Im Zentrum der Praxis der organisierten Erwachsenenbildung steht die Frage nach den Adressaten und den Teilnehmern, also nach denjenigen, die für Angebote gewonnen werden sollen und nach denjenigen, die diese Angebote wahrnehmen. Im weitesten Sinn sind aber alle, die zur erwachsenen Bevölkerung gehören, Adressaten der Erwachsenenbildung. Im folgenden Kapitel wird deshalb zunächst die Kategorie des Erwachsenen behandelt. Dabei ist es notwendig, auf Ansätze und Forschungsergebnisse der Psychologie und der Sozialwissenschaften zurückzugreifen.

8.1 Erwachsene: Versuche der Bestimmung und Einteilung

Das Merkmal „Erwachsen-Sein" wird gewöhnlich altersmäßig bestimmt. Aber auch diese vermeintlich objektive Bestimmung erweist sich bei näherem Hinsehen als – in Grenzen – willkürlich. So wurde etwa im Deutschen Reich 1875 die Volljährigkeit auf 21 Jahre festgelegt. Auf 18 Jahre herabgesetzt wurde das Alter der Volljährigkeit in der ehemaligen DDR 1950, in der Bundesrepublik 1975.

Erwachsensein und Entwicklung

Die Gegenüberstellung von Erwachsenenalter und Kindheit im Sinne von Reife und Unreife hat lange Zeit verhindert, auch für das Erwachsenenalter Möglichkeiten von Entwicklungen und Vielfalt zu sehen. So hat sich die Entwicklungspsychologie auf die Kindheits- und Jugendphase beschränkt, und unter Sozialisation verstand man ausschließlich die Übernahme von gesellschaftlichen Denk- und Gefühlsmustern in der Kindheit.

Zwei Faktoren haben zu einer Veränderung dieser Sichtweise beigetragen: die höhere Lebenserwartung einerseits und der verstärkte soziale Wandel andererseits. Der Anstieg der Lebenserwartung führte zunächst zur Unterteilung des Lebenslaufs in Vorbereitungs-, Aktivitäts- und Ruhephase, die durch das Bildungs- und Rentensystem mit bestimmten Lebensaltern verbunden wurden. Der moderne Gesellschaften kennzeichnende soziale Wandel hat die Abläufe vielfältiger werden lassen: Einschnitte wie Heirat, Geburt des ersten Kindes, Auszug der Kinder, aber auch die Beendigung der Erwerbstätigkeit sind immer weniger mit eng bestimmten Lebensaltern verbunden. Der Wandel moderner Industriegesellschaften hat zur Herauslösung aus traditionellen Klassenbindungen, Geschlechterrollen und dem Versorgungssystem der Familie geführt und die Individuen zu verstärkter Eigenplanung in Abhängigkeit vom existenzsichernden Arbeitsmarkt gezwungen (vgl. BECK 1986). Kindheit und Jugend taugen immer weniger als Sicherheit garantierende Vorbereitungszeit, und die Dauer der Ruhezeit im Alter macht auch hier signifikante Unterschiede erkennbar, wie etwa die zwischen den ‚jungen Alten' und den ‚Hochbetagten'.

Die Hinwendung der Sozialisationsforschung zum Erwachsenenalter führte zu einer Differenzierung zwischen primärer und sekundärer Sozialisation. Während es bei der Sozialisation von Kindern und Jugendlichen um die Vermittlung grundlegender Motive und Werte geht, konzentriert sich die Sozialisation des Erwachsenen auf das konkrete Rollenhandeln:

Erwachsenen-sozialisation

„Im allgemeinen beschäftigt sich also sekundäre Sozialisation vor allem mit offenbarem Rollenverhalten und versucht, kaum grundsätzliche Motivationen oder elementare Werte zu beeinflussen. Die Gesellschaft ist bei Erwachsenen im Gegensatz zu Kindern kaum bereit, Zeit auf die Beeinflussung von Werten und Motiven zu verschwenden. Bei den Kindern wird dies als notwendige Aufgabe der speziellen Institutionen, etwa der Familie, angesehen, und die Institutionen sind auch im Hinblick auf diese Funktion organisiert." (BRIM 1974, S. 28)

Ähnlich wie die Sozialisationstheorie hat sich auch die Entwicklungspsychologie erst relativ spät mit dem Erwachsenenalter beschäftigt. Aufbauend auf dem psychosexuellen Phasenmodel von SIGMUND FREUD hat der amerikanische Psychologe ERIK H. ERIKSON (1902–1994) ein Stufenmodell der psychosozialen Entwicklung entwickelt, das nach den Phasen Säuglingsalter, Kleinkindalter, Spielalter, Schulalter und Adoleszenz die Phasen frühes Erwachsenenalter, (mittleres) Erwachsenenalter und reifes oder hohes Erwachsenenalter enthält. Jede dieser acht Phasen ist durch eine spezifische Krise gekennzeichnet, die durch gegensätzliche Anforderungen und Bedürfnisse entsteht. Diese Krisen erfordern eine aktive Auseinandersetzung, die mehr oder weniger erfolgreich sein kann und die die Voraussetzung zur Bewältigung der nächsten Phase bildet. Entwicklung findet demnach durch die Bewältigung phasentypischer Aufgaben statt:

Stufenmodelle der Entwicklung Erwachsener

Im frühen Erwachsenenalter geht es darum, intime Beziehungen aufzubauen und sich nicht zu isolieren, im mittleren Erwachsenenalter steht die Aufgabe, Kinder aufzuziehen und sich gesellschaftlich zu engagieren (Generativität) und weiterzuentwickeln im Vordergrund, im hohen Erwachsenenalter sollte das vergangene Leben angenommen werden, ohne den Tod zu fürchten und zu verzweifeln. Es geht also jeweils um die geglückte oder nicht-geglückte Lösung phasenspezifischer Konflikte. Die Aufeinanderfolge der Phasen ist die Entwicklungslinie der Komponenten der psychosozialen Persönlichkeit, wobei jede Komponente in gewisser Form auch schon vor der Zeit, in der sie phasenspezifisch wird, existiert (vgl. ERIKSON 1980).

Auch andere Phasenmodelle haben als Thema des mittleren Erwachsenenalters die ‚Generativität' als Sorge um die eigenen Kinder und die Übernahme von sozialer und öffentlicher Verantwortung für andere Menschen ausgemacht. In dem von ROBERT J. HAVIGHURST (1900–1991) entwickelten Modell werden die Entwicklungsaufgaben des mittleren Erwachsenenalters detailliert angeführt:

- „(a) die staatsbürgerliche und soziale Verantwortung eines Erwachsenen erlangen
- (b) einen ökonomischen Lebensstandard etablieren und aufrechterhalten
- (c) heranwachsende Kinder dabei unterstützen, verantwortungsvolle und glückliche Erwachsene zu werden
- (d) erwachsenengemäße Freizeitbeschäftigungen entwickeln
- (e) sich auf den Ehepartner als Person beziehen
- (f) physische Veränderungen des mittleren Lebensalters akzeptieren und sich darauf einstellen
- (g) sich auf alternde Eltern einstellen." (LOWE 1982, S. 53 – Übers. aus dem Engl.)

‚Psychologie der Lebensspanne'   Die Problematik dieser in den USA nach dem zweiten Weltkrieg entwickelten Modelle besteht in einer gewissen Starrheit und in ihrer Bezogenheit auf die männliche ‚Normalbiographie' in einer Wohlstandsgesellschaft. Neuere Ansätze der Entwicklungspsychologie betonen eher die Vielfältigkeit von Lebensverläufen, die ihrerseits von mehreren Einflüssen abhängig sind. So führt etwa die ‚Psychologie der Lebensspanne', die die Entwicklung über die gesamte Lebenszeit beschreibt, drei miteinander interagierende Einflüsse auf, nämlich

- age-graded influences, d. h. Faktoren, die mit dem biologischen Alter zusammenhängen,
- history-graded influences, d. h. Faktoren, die die kulturelle oder gesellschaftliche Einheit, in der man lebt, betreffen,
- nonnormative influences, d. h. unvorhersehbare und nicht jeden Menschen betreffende Faktoren (vgl. BALTES/LINDENBERGER/STAUDINGER 1998).

Identität als Prozess   Nach neueren Modellen ist Identität – anders als noch bei ERIKSON, der das Finden der Identität als Aufgabe der dem Erwachsenenalter vorgeschalteten Phase der Adoleszenz beschrieben hatte – ein in der Auseinandersetzung mit der bisher aufgebauten Identität und neuen Erfahrungen auszubalancierender Prozess, der auch im Erwachsenenalter andauert. Er umfasst die Differenzierung oder Veränderung der bisherigen Identität durch neue Erfahrungen ebenso wie die Integration von Erfahrungen in die Identitätsstruktur. Anzustreben ist dabei ein Gleichgewicht, das die Abwehr neuer Erfahrungen ebenso vermeidet wie eine ständige Anpassung (vgl. FALTERMAIER u. a. 2002, S. 68).

Wie solche Prozesse im Einzelnen aussehen, untersucht die Biographieforschung. Mit Biographie (von griech. bios – das Leben, graphé – die Schrift) ist nicht die mündliche oder schriftliche Präsentation des Lebenslaufes eines anderen Menschen gemeint, sondern die Darstellung des eigenen Lebensverlaufs und der diesem zugrunde liegenden Sinnkonstruktionen. Biographien sind nicht nur als historische Quellen interessant, sie sind auch selbst Ausdruck eines Bildungsprozesses. Dass die Deutung des bisherigen Verlaufs des Lebens für Erwachsene – anders als bei Kindern – eine besondere Rolle spielt, liegt auf der Hand. Dies trifft in gleichem Maße auf die Erwachsenenbildung zu:

„Erwachsene sind als Lernende geprägt von ihrer Biographie. Menschliche Entwicklung ist an wechselnde Aufgaben gebunden. Die Art und Weise, wie sie erfahren und bewältigt werden, bestimmt den Lebensweg, will bei der Einschätzung jeder folgenden neuen Lebensphase beachtet sein. [...]. Will Erwachsenenbildung wirksam werden, müssen Vorstellungen davon vorhanden sein, welche Lebenserfahrungen und Lernvergangenheiten die potentiellen Teilnehmer mitbringen. Dabei geht es nicht um ein bestimmtes Wissen, sondern um eine Ahnung des Möglichen, mit dem zu rechnen ist, auf das bei Lernschwierigkeiten einzugehen ist, die bei der Lernberatung beachtet sein wollen." (TIETGENS 1991, S. 216)

Andere Autoren betonen, dass in der Beschäftigung des Erwachsenen mit seiner Biographie ein gesellschaftliches Veränderungspotenzial liegt. Demnach mache es gerade das Erwachsensein aus, das eigene Leben in den gegebenen Rahmen immer wieder neu auszulegen und diese Rahmen ihrerseits als gestaltbar zu begreifen. Diese Fähigkeit hat PETER ALHEIT „Biographizität" genannt und die damit verbundenen Bildungsprozesse als transitorische bezeichnet, d. h. als Prozesse, die einen Übergang in eine neue Qualität des Selbst- und Weltbezugs bewirken:

Biographizität

„Diese Betrachtung ist durchaus nicht euphemistisch. Sie unterschlägt nicht, daß transitorische Bildungsprozesse schwierig oder schmerzlich sein können. Aber sie behandelt die Menschen in ihren biographischen Lernprozessen nicht wie ‚kulturelle Deppen' [...], die den Veränderungen der Zeitgeschichte hilflos ausgesetzt sind und dringend auf den Beistand therapiebereiter Weiterbildner warten." (ALHEIT 1996, S. 193)

Der Vorschlag, Biographizität und Generativität als Kennzeichen des Erwachsenen in der Moderne heranzuziehen, verbindet psychologische und soziologisch-pädagogische Ansätze. Zentrale Leitvorstellungen für Erwachsene seien demnach Vorsorge und Verantwortung für die nachfolgenden Generationen einerseits und der bewusste Umgang mit der eigenen Autonomie und die Bereitschaft, Verantwortung für die eigene Lebensgeschichte und für das Gemeinwesen zu übernehmen, andererseits (vgl. NITTEL 2003).

Neben der Einsicht in die Relevanz des Biographischen sind es statistisch dokumentierte Daten zur erwachsenen Bevölkerung, die die Erwachsenenbildung für ihre Angebotsplanung berücksichtigen muss. So sind etwa die jeweiligen Anteile an Alleinlebenden, Alleinerziehenden, Erwerbslosen, Ausländern bzw. Menschen mit Migrationshintergrund relevante Daten für die Planung aktueller und künftiger Bildungsangebote. Von besonderem Interesse sind gegenwärtig statistisch fundierte Prognosen zur Lebenserwartung in Relation zum Renteneintritt. So wird gegenwärtig davon ausgegangen, dass die Lebenserwartung bis zum Jahr 2050 (mit einem Vorsprung der Frauen) weiter steigen wird, dass aber die bisher ständig größer gewordene Schere zwischen Renteneintritt und Tod aufgrund der Erhöhung des Renteneintrittsalters bzw. der Rückführung auf das gesetzliche Rentenalter wahrscheinlich etwas enger werden wird (vgl. SCHWÄGERL 2007). Insgesamt ist aber mit einer wachsenden Zahl von nicht mehr erwerbstätigen, aber noch rüstigen und (im Gegensatz zu früheren Generationen) bildungsgewohnten Menschen zu

Statistische Diagnosen und Prognosen

rechnen, auf die sich Erwachsenenbildung als künftige Teilnehmer einstellen oder um die sich als Adressaten bemühen muss.

Neue Milieus   Für die Erfassung moderner Gesellschaftsstrukturen als unzureichend hat sich die einfache Einteilung in Ober-, Mittel-, und Unterschicht erwiesen. Die vom privaten Sinus-Institut auf der Basis von Repräsentativbefragungen ermittelten und regelmäßig aktualisierten sogenannten Milieus in Deutschland umfassten 2010 zehn Gruppen, die auf der Vertikale von der unteren über die mittlere bis zur oberen Mittelschicht reicht und auf der Horizontale die drei Grundorientierungen Tradition, Modernisierung/Individualisierung und Neuorientierung berücksichtigt: Neben den älteren Milieus der Traditionellen, der konservativ Etablierten, der liberal Intellektuellen, der Hedonisten und der bürgerlichen Mitte sind neu hinzugekommen das sozialökologische und das prekäre Milieu, das Milieu der sogenannten Performer sowie das sogenannte expeditive Milieu, d. h. die ambitionierte kreative Avantgarde, und das adaptiv-pragmatische Milieu, d. h. die moderne junge Mitte der Gesellschaft mit ausgeprägtem Lebenspragmatismus und Nutzenkalkül. Damit hat sich neben der Flexibilisierung der Arbeit und der Auflösung klassischer Familienstrukturen eine wachsende Wohlstandsungleichheit, d. h. eine Polarisierung zwischen Armen und Reichen bei einer schrumpfenden Mitte, durchgesetzt.

Interessant ist, dass sich auch nationenübergreifend auf europäischer Ebene ähnliche Segmente nachweisen lassen, die die Zuordnung zu den alten Schichten und zu unterschiedlichen Grundorientierungen, die Anteile der Milieus an der Gesamtgesellschaft und die Überschneidungen zwischen den Milieus erkennbar werden lassen (vgl. Abb. 8-1).

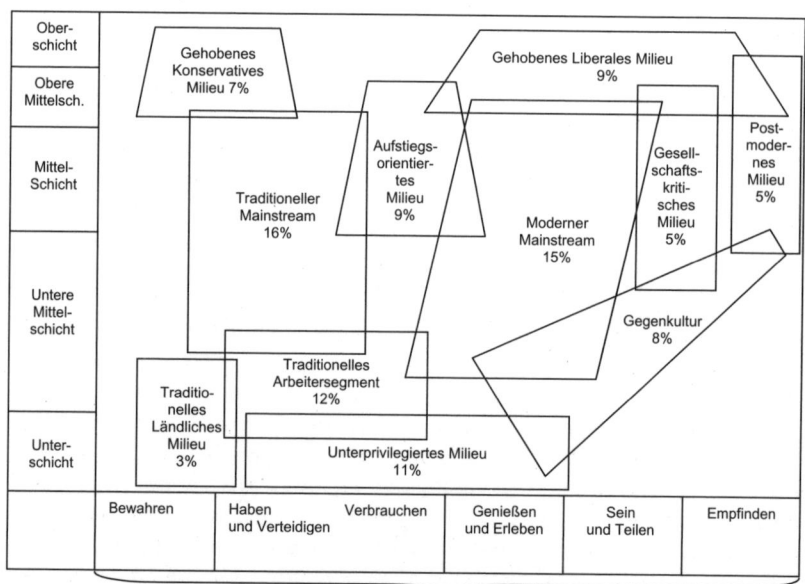

Abb. 8-1: Transnationale europäische Milieus (nach: UELTZHÖFFFER 2000, S. 28)

Trotz der nach wie vor wirksamen, meist von der Herkunftsfamilie übernommenen Bindung an Schichten ergeben sich mit der Orientierung an Werte wie „Bewahren", „Haben und Verteidigen", „Verbrauchen", „Genießen und Erleben", „Sein und Teilen" sowie „Empfinden" neue Wahlmöglichkeiten. Diese dürfen aber nicht darüber hinwegtäuschen, dass der Spielraum des Einzelnen durch ‚Rahmungen' begrenzt ist (vgl. WITTPOTH 1994) und soziale Ungleichheit und Exklusion nach wie vor Gesellschaft und Weiterbildung bestimmen (vgl. BREMER 2007).

Neben der Kategorie des Alters und der sozialen Einordnung ist weiter danach zu unterscheiden, ob eine erwachsene Person männlich oder weiblich, erwerbstätig oder arbeitslos, Inländer oder Ausländer ist und welchen generationstypischen Erfahrungen sie in der prägenden Zeit der Kindheit und Jugend ausgesetzt war (vgl. SCHÄFFER 2003), also ob sie beispielsweise der Generation der 68er angehört oder der „Generation Praktikum" (STOLZ 2005).

Darüber hinaus wird zunehmend auch auf eine Vielfalt innerhalb der einzelnen Individuen aufmerksam gemacht. Der deutsche Pädagoge und Psychologe GÜNTHER BITTNER spricht vom ‚multiplen Ich' des Erwachsenen (vgl. BITTNER 2001), der kanadische Sozialpsychologe JEAN-PIERRE BOUTINET vom pluralen Erwachsenen (l'adulte pluriel) (vgl. BOUTINET 2004). Einheitsvorstellungen vom Erwachsenen werden so immer seltener, und einst klare Merkmale wie das Abgeschlossensein von Entwicklungsprozessen oder die über den Beruf verwirklichte Verantwortung für die Sicherung der eigenen Existenz geraten ins Wanken – eine Entwicklung, die die Berechtigung einer für diesen Lebensabschnitt reservierten Pädagogik in Frage stellen könnte:

Vielfalt und Vagheit des Erwachsenseins

> „Zwar spielt die Vorstellung von ‚Erwachsensein' als einem ‚Entwachsensein' aus identitätssuchenden Reifungs-, Lern- und Rollenfindungsprozessen schon länger keine wirklich substanzielle Rolle mehr in den erwachsenenpädagogischen Beiträgen, doch bleibt die konzeptionelle Leere, die dadurch entsteht, ungefüllt. Die Rede ist von einer ‚Verjugendlichung des Erwachsenen' […], womit zum Ausdruck gebracht werden soll, dass Krisenhaftigkeit, Orientierungssuche und biographische Schaltstellenentscheidung in den riskanten Biographien der postmodernen Gesellschaft eine das ganze Leben charakterisierende Typik erreicht haben, die eine phasentypische Konstituierung von Spezialpädagogiken (wie Erwachsenenpädagogik) grundsätzlich in Frage stellt." (ARNOLD 2003, S. 9 f.)

8.2 Adressaten von Erwachsenenbildung

Auch wenn theoretisch alle Erwachsenen Adressaten der Erwachsenenbildung sind und Erwachsene bei Befragungen immer wieder ihre prinzipielle Zustimmung zu Erwachsenenbildung bekunden, ist ihre reale Teilnahme eher gering. Dieser Befund, bereits durch eine auf Westdeutschland bezogene Studie aus den 1950er Jahren belegt (vgl. STRZELEWICZ/RAAPKE/SCHULENBERG 1966), ist durch Folgeuntersuchungen immer wieder bestätigt worden. Als soziale Faktoren, die eine Teilnahme an Erwachsenenbildung verhindern, werden in der Studie genannt: die soziale Herkunft, das Geschlecht, die Schulbildung, die Berufsausbildung, der Beruf und die Arbeitssituation, die familiale Situation, das Lebensalter und die Wohnregion.

Soziale Faktoren der Teilnahme

Die Relevanz sozialer Faktoren wurde auch in einer späteren Längsschnittuntersuchung belegt (vgl. FRIEBEL u. a. 1993 und 2000). Diese untersuchte das Weiterbildungsverhalten von Schulabgängern des Jahrgangs 1970, indem sie der Frage nachging, in welcher Beziehung der Lebenszusammenhang der Teilnehmer (Art der Beschäftigung und der familialen Einbettung) mit der Weiterbildung bzw. den von den unterschiedlichen Anbietern (privaten, verbandlichen, öffentlich-rechtlichen) offerierten Angeboten steht. Das über einen längeren Zeitraum festgehaltene Zusammentreffen von Gelegenheitsstruktur und Lebenszusammenhang bei den einzelnen Subjekten unter Berücksichtigung ihrer sozialen Herkunft, ihres Geschlechts und ihrer Schulbildung einerseits und ihrer generellen Lebensplanung andererseits ist in Abb. 8-2 an drei Fällen schematisiert dargestellt:

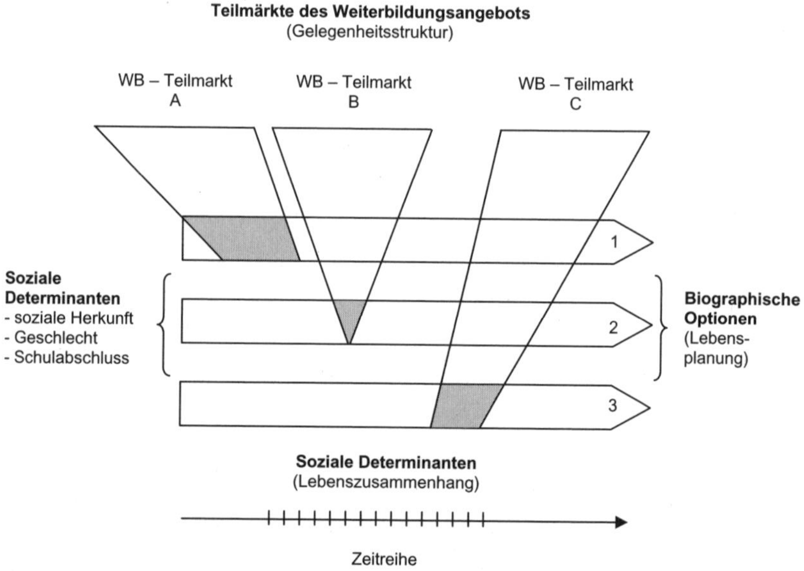

Teilmärkte des Weiterbildungsangebots
(Gelegenheitsstruktur)

WB – Teilmarkt A   WB – Teilmarkt B   WB – Teilmarkt C

Soziale Determinanten
- soziale Herkunft
- Geschlecht
- Schulabschluss

1
2
3

Biographische Optionen
(Lebensplanung)

Soziale Determinanten
(Lebenszusammenhang)

Zeitreihe

Abb. 8-2: Gelegenheitsstruktur und Lebenszusammenhang
(nach: FRIEBEL u. a. 1993, S. 46)

Psychologische Faktoren der Teilnahme

Auch internationale empirische Studien haben zeigen können, dass eine Teilnahme an Angeboten der Erwachsenenbildung von sozialen Faktoren abhängt. Im englischsprachigen Ausland ist aber auch immer wieder auf psychologische Faktoren aufmerksam gemacht worden, die eine entsprechende Teilnahme verhindern oder unwahrscheinlich machen. DARKENWALD und VALENTINE haben in den 1980er Jahren sechs Faktoren bestimmt, die von einer Teilnahme abhalten: Mangel an Vertrauen, Mangel an Relevanz, Zeitzwänge, geringe persönliche Priorität, Kosten sowie persönliche Probleme. Die „Deterrents to Participation Scale" ist von mehreren Forschern als Grundlage für weitere Erhebungen genutzt worden (vgl. TUIJNMAN 1996, S. 566). DARKENWALD ist auch Mitautor eines weiteren Erhebungsinstruments, mit dem die Einstellung zur Erwachsenenbildung gemessen wird: der „Adult Attitudes towards Continuing Education Scale". Auf dieser Basis konnte festgestellt werden, dass eine positive Einstellung gegenüber Weiterbildung die Teilnahme deutlich begünstigt, und dass Frauen mit einer guten Ausbildung Erwachsenenbildung gegenüber positiver eingestellt sind als Männer und als weniger gut Ausgebildete (vgl. DARKENWALD/HAYES 1988).

Ein trotz aller Komplexität und Unterschiedlichkeit grenzübergreifendes Ergebnis der darauf bezogenen Forschungsanstrengungen ist, dass die Wahrscheinlichkeit der Teilnahme an Weiterbildung mit einem höheren Bildungsniveau der Eltern, einem höheren eigenen Bildungsabschluss und höherer beruflicher Position wächst (vgl. TUIJNMAN 1996, S. 573). Anders ausgedrückt: Benachteiligung in der Gesellschaft führt in der Regel auch zu einer Benachteiligung in Bezug auf die Teilnahme an Weiterbildung.

Ein solche Aussage muss für diejenigen, die sich von Erwachsenenbildung eine inkludierende Wirkung versprechen (s. Kap. 2.2), enttäuschend sein. Sie kann aber auch dazu anregen, verstärkt Anstrengungen zu unternehmen, um Adressaten als Teilnehmer zu gewinnen, deren Teilnahme durch ungünstige Ausgangsbedingungen – subjektive, wie bestimmte Werthaltungen, soziale, wie der gesellschaftliche Status der Herkunftsfamilie, strukturelle, wie die Organisationsstruktur der Angebote, und politische, wie der Wegfall von Förderprogrammen – erschwert ist (vgl. BRÜNING/KUWAN 2002).

Zielgruppen

Teilnehmergewinnung ist eng mit dem sogenannten Zielgruppenkonzept verbunden (s. Kap. 3.2). Dem ‚emanzipatorischen' Verständnis aus den 1970er Jahren steht inzwischen eine Reihe weiterer Überlegungen und Tätigkeiten zur Seite, die das Problem der Unübersichtlichkeit durch die Konzentration auf bestimmte Gruppen lösen will (vgl. SIEBERT 1996a, S. 98 ff.). Unter dem Begriff der Zielgruppenorientierung wird deshalb – neben der Arbeit mit sozial benachteiligten Gruppen – so Unterschiedliches gefasst wie die Ansprache von Gruppen mit homogenen Lernvoraussetzungen, sozialintegrative Bildungsarbeit mit bewusst gemischten Gruppen oder auf Sozialkampagnen bezogene Bildungsangebote wie Entwöhnungstrainings für Raucher oder Alphabetisierungskurse. Auch die Versuche, gezielt Angehörige der modernen Milieus anzusprechen, gehören dazu (vgl. BARZ 2000).

Trotz der offensichtlichen Vorteile, die die Einteilung in Zielgruppen mit sich bringt, ist zu bedenken, dass es sich dabei weder um feste, noch um ausschließliche Zuordnungen handelt:

> „Generell ist eine Zielgruppe ein Konstrukt derjenigen, die Zielgruppe definieren. Eine Zielgruppendefinition klassifiziert Menschen in Gruppen, indem sie eine ‚Leitdifferenz' (Luhmann) – z. B. Alter oder Behinderung – betont und andere Persönlichkeitsmerkmale vernachlässigt. Eine solche ‚Reduktion' kann didaktisch sinnvoll und im Interesse der Betroffenen sein. Gerät aber der konstruktivistische Charakter der Zielgruppenorientierung in Vergessenheit, so sind Stigmatisierungen zu befürchten: wenn in der Altenbildung die Teilnehmenden primär als ‚Alte' angesprochen und nur mit Themen des Alterns konfrontiert werden." (SIEBERT 1996a, S. 101)

Spezielle Zielgruppen

Im Lauf der Zeit haben sich Theoretiker und Praktiker der Erwachsenenbildung immer wieder unterschiedlichen Zielgruppen zugewandt: Bis in die 1960er Jahre gab es ein Interesse daran, speziell Industriearbeiter als Teilnehmer der Volkshochschule zu gewinnen bzw. die Gründe zu untersuchen, warum diese Gruppe unterrepräsentiert ist (vgl. BUCHWALD 1934; TIETGENS 1964).

In den 1970er Jahren standen Bildungsangebote im Zentrum der Aufmerksamkeit, die die Gleichberechtigung von Frauen umsetzen und deren Kompetenzen stärken wollten (s. Kap. 2). Bald wurde nach politischer, beruflicher, allgemeinbildender, interkultureller Frauenbildung sowie Frauengesundheitsbildung und Frauenaltersbildung differenziert, und mit dem Genderansatz, nach dem Geschlechterverhältnisse als konstruiert und damit als veränderbar aufgefasst werden, hat die Frauenbildung neue Akzente erhalten (vgl. GIESEKE 2001).

Bedingt durch den demographischen Wandel ist die Gruppe derjenigen, die zum späten Erwachsenenalter gehören, in den Fokus geraten. Ähnlich wie die Gruppe der Frauen, wird auch die Gruppe der Alten – unterstützt durch Ergebnisse der psychologischen Forschung – als äußerst vielgestaltig gesehen, die zudem unter dem Druck steht, Identitäten auszubilden, für die es in der Vergangenheit keine Vorbilder gibt (vgl. KADE, S. 2007). Alter erscheint nicht länger als Phase des Zurückbildens von Fähigkeiten, sondern als Zeit, in der Lernfähigkeiten in besonderer Weise gefordert sind. Hier wird eine Herausforderung für die Erwachsenenbildung gesehen (vgl. NITTEL/SEITTER 2006, S. 135), die weitreichende Folgen für Angebotsplanung und Didaktik haben dürfte.

Milieuzugehörigkeit und Teilnahme Ein auf die gegenwärtige Situation bezogener Zugang zur Frage nach den Themeninteressen, den Lernzielen und Erwartungen, zur Rolle der beruflichen Weiterbildung und des informellen Lernens, zu teilnahmeverhindernden Barrieren und zu bevorzugten Weiterbildungsveranstaltern bestimmter Gruppen ist auf der Basis der Sinus-Milieus gewählt worden. So hat man u. a. die Angehörigen der verschiedenen Milieus in der Stadt München in einem aufwendigen Verfahren repräsentativ befragt (vgl. TIPPELT u. a. 2003). Die Studie, die als Vorbereitung auf eine bundesweite Erhebung angelegt war, kann auch als eine Fortführung und Erweiterung früherer Studien zur Bildungsbereitschaft von Erwachsenen gelten. In der Zusammenfassung der Ergebnisse heißt es:

„Die Weiterbildungsbeteiligung variiert je nach Milieuzugehörigkeit immerhin um ca. 20 Prozentpunkte. So erweisen sich die modernen Performer mit 68,8% als weiterbildungsaktivste Gruppe und das Konservative Milieu bildet mit 48,9% das Schlusslicht – übrigens ein deutlicher Hinweis darauf, dass auch innerhalb derselben sozialen Schicht deutliche Unterschiede im Weiterbildungsverhalten zu finden sind, denn beide Milieus gehören zur Oberschicht bzw. zur oberen Mittelschicht. Allgemein bestätigen sich die als ‚Weiterbildungsschere' bekannten Tendenzen. Das Ansehen von Weiterbildung ist in der gesamten Bevölkerung hoch. ‚Jeder sollte bereit sein, sich ständig weiterzubilden', wird fast durchgängig, nämlich von 96% der Befragten bejaht. Allerdings sinkt die eigene aktive Beteiligung an Weiterbildung in Korrelation mit abnehmendem sozialen Status und abnehmendem Bildungsabschluss. Die Münchner Ergebnisse zeigen allerdings – und dieser eindrucksvolle Befund ist neu –, dass sich diese Bildungsschere im Hinblick auf informelle Lernprozesse noch ein zweites Mal öffnet: Je geringer die Aufnahmebereitschaft an formalisierten Weiterbildungsveranstaltungen ist, um so weniger werden auch informelle Formen des Lernens (Lektüre von Fachliteratur, Besuch von Fachmessen und Kongressen, selbstgesteuertes Lernen mit neuen Medien) genutzt." (a. a. O. 2003, S. 152 f.)

8.3 Teilnehmer an Veranstaltungen der Erwachsenenbildung

Schon Ende des 19. Jahrhunderts hat es Versuche gegeben, Aufschlüsse über die Personen zu gewinnen, die Veranstaltungen der Erwachsenen- bzw. der Volksbildung besuchen. Die Statistik des Ausschusses für volkstümliche Universitätsvorträge in Wien enthielt beispielsweise Angaben über Themen der Veranstaltungen, Anzahl der Hörer, Alter, Geschlecht sowie Vorbildung und Beruf. Diese Angaben, die Rückschlüsse auf Motive und Interessen der Teilnehmer zuließen, sollten vor allem als Grundlage für die weitere Planung dienen (vgl. BORN 1990, S. 36f.).

Weiterbildungs-statistiken

Auskunft darüber, wie viele Personen heute bundesweit an den verschiedenen Formen der Erwachsenenbildung tatsächlich teilnehmen, erhält man am einfachsten über das sogenannte „Berichtssystem Weiterbildung". Seit 1979 werden auf der Basis repräsentativer mündlicher Befragungen der Bevölkerung Daten zur Weiterbildungsnachfrage zusammengeführt, die alle drei Jahre (neuerdings auch im Internet) publiziert werden. Das Berichtssystem erfasst die berufliche, die allgemeine und die politische Weiterbildung. Als Teilnahme an beruflicher Weiterbildung gilt dabei die Teilnahme an folgenden Lehrgängen oder Kursen: Umschulung, Aufstiegsfortbildung, Einarbeitung, Anpassungsfortbildung sowie sonstigen Lehrgängen oder Kursen im Beruf. Als Teilnahme an allgemeiner Weiterbildung gilt die Teilnahme an nicht unmittelbar berufsbezogenen Lehrgängen, Kursen oder Vorträgen.

Das „Berichtssystem Weiterbildung"

Das Berichtssystem enthält Angaben zu Teilnehmerzahlen bzw. Teilnahmequoten, zu Belegungen und zum Zeitaufwand für Weiterbildung. Allerdings ist die Befragung selbst immer wieder verändert worden, so dass eine Vergleichbarkeit nicht in allen Punkten gegeben ist. Das betrifft beispielsweise die Tatsache, dass erst seit der Wiedervereinigung die Daten für die östlichen Bundesländer erhoben wurden. Das betrifft aber auch die Erfassung von Daten, die von der aktuellen Diskussion in der Erwachsenenbildung geleitet sind, wie die nach dem selbstgesteuerten, informellen Lernen (s. Kap. 9.5). Für den Kernbereich aber liegen mittlerweile aussagekräftige Längsschnittbefunde zur Weiterbildungsbeteiligung vor.

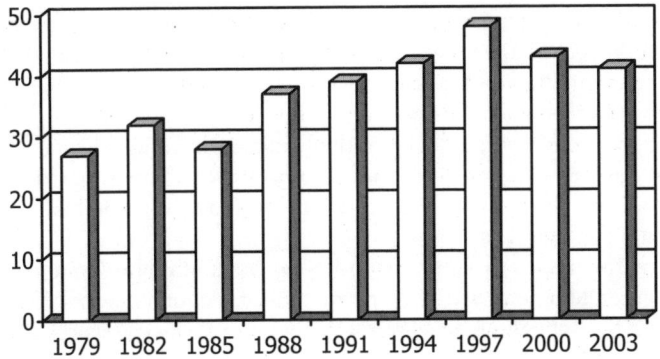

Abb. 8-3: Weiterbildungsteilnahme in Deutschland 1979–2003
        (nach: BMBF 2005, S. 13)

Wenn auf dieser Basis z.B. dargestellt wird, dass die Teilnahmequote an Weiterbildung im Jahr 2003 im Vergleich zum Jahr 2000 zurückgegangen ist (vgl. Abb. 8-3), so zeigt die Entwicklung seit 1979, dass Weiterbildung über den gesamten Zeitraum hinweg ein deutlich wachsender Bereich ist.

Bei den soziodemographischen Faktoren der Weiterbildungsteilnahme wird nach Geschlecht, nach den Kategorien Alter, Bildungsabschluss (schulischer und beruflicher), Erwerbstätigkeit und beruflicher Stellung, Nationalität sowie Migrationshintergrund unterschieden.

Träger-Statistiken Das Berichtssystem geht von der Nachfrageseite aus, also von der Perspektive der Teilnehmer bzw. der Adressaten von Weiterbildung. Andere Statistiken sind trägerbezogen, wie die seit 1962 erscheinende Volkshochschulstatistik. Was die Frage nach den Teilnehmern angeht, so sind dieser Statistik Angaben zur Geschlechtsverteilung und zur Altersstruktur der Teilnehmer sowie zu Kursen für besondere Zielgruppen (z.B. ältere Menschen, Frauen, Menschen mit Behinderung, Analphabeten, Arbeitslose) zu entnehmen (vgl. HUNTEMANN/WEIß 2010). Der Detaillierungsgrad dieser Statistik ist so groß, dass die Geschlechtsverteilung und die Altersstruktur in Kursen nach Bundesländern und Programmbereichen (Politik – Gesellschaft – Umwelt, Kultur – Gestalten, Gesundheit, Sprachen, Arbeit – Beruf, Grundbildung – Schulabschlüsse) erfasst ist. So kann man der Statistik für das Jahr 2009 entnehmen, dass im Bereich „Gesundheit" der Frauenanteil mit 84,6 % am höchsten ist, im Bereich „Grundbildung – Schulabschlüsse" dagegen nur 53 % beträgt (vgl. a.a.O., S. 12). 1997 haben der Deutsche Volkshochschul-Verband, der Arbeitskreis deutscher Bildungsstätten, der Bundesarbeitskreis Arbeit und Leben, die Deutsche Evangelische Arbeitsgemeinschaft für Erwachsenenbildung und die Katholische Bundesarbeitsgemeinschaft für Erwachsenenbildung eine gemeinsame Weiterbildungsstatistik im Verbund herausgegeben (vgl. REITZ/REICHART 2006), die Vergleichsmöglichkeiten der damit erfassten Anbieter erlaubt.

Internationale Statistiken Immer wichtiger werden aber auch Daten, die über nationale Grenzen hinausweisen. Hier erfasst beispielsweise Eurostat, das Statistische Amt der Europäischen Gemeinschaften, seit 1995 den Prozentsatz der an Aus- und Weiterbildungsmaßnahmen teilnehmenden erwachsenen Bevölkerung im Alter von 25–64 Jahren. Grundlage ist die Angabe dieser Gruppe darüber, ob sie vier Wochen vor der Erhebung an einer Ausbildung bzw. einem Unterricht teilgenommen haben. Zusätzlich wird zwischen der weiblichen und der männlichen Bevölkerung unterschieden. Es ist nicht verwunderlich, dass derartige internationale Erhebungen weniger detailliert und teilweise auch weniger zuverlässig sind als nationale, dass also einige Daten nicht verfügbar, ungewiss oder nur geschätzt sind und dass es in einigen Ländern zu Reihenunterbrechungen gekommen ist. Erschwerend kommt hinzu, dass Statistiken dann nur eingeschränkt vergleichbar sind, wenn sie Teilnahme unterschiedlich definieren.

Teilnehmer-biographien Neben quantitativen Erhebungen haben biographische Dokumente das Bild von Teilnehmern der Erwachsenenbildung deutlicher werden lassen. Während die Teilnahme an Veranstaltungen der Erwachsenenbildung nicht notwendig biographisch relevant ist, wirkt die generelle Lebensgeschichte von Teilnehmern der Erwachsenenbildung immer auf ihre Teilnahme bzw. Nicht-Teilnahme ein. Dabei ist zwischen objektiven Daten und Deutungen zu unterscheiden – gesellschaftlich vorgegebenen und individuell akzentuierten. Man unterscheidet deshalb zwischen dem Lebenslauf als Aneinanderreihung objektiver Daten und der Biographie als subjektiver Konstruktion der Individuen (s. o.).

In besonderem Maße ist Erwachsenenbildung natürlich an der Bedeutung interessiert, die die Weiterbildungsteilnahme im Leben von Teilnehmern spielt. Solche Bedeutungen können gut über biographische Interviews erschlossen werden. Das auf diese Weise zugänglich gemachte biographische Wissen über Teilnehmer kann dazu dienen, deren lebensgeschichtlich begründete Erwartungen zu erschließen – gerade auch dann, wenn sie mit den Vorstellungen von Veranstaltern nicht übereinstimmen. Die Analyse biographischer Interviews erlaubt nicht nur einen Zugang zur subjektiven Perspektive und Lebenswirklichkeit bestimmter sozialer Gruppen, sie dient auch der Entwicklung von Kategorien, mit deren Hilfe die Spezifik von Erwachsenenbildung überhaupt erst oder aber besser auf aktuellem Niveau beschrieben werden kann.

Als Beispiel kann die Analyse eines zweieinhalbstündigen biographischen Interviews mit einer Mutter von drei Kindern dienen, die in den 1980er Jahren mit Ende 30 nach 20-jähriger Ehe eine Reihe unterschiedlichster Kurse an der Volkshochschule absolviert hat („Ich war also in, in ziemlich vielen Kursen. Ich glaube, ich habe so ziemlich jeden Kurs mal mir angeschaut, was sich da so tut und was da läuft, einfach informationshalber"). Auf der Basis einer Rekonstruktion ihrer Bildungsbemühungen konnte die spezielle, aber nicht nur für die allgemeine Erwachsenenbildung relevante Kategorie der „diffusen Zielgerichtetheit" entwickelt werden, eine Form, die den Betroffenen, wenn überhaupt, erst im Nachhinein bewusst wird:

„Bildungsprozesse verlaufen nicht nach dem Muster zielgerichteten Handelns, auch wenn es angesichts des Nadelöhrs pädagogischer Institutionen zuweilen so erscheint. Die Andersartigkeit ihrer Bewegungslogik tritt besonders in Situationen biographischen Umbruchs zu Tage, wenn auf der Grundlage einer ihres Inhalts beraubten und verbrauchten Subjektivität eine neue Zukunft gesucht wird. Beim berufstätigen Mann entsteht dieses biographische Vakuum mit gewisser Regelmäßigkeit nach seiner Pensionierung, bei der Hausfrau, wenn die Kinder älter und selbständig werden. Der Gesamtzusammenhang dessen, was in solchen Situationen getan wird, hat eine Form diffuser Zielgerichtetheit. Im Rückblick erst wird erkennbar, wie sich durch die Besonderheit der einzelnen Handlungen hindurch die Biographie insgesamt verändert hat. Den einzelnen Handlungen sieht man ihre später generalisierbare Bedeutung nicht unmittelbar an. Sie verdichten sich nicht zu Handlungsketten, sondern brechen immer wieder ab und beginnen an anderer Stelle von neuem. Unter dem Aspekt des biographischen Bildungsprozesses erscheinen sie zufällig und beliebig, ihr Zusammenhang scheint zunächst diffus zu sein." (KADE 1991, S. 94)

Studien dieser Art zeigen die Diskrepanz zwischen den normativen Konzepten von Erwachsenenbildung (s. Kap. 2 und 3), den konkreten Absichten der Anbieter und der – bewussten oder unbewussten – Verwendung der Angebote durch die Teilnehmer. Die Schlussfolgerungen, die aus ihnen gezogen werden, können sehr unterschiedlich sein: So wurde bei einer Längsschnittuntersuchung zu den beabsichtigten und den unbeabsichtigten Folgen von Fortbildungen und Umschulungen dargelegt, dass der beabsichtigte Nutzen der Wiedereingliederung der Teilnehmer in den Arbeitsmarkt nur bedingt eingetreten ist, dass die Maßnahmen aber für die Teilnehmer eine andere, dem Konzept Bildung als Selbstzweck näherstehende Bedeutung gewonnen haben, die als mindestens gleichwertig gelten kann (vgl. Meier u. a. 1998). In einer biographieanalytischen Studie zum Lernverhalten akademisch qualifizierter Zuwanderer aus der ehemaligen Sowjetunion wird dagegen argumentiert, dass die der Gruppe angebotenen Bildungsmaßnahmen zur Vorbereitung auf eine Berufstätigkeit in Deutschland dann zur 'Falle' geworden sind, wenn die Betreffenden sich ausschließlich auf diese Maßnahmen verlassen und keine Eigeninitiative gezeigt haben (vgl. Krone 2007).

Drop-out und Nicht-Teilnahme

Eng mit der Frage der Teilnahme ist die Frage nach der bedingten Teilnahme und der Nicht-Teilnahme verbunden. Dem in der freiwilligen Erwachsenenbildung unübersehbaren Problem des Teilnehmerschwunds im Verlauf eines Kurses ist unter dem Stichwort drop-out nachgegangen worden. Untersuchungen haben ergeben, dass die Entscheidung gegen eine weitere Teilnahme nicht unbedingt Zeichen der Unzufriedenheit mit der Veranstaltung sein muss, dass aber die fortgesetzte Teilnahme auch nicht in jedem Fall als Zeichen der Zufriedenheit gedeutet werden kann (vgl. Lingkost 1996). Eine vorzeitige Beendigung oder eine generelle Nicht-Teilnahme können auch Ergebnisse einer Abwägung sein. Das betrifft bildungsnahe ebenso wie bildungsferne Adressatengruppen. Im Bereich der beruflichen Weiterbildung wird von Hochqualifizierten häufig als Argument gegen Teilnahme Zeitmangel sowie die Bevorzugung selbstorganisierten Lernens genannt, von Minderqualifizierten der mangelnde 'Gegenwert'. Für die letztgenannte Gruppe ist lebenslanges (berufsbezogenes) Lernen meist nicht selbstverständlich und wird eher als Einschränkung des Privatlebens gesehen (vgl. Bolder/ Hendrich 2000, S. 260).

Der Teilnehmer als Konstrukt

Dass Erwachsenenbildung an Merkmalen des (modernen) Erwachsenseins interessiert sein muss, versteht sich ebenso wie die Relevanz, die das Wissen über spezielle Zielgruppen für sie hat. Im Zentrum der Bemühungen organisierter Erwachsenenbildung steht aber der Teilnehmer. Von konstruktivistischer Seite wird in diesem Zusammenhang jedoch darauf hingewiesen, dass es sich bei der Figur des Teilnehmers bzw. der Teilnehmerin um ein Konstrukt handelt:

„Teilnehmerinnen und Teilnehmer werden in der Erwachsenenbildung wahrgenommen und beschrieben, man plant Angebote ‚teilnehmerorientiert' und reagiert auf die ‚Teilnehmerbeiträge'. Alles dies geschieht auf der Basis eines – i. d. R. impliziten und latenten – Bildes vom Teilnehmer. Dieses Bild ist eine Konstruktion. Teilnehmer sind nicht ‚Teile' einer objektiven Realität, sondern Ausdruck und Ergebnis von Bedeutungszuschreibungen. In diesem Sinne ist die spezifische Form, in der Teilnehmer ‚konstruiert' oder – als Erwachsene – dekonstruiert werden, abhängig von der historisch-gesellschaftlichen Situation sowie von Zeitgeist und Zeitdiagnostik, die über wissenschaftliche Beschreibungen wohl am prägnantesten Eingang in die professionelle Erwachsenenbildungspraxis finden. Darüber hinaus finden sprachimmanent induzierte Konstrukte ebenso ihren Niederschlag in den jeweiligen Handlungsorientierungen wie die bisweilen auch höchst individuellen biographischen und lebensweltlichen Erfahrungen der Handelnden. Der Teilnehmer ist somit Konstrukt im Sinne einer Durchmischung von Sinnzuschreibungen, die von Wissenschaft, Sprache, Zeitgeist und Subjektivität gleichermaßen geprägt sind." (Arnold 1995, S. 23)

Was Sie wissen sollten, wenn Sie Kapitel 8 gelesen haben:

- Sie sollten erläutern können, inwiefern auch im Erwachsenenalter Entwicklungen möglich bzw. notwendig sind.
- Sie sollten typische Entwicklungsaufgaben des Erwachsenenalters nennen können und das Konzept der Entwicklungsaufgaben generell diskutieren können.
- Sie sollten Abhängigkeiten zwischen Lebenszusammenhang und Weiterbildungsteilnahme ermessen können.
- Sie sollten die Erkenntnismöglichkeiten von Weiterbildungsstatistiken darstellen können.
- Sie sollten die Bedeutung von Teilnehmerbiographien für die Praxis und die Theorie der Erwachsenenbildung beschreiben können.

9 Das Lernen Erwachsener

Dass Erwachsene lernen (können), ist ebenso Voraussetzung wie Ziel von Erwachsenenbildung. Mit der Problematisierung der Bildungsaufgabe und der Verbreitung des Konzepts des Lebenslangen Lernens ist das Lernen Erwachsener nicht nur in den Fokus von Politik und Wissenschaft geraten, es scheint sogar den Begriff der Erwachsenenbildung selbst abzulösen. Eine ähnliche Entwicklung ist beim Übergang vom englischen ‚adult education' zu ‚adult learning' zu beobachten.

Das Interesse am Lernen Erwachsener bezieht sich auf die Bestimmung altersbedingter Veränderungen und erfahrungsbedingter Lernstile sowie auf generelle Schwierigkeiten bei der Wissensvermittlung an Erwachsene. Aktuelle oder aktuell diskutierte Konzepte wie das selbstgesteuerte, das informelle, das expansive Lernen, das Lernen en passant oder das Lernen in modernen Gesellschaften beziehen sich allerdings – anders als das Lernen in Organisationen – nicht nur auf Erwachsene, gewinnen aber eine spezielle Bedeutung im Hinblick auf erwachsenentypische Lernerfahrungen, Lernerwartungen und Lernanforderungen.

9.1 Allgemeine Bestimmung von Lernen

Lernen wird von verschiedenen Wissenschaften als Elementarbegriff angesehen. Das beginnt bei der Philosophie und endet – vorläufig – bei der Neurowissenschaft. In erster Linie scheint die Psychologie zuständig, die im Verlauf ihrer Geschichte diverse Begriffe des Lernens wie den verhaltenstheoretischen, den kognitiven, den handlungstheoretischen oder den humanistischen entwickelt hat, die jeweils ihrerseits auf die Pädagogik eingewirkt haben.

Lernen: Veränderung, Erfahrung, Reflexion

Aus Sicht der pädagogischen Anthropologie, die sich mit dem Menschenbild in Theorie und Praxis von Bildung und Erziehung beschäftigt, wird menschliches Lernen wie folgt definiert:

„Lernen bezeichnet die Veränderungen von Selbst- und Weltverhältnissen sowie von Verhältnissen zu anderen, die nicht aufgrund von angeborenen Dispositionen, sondern aufgrund von zumindest basal reflektierten Erfahrungen erfolgen und die als dementsprechend begründbare Veränderungen von Handlungs- und Verhaltensmöglichkeiten, von Deutungs- und Interpretationsmustern und von Geschmacks- und Wertstrukturen vom Lernenden in seiner leiblichen Gesamtheit erlebbar sind; kurz gesagt: Lernen ist die erfahrungsreflexive, auf den Lernenden sich auswirkende Gewinnung von spezifischem Wissen und Können." (GÖHLICH/ZIRFAS 2007, S. 17)

Offene Fragen Entscheidend sind hier die Begriffe Veränderung, Erfahrung und Reflexion. Diese treten aber in konkreten Fällen in so unterschiedlicher Mischung und Intensität auf, dass ein Aufschluss über das konkrete Lernen durch derartige Definitionen kaum möglich ist. Auch bleibt die Frage offen, wie man diese Veränderungen bzw. Auswirkungen beim Lernenden erkennen kann. Die – zweifellos zutreffende – Antwort der Gehirnforschung, die Lernen als „Veränderung der Stärke der synaptischen Verbindungen zwischen Nervenzellen" (SPITZER 2002, S. 94) definiert, kann hier nicht weiterhelfen.

In der Literatur zur Erwachsenenbildung wird zudem darauf hingewiesen, dass die Differenz zwischen alltäglichem und institutionalisiertem Lernen nicht präzise bestimmbar sei (vgl. SCHÄFFTER 1998, S. 132 f.), man noch zu wenig wisse, um eine einzige umfassende Theorie des menschlichen Lernens zu formulieren (vgl. JARVIS 2006, S. 194) oder dass durch die schnelle Abfolge immer neuer Begrifflichkeiten der Begriff des Lernens flüchtig sei – „vielleicht ebenso wie vielfach das Ergebnis dessen, was er bezeichnet" (NUISSL 2006, S. 219 f.).

Im Folgenden wird deshalb keine Theorie des Erwachsenenlernens geliefert, sondern es werden Forschungsergebnisse und Überlegungen referiert, die Eigenheiten und Probleme des Lernens Erwachsener zu verstehen helfen.

9.2 Psychologie des Lernens Erwachsener

Anders als die Frage nach der gesellschaftlichen Rolle von Erwachsenenbildung und der gesellschaftlichen Bedeutung des Lernens Erwachsener hat die Frage nach dem psychologischen Vorgang des Lernens lange Zeit im Hintergrund gestanden. Auch die Lernpsychologie selbst hat sich dem Thema des Lernens Erwachsener erst spät gewidmet. Dabei standen vor allem die kognitiven Prozesse der Aufnahme von Informationen, ihre Verarbeitung und Speicherung im Gedächtnis sowie ihre Nutzung und Anwendung im Mittelpunkt des Interesses.

Adoleszenz- Erste kognitionspsychologische Forschungen aus den 1920er Jahren
Maximum-These glaubten, einen Höhepunkt der Lernfähigkeit des Menschen in der Adoleszenz und einen Abfall zwischen dem 20. und dem 30. Lebensjahr belegen können. Die sogenannte Adoleszenz-Maximum-These wurde durch weitere Forschungen so stark relativiert, dass sie als überholt gelten kann. Sie ist aber auch häufig übertrieben dargestellt worden. Tatsächlich hatte E. L. THORNDIKE, der Verfasser des 1928 in den USA erschienenen Buchs „Adult learning" einen allmählichen Rückgang der Lernfähigkeit ab dem 25. Lebensjahr konstatiert, Erwachsenen generell aber durchaus Lernfähigkeit zugesprochen

und sogar soziale Einflüsse als Hindernisse für ein mögliches Lernen im späteren Alter ausgemacht (vgl. SMITH 1987). Mittlerweile wird davon ausgegangen, dass sich vor dem 60. Lebensjahr kein genereller Abbau der kognitiven Fähigkeiten nachweisen lässt (vgl. FALTERMAIER u. a. 2002, S. 22).

Unterschiede im intellektuellen Leistungsvermögen zwischen Altersgruppen dürfen nicht am Leistungsprofil jüngerer Erwachsener gemessen werden. So minimieren sich Unterschiede der Leistungsfähigkeit, wenn man untersuchten Personen kein Zeitlimit setzt: Ältere Menschen brauchen in der Regel mehr Zeit bei der Lösung der gestellten Aufgabe, sind aber bei der Ausführung meist genauer als jüngere.

Unterschiede im intellektuellen Leistungsvermögen zwischen Altersgruppen dürfen auch nicht mit dem Leistungsvermögen von Kohorten – d. h. Gruppen von Jahrgängen, die durch ein zeitlich gemeinsames, längerfristig prägendes Startereignis wie beispielsweise Geburt oder Berufseintritt definiert werden – verwechselt werden. Erst als gleiche Geburtskohorten über viele Jahre hinweg auf ihr intellektuelles Leistungsvermögen untersucht wurden, konnte erkannt werden, dass früher festgestellte Unterschiede eher mit dem schlechteren Ausbildungsstand und den geringeren Anforderungen durch Lebens- und Arbeitswelt bei den älteren Kohorten als mit der höheren Intelligenz der jüngeren zusammenhing. So wurden etwa bei einem Wortbedeutungstest die Leistungen von Altersgruppen im Querschnitt und von Kohorten im Längsschnitt untersucht. Das Ergebnis zeigt einen früher einsetzenden und dramatischeren Abfall bei der Querschnittsuntersuchung, dagegen einen späteren und deutlich sanfteren Abfall bei der Längsschnittuntersuchung (vgl. Abb. 9-1).

Kohorteneffekte

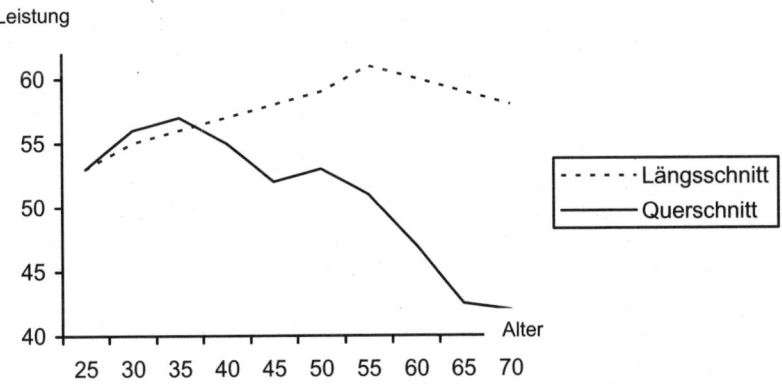

Abb. 9-1: Leistungen von Altersgruppen im Querschnitt und im Längsschnitt (nach: TRAUTNER 2003, S. 179)

Längsschnittuntersuchungen wie die Seattle Longitudinalstudie (vgl. SCHAIE 2005), die in siebenjährigen Intervallen Personen zwischen 25 bis 88 Jahren testet, untersuchen die kognitiven Fähigkeiten, die es ermöglichen, die für das Leben bedeutsamen Anforderungen geistig und praktisch zu erfüllen. Dabei haben die sogenannte fluide und die sogenannte kristallisierte Intelligenz eine besondere Bedeutung erlangt. Mit dieser Unterscheidung wurde es nämlich möglich, Unterschiede zwischen kognitiven Leistungen jüngerer und älterer Menschen zu erklären:

Kristallisierte und fluide Intelligenz

„Kristallisierte Intelligenz umfasst vornehmlich jene Fähigkeiten, die zur Lösung vertrauter kognitiver Probleme notwendig sind. In dieser Intelligenzkomponente spiegeln sich die vom Individuum rezipierten und organisierten Wissensinhalte und -systeme wider, die für jene Gesellschaft und Kultur charakteristisch sind, in der es lebt. Messwerte der kristallisierten Intelligenz indizieren, in welchem Ausmaß sich ein Individuum Verhaltensweisen und Strategien angeeignet hat, die in der dominanten Kultur als intelligentes Verhalten betrachtet werden. Kristallisierte Intelligenz bezieht sich also auf die inhaltliche Ausgestaltung des Denkens und Wissens. Sie wird gemessen im Denken mit Kulturinhalten wie Sprache, interpersonalen Aspekten der Kommunikation, beruflichem Wissen etc.
Fluide Intelligenz umfasst Fähigkeiten, die sich relativ unabhängig von systematischen Akkulturationseinflüssen entwickelt haben. Es handelt sich um die grundlegende biologische Lernkapazität des Individuums, um die (neuronalen) Vernetzungen des kognitiven Systems. Hierzu gehören Basisprozesse der Intelligenz. Gemessen wird fluide Intelligenz durch die Vorlage möglichst neuartiger, kulturfreier Aufgaben (zum Beispiel figürliche, bildhafte Darstellungen, einfache Symbole).“ (KRUSE/ RUDINGER 1997, S. 50 f.)

Während es bei der fluiden Intelligenz, mit der Gedächtnisoperationen und Problemlösungen durchgeführt werden, relativ früh zu einem deutlichen Abfall kommt, kann die kulturbezogene kristallisierte Intelligenz bis ins höhere Alter bewahrt und als Kompensation für Einbußen der fluiden Intelligenz genutzt werden.

Die zahlreichen Studien zur Lernfähigkeit im Alter haben in der Summe ein Bild ergeben, das gegen ein frühes Nachlassen der Lernfähigkeit spricht und damit z. B. die Beanspruchung älterer Mitarbeiter in Betrieben sinnvoll macht. Festgestellt wurde nämlich, dass sich eine Reihe scheinbarer Defizite leicht ausgleichen oder auch verhindern lassen:

– „Ältere lernen bei sinnlosen (bzw. ihnen sinnlos erscheinendem) Lerninhalten schlechter; bei sinnvollen Lerninhalten, das heißt bei Einsichtigwerden des Sinnzusammenhangs, sind ihre Leistungen mit denen Jüngerer durchaus vergleichbar;
– Lernen im Ganzen ist leichter als Lernen in Teilen;
– zu schnell dargebotener Lehrstoff behindert Ältere mehr als Jüngere; bei Eliminierung des Zeitfaktors nivellieren sich die Unterschiede;
– Älteren fehlt es oft an einer gewissen Lerntechnik; man spricht hier von ‚Codierungsschwäche‘ (‚Eselsbrücken bauen‘); Codierungsstrategien lassen sich jedoch erlernen;
– Ältere lernen leichter, wenn der gebotene Stoff übersichtlich gegliedert ist;
– von besonders starkem Einfluss ist die Lernaktivität (sich selbst etwas aktiv zu erarbeiten und nicht mundgerecht vorgesetzt zu bekommen);
– die Lernmotivation, die innere Bereitschaft, einen Stoff aufzunehmen und sich mit ihm auseinanderzusetzen, ist entscheidend;
– häufig sind schlechtere ‚Lernleistungen‘ bei Älteren weniger ein Zeichen nachlassender ‚Lernfähigkeit‘, sondern ein Zeichen von Unsicherheit, von mangelndem Selbstvertrauen, das Gelernte zu reproduzieren.“ (LEHR 2005, S. 23)

9.3 Erwachsenenpädagogische Konzepte zum Lernen Erwachsener

Während psychologische Kategorien durch Tests nachgewiesen und gemessen werden können, sind viele plausible Annahmen über das Lernen Erwachsener unzureichend belegt, haben aber in Praxis und Theorie durchaus Wirkung. Als Beispiel für eine solche ungenügend abgestützte, aber bis heute einflussreiche Konzeption können die Prinzipien gelten, mit denen der US-amerikanische Erwachsenenbildner MALCOLM KNOWLES (1913–1997) die Andragogik (von griech. ander/andros: Mensch) von der Pädagogik (von griech. pais/paidos: Kind) unterschied. Demnach ist das Lernen Erwachsener dadurch gekennzeichnet, dass Erwachsene

Knowles: Prinzipien des Erwachsenenlernens

– wissen möchten, warum sie was wie lernen
– eigene Entscheidungen treffen wollen, also selbstgesteuert lernen wollen
– Vorerfahrungen haben, die sie als Ressourcen nutzen
– in ihrer Lernbereitschaft lebensbezogen sind
– beim Lernen von Problemen ausgehen und Zusammenhänge beachten
– intrinsisch motiviert und nutzenorientiert sind (vgl. KNOWLES/HOLTON/ SWANSON 2007).

Diese Prinzipien des Erwachsenenlernens haben vor allem didaktische Überlegungen beeinflusst, zu denen das Prinzip der Teilnehmerorientierung (s. Kap. 4.4.1 und 12.2) ebenso gehört wie das Konzept des Lehrenden als facilitator, also als einer Person, die das Lernen anderer ermöglicht. Neuerdings werden die von KNOWLES in den 1970er Jahren entwickelten Prinzipien verstärkt im Bereich der Personalentwicklung verwendet (vgl. a. a. O., S. 149 ff.). Auch Forschungen sind von solchen Prinzipien geprägt – z. B. wenn Kurse daraufhin untersucht werden, inwieweit den Teilnehmern Gelegenheit zur Mitwirkung gegeben und wie darauf reagiert wird (vgl. SIEBERT/ GERL 1975; KEJCZ u. a. 1979 ff.).

Stärker auf psychologische und sozialphilosophische Lerntheorien bezogen ist das Konzept des Lernens von KNUD ILLERIS, Autor des Buchs „Adult Education and Adult Learning". Er hat ein Modell vorgeschlagen, das man als „Lerndreieck" bezeichnen kann (vgl. ILLERIS 2006). Mit ihm werden der interne und der externe Lernprozess abgebildet: Der interne psychologische Lernprozess der Aneignung spielt sich in der Spannung zwischen Kognition und Emotion ab, der externe als Interaktion des Individuums mit seiner Umwelt. Die kognitive Dimension bezieht sich auf den Lerninhalt, die emotionale auf Gefühle und Motivationen, die Dimension der sozialen, kulturellen oder materiellen Umgebung auf Teilnahme, Kommunikation und Kooperation (vgl. Abb. 9-2, S. 86).

Illeris: Das Lerndreieck

Die kognitive, Wissen oder Fähigkeiten umfassende, Dimension bezieht sich auf das Bestreben des Lerners, eine persönliche Bedeutung des Lerngegenstands für sich konstruieren und den Herausforderungen des praktischen Lebens zu begegnen. Die emotionale Dimension sorgt dafür, die mentale Balance des Lerners zu sichern und die soziale Dimension dient seiner Integration in Gemeinschaften und in die Gesellschaft. ILLERIS bezeichnet das seinem Modell zugrunde liegende Lernkonzept als ein konstruktivistisches. Es beruht auf der Annahme, dass der Lernende selbst in aktiver Weise sein

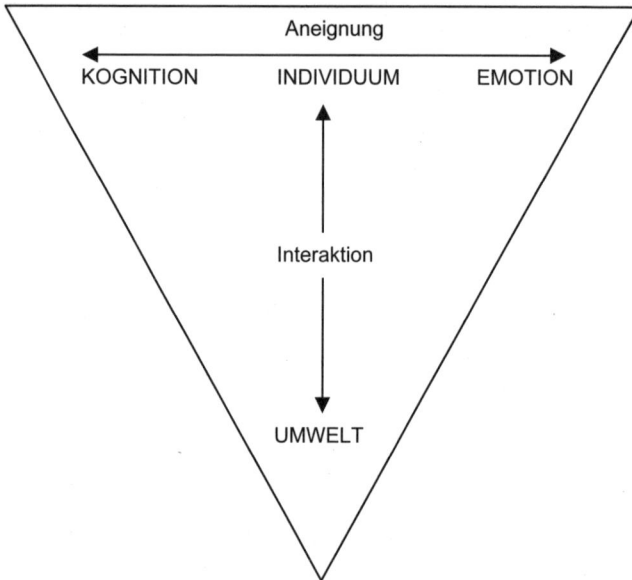

Abb. 9-2: Interne und externe Lernprozesse (nach: ILLERIS 2004, S. 95)

Lernen in Form mentaler Strukturen aufbaut und konstruiert – im Bemühen um mentale Balance und in Interaktion mit seiner Umwelt. Dabei ist zu berücksichtigen, dass Lernen immer in einer bestimmten Gesellschaft stattfindet, die die Grundbedingungen für Lernmöglichkeiten schafft.

Konstruktivistische Sicht auf Erwachsenenlernen Konstruktivistische Lernmodelle haben auch in der deutschen Erwachsenenbildung, neuerdings unter Betonung der emotionalen Komponente (vgl. ARNOLD 2005), große Bedeutung. Als Besonderheiten einer konstruktivistischen Sicht auf das Erwachsenenlernen nennen ARNOLD/SIEBERT:

– „Zugänglich ist uns auch in Lernprozessen nicht die äußere Realität, sondern die Wirklichkeit, das, was in uns etwas bewirkt.
– Wir entdecken nicht eine vorhandene Welt, sondern wir erfinden Welten und erfinden auch uns selbst.
– Objektivität der Erkenntnis ist nicht möglich, wohl aber Intersubjektivität, d.h. Verständigung mit anderen.
– Lernen heißt nicht, Vorgegebenes abbilden, sondern Eigenes gestalten.
– Nicht lineare Kausalität bestimmt unsere Welt, sondern Wechselwirkung und Zirkularität." (ARNOLD/SIEBERT 1997, S. 89)

Im konstruktivistisch geprägten Lernkonzept, das Erwachsenenlernen als Deutungsarbeit versteht, wird davon ausgegangen, dass die Wirklichkeitskonstruktionen der Einzelnen stark lebensgeschichtlich geprägt sind und dass sich diese selbstreferentiellen Systeme aus eigenen früheren Erfahrungen und Erinnerungen speisen (vgl. Kap. 4.4). Die Integration neuen Wissens ist angesichts der Wirksamkeit vorhandener Erfahrungen nur bedingt möglich: Die Chance, dass es abgewehrt oder verändert wird, ist relativ groß (vgl. a.a.O., S. 149). Konstruktivistische Lernmodelle grenzen sich von Modellen ab, die Lernen als einfache Reiz-Reaktionsfolge, als Verstärkung, als Imitation oder als pure Informationsaufnahme verstehen. Ihre Vertreter leugnen damit aber weder die Existenz noch die Sinnhaftigkeit darauf beruhender Lernprogramme. Sie sind vielmehr der Ansicht, dass Entscheidungen für derartige Lernprogramme respektiert werden sollten und dass auch bei Reiz-Reaktionsmustern autopoietische Wirklichkeitskonstruktionen stattfinden (vgl. SIEBERT 1996a, S. 70).

Unter konstruktivistischer Perspektive kann Lernen als „kognitiv strukturierende Umweltaneignung" gesehen werden – und zwar unabhängig von (erwachsenen-)pädagogischer Einflussnahme (vgl. SCHÄFFTER 1998, S. 132 ff.). Mit dem aus LUHMANNS Systemtheorie übernommenen Begriff der Irritation ist es möglich, Diskrepanzerlebnisse, die durch die Erfahrung von Neuartigkeit und unerwarteter Fremdheit hervorgerufen werden, zu benennen. Voraussetzung für Lernanlässe ist dann Irritationsfähigkeit:

Irritation als Voraussetzung von Lernanlässen

„Erklärt man Irritation zur Voraussetzung von Lernanlässen, so ist es notwendig, zunächst beim Phänomen der Widerstandserfahrung – im Sinn einer noch deutungsoffenen Erfahrungsqualität zu verharren. Bei genauerer Betrachtung wird erkennbar, dass es zunächst noch gar nicht um die Frage geht, auf welche Weise sie zum Lernanlass werden kann, sondern dass Irritation überhaupt entstehen kann und zugelassen wird. [...] Ohne die Bereitschaft und die Kraft, Diskrepanzerlebnisse als irritierende Erfahrung zunächst einmal stehen zu lassen und ohne sogleich mit Regelungsbedürfnissen des Helfens, Heilens und Ordnungssicherns aktivistisch oder panisch darauf reagieren zu müssen, ist kein Lernen aus Erfahrung möglich." (a. a. O., S. 146)

In letzter Zeit ist in der deutschen Erwachsenenbildung verstärkt auch die subjektwissenschaftliche Lerntheorie von KLAUS HOLZKAMP (1927–1995) rezipiert worden (vgl. FAULSTICH/ZEUNER 2006; FAULSTICH/LUDWIG 2004). Lernen wird hier strikt aus der subjektiven Perspektive der Lernenden und seiner individuellen Lernbegründungen gesehen, es stellt einen aktiver Prozess der Aneignung und Orientierung in der gesellschaftlichen Umwelt dar.

Subjektwissenschaftliche Sicht auf Erwachsenenlernen

Nach HOLZKAMP wird Lernen – ähnlich wie bei LUHMANN – durch Diskrepanzerfahrungen ausgelöst: Eine Handlung kann nicht mehr mit den üblichen Routinen ausgeführt werden, und es kommt zu einer Handlungsproblematik. Aus der Handlungsproblematik entsteht eine Lernproblematik. Die Bewältigung des Handlungsproblems scheint jetzt über Lernen möglich, so dass es sinnvoll erscheint, eine Verzögerung über eine ‚Lernschleife' einzubauen.

Wenn Lernbedingungen aber (wie dies in pädagogischen Institutionen meist der Fall ist) fremdgesetzt sind, kommt es zu einem eher widerständigen Verhalten, das Lernen dient dann lediglich der Vermeidung von Restriktionen und der Abwehr von Bedrohungen, es wird defensiv. Expansives Lernen dagegen im Sinne einer Erweiterung der Verfügung über die gesellschaftliche Lebenspraxis gelingt dann, wenn die Lernthematik mit den Lebensinteressen der Individuen verbunden werden kann (vgl. HOLZKAMP 1993).

Expansives Lernen – defensives Lernen

Aus dieser Position heraus interessieren nicht die von außen gesetzten Bedingungen, sondern die Begründungen, die der Einzelne selbst für sein Lernen gibt. Der Lerngegenstand ist als potenzieller Gegenstand mit gesellschaftlichen Bedeutungen verhaftet, die erst subjektiv vom Einzelnen realisiert werden müssen. Als aktueller Lerngegenstand ist er auf das spezifische Lernproblem eines Individuums bezogen. Lernen stellt somit eine Möglichkeit dar, sich die gesellschaftlich gegebenen Handlungsmöglichkeiten zu eröffnen und die subjektive Verfügung über die Welt und damit die eigene Lebensqualität durch erweiterte Handlungsmöglichkeiten zu erhöhen:

„Im handelnden Weltzugriff, in dem das Individuum seine Lebensbedingungen aktiv umgestaltet, erhalten die Handlungsprämissen ihren Bedeutungsaspekt. Lernen bezieht sich dann nicht auf Gegenstände an und für sich, sondern auf ihre jeweilige Bedeutung für das lernende Individuum. Die Bedeutungshaftigkeit ist derjenige Aspekt der Welt, durch den diese für das Individuum relevant und damit überhaupt für Lernen zugänglich wird. Sie ermöglicht die Entwicklung und Erweiterung von Handlungsmöglichkeiten." (FAULSTICH/ZEUNER 2006, S. 31)

Lehr-Lern-Kurzschluss   Dieser Ansatz ist von der Erwachsenenbildung aufgegriffen worden, um das Problem von Lernwiderstand bei Erwachsenen als Resultat schulischer Erfahrungen zu verstehen, aber auch, um Formen defensiven Lernens bzw. die Chancen für expansives Lernen in der politischen Erwachsenenbildung, in betrieblichen Modernisierungsprojekten oder beim virtuellen Lernen (vgl. GROTLÜSCHEN 1997; LUDWIG 2000; GROTLÜSCHEN 2003) zu untersuchen. So wird beispielsweise vermutet, dass die sinkenden Teilnehmerzahlen in der politischen Erwachsenenbildung mit Lernbedingungen zu erklären sind, die denen der Schule nicht unähnlich sind. Lehren wirkt dann quasi als Lernbehinderung (vgl. HOLZKAMP 1996), und die Vorstellung eines unmittelbaren Zusammenhangs zwischen Lehren und Lernen (‚Lehr-Lern-Kurzschluss') wird – wie auch im Konstruktivismus – als Illusion erkennbar.

9.4 Lernstile und Lernformen

Es sind immer wieder Versuche gemacht worden, die unterschiedlichen Arten des Lernens Erwachsener zu fixieren. Dabei geht es um Präferenzen von Handlungs- und Verhaltensweisen, die in Lernsituationen immer wieder zum Tragen kommen, auch wenn sie je nach Situation verändert werden können.

Lernstile nach Tietgens/Weinberg   Die Diskussion in der deutschen Erwachsenenbildung war lange Zeit von einer Unterscheidung beeinflusst, die vorwiegend auf den schulischen Lernerfahrungen Erwachsener aufbaute. HANS TIETGENS und JOHANNES WEINBERG haben modellhaft das imitative, additiv-kasuistische Lernen einem sinnvorwegnehmenden Lernen gegenübergestellt: Ersteres erfolgt schrittweise, bleibt im Konkreten und Bildhaften, Beziehungen werden nicht erkannt: „Man lernt, was etwas ist, aber nicht, was es bedeutet" (TIETGENS/WEINBERG 1971, S. 86). Der zweite Typ kann noch nicht Verstandenes aufbewahren im Vertrauen darauf, dass es noch zu einem Verständnis kommen wird. Neues wird in Bezugsrahmen geordnet, Unterschiede und Gemeinsamkeiten werden erkannt.

Lernstile nach Kolb   Der US-Amerikaner DAVID KOLB geht im Rahmen seiner Theorie erfahrungsorientierten oder -gestützten Lernens (experiential learning) von vier

Basistypen aus: dem divergierenden, dem konvergierenden, dem akkommodierenden und dem assimilierenden Lernstil (vgl. KOLB 1984).

– Beim *divergierenden Stil* dominieren konkretes Erfahren und reflektieren-
  des Beobachten. Seine Stärke liegt darin, konkrete Situationen aus den
  unterschiedlichsten Blickwinkeln zu betrachten und zu einem Ganzen
  zusammenzufügen.
– Beim *konvergierenden Stil* dominieren abstrakte Begriffsbildung und aktives Experimentieren. Seine Stärken liegen im Lösen von Problemen und
  der praktischen Umsetzung von Ideen.
– Beim *assimilierenden Stil* dominieren abstrakte Begriffsbildung und re-
  flektierendes Beobachten. Seine Stärke liegt in der Entwicklung theoretischer Modelle.
– Beim *akkommodierenden Stil* dominieren konkretes Erfahren und aktives
  Experimentieren. Seine Stärken liegt im Handeln, im Umsetzen von Plä-
  nen und in der Bereitschaft, sich auf neue Erfahrungen einzulassen (vgl.
  a. a. O., S. 77 f.).

Auf dieser Grundlage ist auch ein Verfahren entwickelt worden, mit dessen Hilfe genaue Profile einzelner Lerner erstellt werden können (vgl.
a. a. O., S. 68 ff.). KOLBS Einteilung in Lernstile bzw. -typen wird – mit mehr
oder weniger starken Modifikationen – bis heute aufgegriffen, vor allem im
angloamerikanischen, aber auch im deutschen Sprachraum (vgl. z. B. bezogen auf die berufliche Weiterbildung SCHRADER 1994 oder bezogen das E-
Learning DRESING 2006).

Von besonderer Bedeutung für das Lernen Erwachsener ist zweifellos die *Erfahrungslernen*
Erfahrung. KOLB hat auf dieser Basis ein Modell des Erfahrungslernens entwickelt, das die Stufen der praktischen Erfahrung ('concrete experience'), der
gedanklichen Beobachtung ('reflective observation'), des abstrakten Begrei-
fens ('abstract conceptualization') und des aktiven Probierens ('active expe-
rimentation') umfasst. Seine Annahme, dass bei jedem Lernprozess Wissen
durch konkrete Erfahrung erworben, reflektiert, zu einer Theorie verallge-
meinert und schließlich durch praktische Erfahrung an der Realität überprüft
wird, wird heute nicht durchgängig geteilt und von einigen Autoren als vielleicht wünschenswerte Norm, aber als nicht notwendig stattfindende Realität bezeichnet (vgl. ROGERS 2003, S. 113).

In den 1970er Jahren war der Erfahrungsbezug eng mit der Idee der Eman- *Befreiungspädagogik*
zipation verbunden: Es galt, die Erfahrungen von unterdrückten Gruppen zu
explizieren und auf dieser Grundlage Veränderungen in Gang zu setzen (s.
Kap. 2.3). Das trifft auf die 'Pädagogik der Unterdrückten' von PAOLO FREIRE
ebenso zu wie auf das Konzept des 'exemplarischen Lernens', das der deutsche Soziologe OSKAR NEGT Ende der 1960er Jahre für die gewerkschaftliche
Bildungsarbeit entwickelt hat. Es sieht vor, dass in Bildungsveranstaltungen
Fälle aus der Situation am Arbeitsplatz behandelt werden, die die zugrunde
liegenden Widersprüche sichtbar machen, indem diese als Beispiele für andere Fälle, also exemplarisch, behandelt werden (vgl. NEGT 1971, S. 30 f.).

Die psychologisch zu erklärende Einprägsamkeit von erfahrungsorientier-
tem Lernen ist mittlerweile auch in der beruflichen Bildung erkannt worden,
wo auf Arbeitserfahrung aufbauende dezentrale Lernformen wie „Lern-
inseln" und „Qualitätszirkel" eingesetzt werden und dafür plädiert wird, Erfahrungslernen mit organisiertem Lernen zu verbinden:

„Der Bedeutungszuwachs des Erfahrungslernens liegt auch in den zu engen Grenzen organisierter Lernprozesse begründet. Über pädagogisch organisierte Lernprozesse kann nur ein Teil beruflicher Handlungskompetenz erworben werden. [...] Untersuchungen zum informellen Lernen zeigen, dass die Lern- und Entwicklungsprozesse, die dem tatsächlichen Arbeits- und Berufswissen von Fachkräften zugrunde liegen, überwiegend durch informelles Lernen in der Arbeit bestimmt sind. Allerdings sind Erfahrungslernen und der Erwerb von Erfahrungswissen in der Arbeit entscheidend davon abhängig, welche Erfahrungen in der Arbeit gemacht werden, welche sinnlichen, kognitiven, emotionalen und sozialen Prozesse stattfinden. Inwieweit diese jeweils zum Tragen kommen, hängt wiederum wesentlich von den Arbeitsaufträgen bzw. -gegenständen, der Ablauf- und Aufbauorganisation, den Sozialbeziehungen und der Unternehmenskultur ab. In jedem Fall aber läuft informelles und Erfahrungslernen ohne pädagogische Arrangements, ohne Organisation und Zielorientierung Gefahr, zufällig und situativ zu bleiben [...]. Die Integration von Erfahrungslernen und organisiertem Lernen, wie für neue Lernformen aufgezeigt, zeigt demgegenüber einen Weg, wie der Erwerb einer umfassenden beruflichen Handlungskompetenz im Rahmen vernetzter Lernstrukturen gezielt erfolgen kann." (Dehnbostel 2003)

Lernprojekte Erwachsener
Wenn heute das selbstständige Lernen Erwachsener im Zentrum erwachsenenbildnerischen Denkens steht, so ist dies nicht nur auf eine reale Schwächung der weniger geförderten Institutionen und eine Übertragung der Verantwortung auf die Individuen selbst zurückzuführen, sondern auch auf die Einsicht, dass Erwachsene nur bedingt durch Bildungsinstitutionen geprägt werden und dass sich Lernen und Bildung im Erwachsenenalter überwiegend außerhalb von Bildungsinstitutionen vollzieht. Darauf hatte bereits ein im Jahr 1979 in Kanada veröffentlichter Bericht über „Lernprojekte Erwachsener" aufmerksam gemacht: Demnach hat fast jeder Befragte ein oder zwei größere Lernanstrengungen im Jahr unternommen, im Durchschnitt waren es acht Projekte, die unterschiedliches Wissen und Fähigkeiten betrafen. Ungefähr 70 % aller Lernprojekte werden vom Lerner selbst geplant (vgl. TOUGH 1971). Folgeuntersuchungen haben die Tendenz dieser Aussagen für Kanada bestätigt (vgl. LIVINGSTONE 2006), und die Übertragung ihres Inhalts auf vergleichbare Länder scheint plausibel. In den letzten Jahren haben die Formen des selbstgesteuerten und des informellen Lernens, speziell im Bereich der beruflichen Bildung, das Interesse der Erwachsenenbildung hervorgerufen.

Selbstgesteuertes Lernen
Selbstgesteuertes Lernen impliziert – anders als das informelle Lernen – eine Zielgerichtetheit. Die zu steuernden Faktoren umfassen nicht nur
– Ziele (woraufhin), sondern auch
– Inhalte (was),
– die Lernregulierung (wann, wo, wie lange),
– den Lernweg (wie, womit, Sozialform) und
– die Erfolgsüberprüfung (vgl. DIETERICH 2001, S. 22).

Je nachdem, welche und wie viele dieser Faktoren vom Lernenden selbst gesteuert werden, kann ein hoher oder ein niedriger Grad an Selbststeuerung festgestellt werden. Der höchste Grad wäre erreicht, wenn alle Faktoren vom Lerner bestimmt werden. Man spricht dann von selbstorganisiertem (im Gegensatz zum fremdorganisierten) Lernen. Weitgehend einig ist man sich, dass das selbstgesteuerte Lernen kognitive und motivationale Fähigkeiten voraussetzt (vgl. FRIEDRICH/MANDL 1997), die von vielen Erwachsenen erst erlernt werden müssen, Lehrende also stärker als bisher die Selbstständigkeit von Lernern unterstützen sollten. Diese Einschätzung wird, wie das folgende Zitat zeigt, nicht nur aktuell aus diskursanalytisch-machttheoretischer Perspektive (s. Kap. 7.3) geteilt.

„Die Raffinesse der Selbstlernparole besteht darin, daß sie dem Selbstbewußtsein schmeichelt, negative Assoziationen, die Erinnerungen an schlechte Schulerfahrungen auslösen können, nicht aufkommen lässt und dazu die öffentlichen Hände entlastet." (TIETGENS 1997, S. 161)

Situiertes Lernen in sozialen Gemeinschaften

Das Argument der Unterstützungsbedürftigkeit wird auch in Bezug auf sogenannte „learning communities" angeführt, eigens für Lernzwecke eingerichtete Gemeinschaften, die sich entweder selbst bilden oder aber zu deren Etablierung in betrieblichen Zusammenhängen ermuntert wird. Lernen wird hier als Hintergrund von sozialen Gemeinschaften (communities of practice) gesehen. Nicht die Absicht zu lernen, sondern der Wunsch nach Teilhabe bestimmt die Mitglieder, die notwendigen Fähigkeiten und Fertigkeiten zu erwerben. Mit der Durchsetzung webbasierter Kommunikation richtete sich das Interesse von Praxis und Forschung vor allem auf internetgestützte communities of practice bzw. online-communities. So werden online-communities in Betrieben als arbeitsplatznahe dezentrale Lernform untersucht und propagiert (vgl. ZINKE/FOGOLIN 2003) oder es wird analysiert, welche Lernchancen sich in selbstorganisierten Online-Gemeinschaften von Fernstudenten bieten (vgl. ARNOLD, P. 2003).

Informelles Lernen

Unter informellem Lernen (informal learning) wird ein unsystematisches individuelles oder kollektives Lernen im Alltag (z. B. im Rahmen eines Hobbys oder einer ehrenamtlichen Tätigkeit), in der Kommune (vgl. McGIVNEY 1997) und im Beruf bezeichnet, das sich ohne direkte Verbindung zu einem Lehrenden oder einem Lehrplan vollzieht (vgl. DOHMEN 2001; OVERWIEN 2007). Lernen muss nicht immer als herausgehobene besondere Anstrengung begriffen werden, es kann auch gewissermaßen ‚en passant‘ (vgl. REISCHMANN 2004) vonstatten gehen.

In den einschlägigen Dokumenten der europäischen Bildungspolitik wird – in Analogie zu der Einteilung in formal, non-formal und informal adult education (s. Kap. 11.1) – zwischen formal, non-formal und informal learning unterschieden. Formales Lernen findet demnach üblicherweise in einer Bildungs- bzw. Ausbildungseinrichtung statt, wird nach Lernzielen und Lernzeiten strukturiert und führt zu einem beglaubigten Abschluss in Form eines Zertifikats. Nicht-formales Lernen findet, obwohl es nach Lernzielen und Lernzeiten strukturiert wird, außerhalb von Bildungseinrichtungen statt. Informelles Lernen im Alltag, am Arbeitsplatz, in der Familie oder in der Freizeit erfährt keine Strukturierung nach Lernzielen und Lernzeiten und führt üblicherweise auch nicht zu einem Zertifikat. Während formales und nicht-formales Lernen aus Sicht der Lernenden zielgerichtet ist, kann informelles Lernen zielgerichtet sein, ist jedoch in den meisten Fällen nicht beabsichtigt bzw. beiläufig (vgl. EUROPÄISCHE KOMMISSION 2001).

Dokumentation formaler und informeller Kompetenzen

Eine praktische Auswirkungen dieser Erweiterung des Blicks auf das Lernen Erwachsener sind Vorschläge zur Anerkennung und Nutzung der unterschiedlichen Lernkontexte (vgl. BRETSCHNEIDER 2004) bzw. der Sichtbarmachung bisher verborgenen Lernens (vgl. KADE 2005, S. 505). So ist in Deutschland in einem Verbundprojekt der Bund-Länder-Kommission ein sogenannter Weiterbildungspass („ProfilPASS") entwickelt worden. Dieser soll die Sammlung und Dokumentation persönlicher formal als auch informell erworbener Kompetenzen ermöglichen, zu einer Aufwertung bisher vernachlässigter Arbeit im Privatbereich und im Ehrenamt beitragen sowie eine Bilanzierung und Reflexion der Bildungs-, Lern- und Tätigkeitsbiographie ermöglichen (vgl. BLK-VERBUNDPROJEKT 2007).

Profile fremd- und selbstgesteuerten Lernens

Wenn der Blick auf den erwachsenen Lerner inner- und außerhalb von Bildungsinstitutionen gerichtet wird, stellt sich eine Einheit wieder her, die durch die organisierte Erwachsenenbildung und die Erwachsenenbildungswissenschaft lange ignoriert wurde. Untersuchungen wie die Münchner Studie von TIPPELT u. a. (s. Kap. 8) erforschen deshalb beide Formen. In einer neueren bundesweiten repräsentativen Studie zur Lernbereitschaft der erwerbstätigen Bevölkerung wurden zwei Lernerprofile herausgearbeitet, die sich sowohl auf das fremd- als auf das selbstorganisierte Lernen beziehen:

„Ein weiterbildungsbewusster Lernertyp zeichnet sich durch eine überdurchschnittliche Selbststeuerung aus, weist eine sehr positive Einstellung zur Weiterbildung auf und ist außerordentlich weiterbildungsaktiv in den verschiedenen formalen und informellen Lernkontexten. Der weiterbildungsdistanzierte Lernertyp kann durch ein eher geringes Qualifikationsniveau charakterisiert werden, lernt eher in informellen als in formalen Lernkontexten und ist häufiger der Meinung, bereits genug gelernt zu haben und spricht der Weiterbildung öfter einen konkreten Nutzen ab." (SCHIERSMANN 2006, S. 91)

9.5 Lernen in modernen Gesellschaften und Organisationen

Dass Lernen mit Veränderung einhergeht, wurde bereits zu Anfang des Kapitels gesagt. Wenn man aber genauer nach der Beschaffenheit des Ausgangs- und des Zielpunktes von Lernen fragt, ergeben sich Unterscheidungen, die nicht nur generelle Transformationsmöglichkeiten betreffen, sondern die auch an gesellschaftliche Veränderungen geknüpft sind.

Transformations- modelle

Von ORTFRIED SCHÄFFTER stammt eine Typologie, die angesichts der tiefgreifenden gesellschaftlichen Veränderungen in den neuen Bundesländern nach der Wende entwickelt wurde, die aber generell für die Bandbreite von Lernprozessen in modernen Gesellschaften typisch ist (s. Kap. 5). SCHÄFFTER koppelt vier Strukturmodelle gesellschaftlicher Transformationsmuster mit der Organisation von Lernen im Erwachsenenalter, und zwar
– die lineare Transformation,
– die zielbestimmte Transformation,
– die zieloffene Transformation und
– die reflexive Transformation.

Bei der linearen Transformation geht es um die Umwandlung oder ‚Konversion' von einem bekannten Zustand A zu einem ebenfalls bekannten Zustand B. Der Ausgangszustand wird als rückständig, der Zielzustand als zukunftsfähig angesehen. Dies ist das Modell der Qualifizierung, wie es (nicht nur) in der beruflichen Bildung angewandt werden kann. Bei der zielbestimmten Transformation handelt es sich um einen Emanzipations- oder Befreiungsprozess aus einer Ausgangslage, die unklar als Defizit erlebt wird, die aber von pädagogischen Experten aus externer Perspektive bestimmt werden kann (z. B. bei der Zielgruppenarbeit – s. Kap. 8). In der zieloffenen Transformation wird Lernen zur Suchbewegung. Der erwünschte Zustand ist zwar nicht eindeutig bestimmbar, lässt sich aber als abgrenzbarer Möglichkeitsraum konzipieren, zu dem ein Zugang über pädagogische Arrangements eröffnet werden kann. Im Modell der reflexiven Transformation schließlich beginnt der Prozess der Veränderung schon mit der Situationsklärung. Wenn hier aber ein bestimmter Zustand im Zuge von Suchbewegungen, Klärungsbemühungen und Entscheidungen erreicht zu sein scheint, wird die erreichte Ordnung durch neue Veränderungen in Frage gestellt und es besteht erneut Bedarf nach Selbstvergewisserung und Neuorientierung, so dass der Zielzustand, der bei der linearen Transformation feststeht, hier immer wieder neu bestimmt werden muss (vgl. SCHÄFFTER 1998, S. 24 ff.).

Lernbereitschaft als Selbstverständlichkeit

Mit der schnellen und kurzfristigen Verbreitung von Lerninhalten durch die modernen Medien scheint eine Lernhaltung bevorzugt zu werden, die wesentlich durch die Bereitschaft zum Lernen und damit auch zum Verlernen gekennzeichnet ist. Statt eines ‚Lernens auf Vorrat' scheint ein Lernen ‚just in time' opportun. Hier wirken zudem Mechanismen der ‚Wissensgesellschaft' (s. Kap. 5.4), die auf flüchtiges und vielfältiges Wissen setzen und das mitlaufende Lernen zur Selbstverständlichkeit machen:

„In der Wissensgesellschaft muß man lernen – auch ohne direkte Gratifikationen – beständig lernbereit zu sein, unproduktive von produktiven Lernformen zu unterscheiden, sich nicht auf das Gelernte, sondern auf das Lernen und Verlernen zu konzentrieren. Das einst durch pädagogische Institutionen geordnete und begrenzte Lernen ist – losgelöst von Orts- und Zeitgrenzen – zu einem pervasiven und permanenten […], aber auch ungreifbaren geworden.
[…]
Gefordert wird nicht mehr die ein- oder mehrmalige, eingegrenzte Lernanstrengung, sondern die generelle Integration und damit das Verschwinden des Lernens in den beruflichen und familiären Alltag, in gesellschaftliche und private Aktivitäten. Paradoxerweise soll das explizite Reden über das Lernen und seine Notwendigkeit in eine implizite Haltung einmünden, die Lernen als selbstverständliche, mitlaufende Tätigkeit und Lernbereitschaft als natürliche Haltung versteht, sie als solche also unsichtbar machen will." (NOLDA 2004a, S. 38 f.)

Der Lernimperativ richtet sich aber nicht nur an den Einzelnen, sondern auch an Gesellschaften (s. Kap. 5.6), größere Gruppen und Organisationen. Er verweist auf die Notwendigkeit beständigen Lernens und Verlernens. Eine ‚lernende Organisation' ist eine auf Veränderung eingestellte und diese über eine entsprechende Organisationskultur fördernde Organisation. Wichtig ist nicht das richtige Wissen, sondern die Reflexion von Erfahrungen und die Antizipation kommender Herausforderungen. Die amerikanischen Organisationsforscher ARGYRIS und SCHÖN haben in ihrer Theorie des organisationalen Lernens diesen Reflexionsschleifen eine besondere Bedeutung beigemessen, indem sie zwischen single-loop-learning, double-loop-learning und dem sogenannten Deuterolernen unterscheiden. Die einfache Korrektur von Handlungen nach einem Vergleich zwischen dem Angestrebten und dem Erreichten soll sicherstellen, das eine Organisation eine bereits erarbeitete Leistung weiter erbringen kann (single-loop-learning). Wenn dies auf

Lernen von Organisationen

den gewohnten Wegen nicht mehr gelingt, ist es eventuell notwendig, die bisher vertretenen Ziele zu ändern bzw. zu ‚verlernen' (double-loop-learning). Mit dem Begriff des Deuterolernens also des ‚zweiten Lernens' (griech. deutero: zwei) ist als weitere Lernstufe das Lernen zu lernen gemeint, mit dem die permanente Lernfähigkeit und Lernbereitschaft einer Organisation sichergestellt werden soll und das sich aus den ersten beiden Lernformen entwickelt (vgl. SCHREYÖGG 1999, S. 541).

Neue Lehr-/
Lernkulturen

Die Betonung der Eigenaktivität und Eigenverantwortlichkeit von Lernenden bei gleichzeitiger Forderung nach erhöhter Effektivität legt einen Wechsel nicht nur des Aufgabenverständnisses von Lehrenden, sondern auch von den Kontexten nahe, in denen gelehrt bzw. Lernen möglich gemacht werden soll. Das in diesem Zusammenhang entstandene Konzept der sogenannten neuen Lehr-/Lernkulturen, teilweise auf den Einsatz neuer Medien beschränkt, bezieht sich im weiteren Sinn auf

„… hochentwickelte, differenzierte Konzepte, die in möglichst vielfältiger Form Lernanregungen, Lernzugänge, Lernwege oder Lernhilfen zur Verfügung stellen wollen, damit die Lernenden sich selbstverantwortlich in Erkennung und Wahrnehmung ihrer Fähigkeiten, Kompetenzen und Lerninteressen neue Lerninhalte aneignen können." (GIESEKE/KÄPPLINGER 2001, S. 252)

Selbstbeobachtung
und Unsichtbarkeit

Lernen erscheint weniger als von außen bestimmter, sondern eher als selbstreflexiver Vorgang. Handlungen und Lernen geschehen nicht einfach, sondern sind Objekte von Beobachtungen bzw. Selbstbeobachtungen. Mit der Übernahme eines generellen Lernhabitus ist nämlich auch eine gewohnheitsmäßige Selbstbeobachtung verbunden (vgl. EGLOFF 2006). Während auf diese Weise Lernen als solches entdeckt, thematisiert und reflektiert wird, werden unter einer anderen Perspektive Lehr- und Lern- bzw. Vermittlungs- und Aneignungsprozesse gewissermaßen versteckt oder unsichtbar gemacht. Dies geschieht in Settings, in denen sich Wissensvermittlung mit Geselligkeit und Unterhaltung mischen, aber auch in Settings, in denen Wissen bei Abwesenheit der Adressaten über Medien vermittelt wird (vgl. KADE/SEITTER 2007a).

Was Sie wissen sollten, wenn Sie Kapitel 9 gelesen haben:

– Sie sollten wesentliche Ergebnisse psychologischer Forschungen zum Lernen älterer Erwachsener nennen können.
– Sie sollten die Prinzipien der konstruktivistischen Lerntheorie nennen und ihre Bedeutung für die Erwachsenenbildung einschätzen können.
– Sie sollten verschiedene Lernstile Erwachsener und aktuell diskutierte Lernformen erläutern können.
– Sie sollten die Bedeutung selbstgesteuerten und informellen Lernens im Leben Erwachsener beschreiben können.
– Sie sollten den Begriff des Lehr-Lern-Kurzschlusses definieren können.
– Sie sollten Veränderungen des Lernens allgemein und speziell in Organisationen anführen und erläutern können.

10 Wissen und Kompetenzen Erwachsener

Wenn Lernen nach der oben zitierten Definition „die erfahrungsreflexive, auf den Lernenden sich auswirkende Gewinnung von spezifischem Wissen und Können" ist, muss gefragt werden, welches Wissen auf diese Weise von Erwachsenen erworben werden soll und welcher Art die Fähigkeiten sind, die als relevant eingestuft werden.

Dabei wird heute aus psychologischer und soziologischer Sicht von einem Begriff des Wissens ausgegangen, der dieses als Konstruktion auffasst und Wissenserwerb als aktiven Prozess versteht. Wissen wird – wie in den Theorien zur Wissensgesellschaft (s. Kap. 5.4) – in Abgrenzung von absoluten Wahrheitsansprüchen als Fähigkeit zum Handeln (vgl. STEHR 1994, S. 208) oder als „eine auf Erfahrung gegründet kommunikative und konfirmierte Praxis" (WILLKE 2002, S. 14) definiert und von Informationen unterschieden, deren Ordnung, Strukturierung und Systematisierung erst Wissen hervorbringt (vgl. a. a. O., S. 17). *Definition: Wissen*

Im Folgenden geht es nicht um spezielle Wissensbereiche, sondern zunächst um die Funktion des Wissens für den (erwachsenen) Menschen. Man kann demnach fragen, ob es der Bereicherung oder Entfaltung der Persönlichkeit oder der (besseren) Ausübung einer praktischen Tätigkeit wie einem Beruf dient. Weiter geht es um die Herkunft und die Struktur von Wissen – ein Problem, das sich in besonders eindringlicher Weise beim alltagsweltlichen und beim wissenschaftlichen Wissen stellt. Schließlich ist von Bedeutung, wie mit Wissen (und auch Nicht-Wissen) umgegangen wird bzw. welche Kompetenzen dazu benötigt werden.

10.1 Bildungs- und Anwendungswissen

Ein vom Beginn der Geschichte der Erwachsenenbildung an immer wieder thematisierter Gegensatz ist der zwischen Bildungs- und Anwendungswissen (vgl. TIETGENS 1996). Bereits in der Aufklärung war an beides gedacht worden: an die moralische Höherentwicklung auf rationaler Basis einerseits und an die Vermittlung nützlicher Kenntnisse etwa in Form von Agrarwissen und Kontorwissen andererseits.

Erwachsenenbildung als übergeordneter Begriff (s. Kap. 1.4) vermittelt gleichermaßen bildendes und anwendungsbezogenes Wissen. Es sind aber immer wieder Versuche gemacht worden, die beiden Formen gegeneinander auszuspielen. So haben sich einige Vertreter der Neuen Richtung in der Weimarer Zeit von der Vermittlung unmittelbar beruflich verwertbaren Wissens distanziert und stattdessen ihrer Arbeit eine Auffassung zugrunde gelegt, die Bildung als geistige Form versteht, die durch die innere Auseinandersetzung mit der Kultur gewonnen wird (vgl. VON ERDBERG 1960, S. 52). Diese Akzentuierung der Volkshochschularbeit ist bereits in der Weimarer Republik und dann in der 1960er Jahren durch die sogenannte ‚realistische Wende' zurückgenommen worden, die die Berücksichtung der Wünsche der Teilnehmer nach beruflich verwertbaren Qualifikationen ernst genommen hat. Heute betont vor allem die kirchliche Erwachsenenbildung, dass sie „Bildung nicht auf eine zweckrationale berufs- und verwertungsorientierte Weiterbildung eingeschränkt wissen will" (EVANGELISCHE ERWACHSENENBILDUNG HESSEN 1996).

Allgemeinbildung und Berufsbildung

Auch wenn Bildungs- und Verwendungswissen inhaltsneutral auf Funktionen abheben, werden sie häufig mit Inhalten in Verbindung gebracht. Dann ist etwa von Allgemeinwissen und (berufsbezogenem) Fachwissen die Rede. Die Trennung zwischen allgemeiner, auf den Menschen bezogener, Erwachsenenbildung und beruflich qualifizierender Weiterbildung (s. Kap. 1.2) übersieht aber die bildenden Aspekte von Qualifizierungen ebenso wie die Verwertbarkeit allgemeinen Wissens. In der berufsbezogenen Bildung wird dies an der Diskussion um die sogenannten Schlüsselkompetenzen (s. u.) deutlich, die das Fachliche zugunsten allgemeiner Fähigkeiten des Umgangs mit Wissen immer mehr in den Hintergrund drängen:

„In der Polarisierung zwischen Allgemeinbildung und Berufsbildung zeigen sich heute Annäherungstendenzen. Diese Tendenzen speisen sich heute aus der Berufsbildung, die zunehmend allgemeinere Fähigkeiten zur Ausübung von Berufsarbeit fördert. Der Wandel der Berufsarbeit im Hinblick auf Komplexität, Ganzheitlichkeit und Gestaltung sowie seine damit verbundenen Qualifikationsveränderungen setzt auf die Zielvorstellung einer aus Schlüsselqualifikationen abgeleiteten Berufskompetenz. In dieser Zielvorstellung sind neben Anteilen einer komplexen und anspruchsvollen Fachkompetenz besonders allgemeine Kompetenzen wie Methoden-, Personal- und Sozialkompetenz enthalten, die integrativ mit der Fachkompetenz aufgebaut werden." (SCHELTEN 2005, S. 128)

Qualifizierung und Persönlichkeitsentwicklung stehen sich somit nicht als unversöhnliche Gegensätze gegenüber, wenngleich gesehen werden muss, dass die angestrebten Entwicklungen primär im Hinblick auf die Zwecke des Berufs oder des Betriebs zugeschnitten sind.

Erwachsenenbildungsrelevante Wissensformen

Eine auf aktuelle Angebote der Erwachsenenbildung bezogene Einteilung differenziert diese Zweiteilung und bietet eine wertungsneutrale Zusammenschau. Demnach kann – in Anlehnung an die klassische Einteilung von MAX SCHELER (1874–1928) in Erlösungs-, Bildungs- und Herrschaftswissen (SCHELER 2007) zwischen der Ausrichtung auf Orientierung, auf Identität, auf Interaktion und auf Handlung unterschieden werden (vgl. Abb. 10-1).

10.2 Alltagsweltliches und wissenschaftliches Wissen

Alltagswissen: Plausibilität und Komplexitätsreduktion

Eine zentrale Diskussion hat sich lange Zeit um die Frage gedreht, ob und in welcher Form Erwachsenenbildung wissenschaftliches Wissen vermitteln soll. Es hat extreme Gegenpositionen gegeben: zum einen die im 19. Jahrhundert organisierte Popularisierungsbewegung und zum anderen die Ablehnung wissenschaftlichen Wissens zugunsten einer sogenannten ‚Laienbildung' (FLITNER 1921) in der Weimarer Republik oder zugunsten einer an der Alltagswelt der Adressaten orientierten Bildungsarbeit in den 1970er Jahren. Von diesen Ausrichtungen zu trennen sind didaktische Reflexionen, die den in Bildungsveranstaltungen immer wieder zu beobachten-

Orientierungswissen bezieht sich auf Fähigkeit zum Verhalten in der Welt, Fragen nach dem guten und richtigen Leben, nach dem Fundament und Sinn menschlicher Existenz, auf Werte und Normen Beispiel: politische, religiöse Bildung; Zielgruppenangebote
Identitätswissen zielt auf Verbesserung des Umgangs der Lernenden mit sich selbst, auf Sicherung von Identität und Verbesserung von Selbstkontrolle Beispiel: kulturelle Bildung, Zeitmanagement, Gesundheitsbildung
Interaktionswissen zielt auf die Verbesserung von Handlungsfähigkeit gegenüber der sozialen Welt, soweit sie in Interaktionen zum Ausdruck kommt Beispiel: formale Schlüsselqualifikationen wie Kommunikation, Führung
Handlungswissen ermöglicht dem Lernenden, gegenüber der Welt der Sachen und Symbole handlungsfähig zu werden oder zu bleiben Beispiel: Fremdsprachen, EDV, fachbezogene Qualifizierung

Abb. 10-1: Wissensformen in der Erwachsenenbildung
(nach: SCHRADER 2003)

den Konflikt zwischen alltagsweltlichem und wissenschaftlichem Wissen betreffen.

Das Konzept der Deutungsmuster (s. Kap. 4.2) hat hier wichtige Aufschlüsse gegeben. Ihm ist zu entnehmen, dass das nach Deutungsmustern organisierte Verhalten des Einzelnen im Alltag plausibel sein muss, d.h. ihm Gewissheit darüber verschaffen muss, „was wirklich ist und wie er sein Handeln entsprechend diesem Wissen ausrichten kann" (ARNOLD 1985, S. 33) und dass es Komplexität reduziert:

„Im Unterschied zu diesen Alltagstheorien wirken wissenschaftliche Theorien komplexitätserweiternd. Denn während die Aufgabe von Wissenschaft gerade darin gesehen werden kann, Alternativen sichtbar zu machen und damit eine der Bedingungen dafür zu schaffen, daß das Handeln und Denken differenzierter wird und intersubjektiv begründet werden kann, ist das alltägliche Interpretieren handlungsbegleitend, handlungsabsichernd, selegierend und nur insofern komplex und Alternativen reflektierend, als das Interaktionssystem der Handlungsselbstverständlichkeiten, auf das es sich bezieht, dies voraussetzt." (ARNOLD 1983, S. 35 f.)

Das den Teilnehmern der Erwachsenenbildung selbstverständlich zur Verfügung stehende alltagsweltliche Wissen wird von wissenschaftlichem Wissen in Frage gestellt, und zwar weniger in Bezug auf Fakten, als vielmehr in Bezug auf Denkgewohnheiten und Vorgehensweisen. Die Vermittlung wissenschaftlichen Wissens ist deshalb eng mit der Vermittlung eines wissenschaftlichen Denkstils verbunden. Das war bereits einigen Protagonisten der sogenannten Universitätsausdehnungsbewegung Ende des 19. Jahrhunderts klar, in der versucht wurde, das bisher nur Mitgliedern der Universität zugängliche Wissen einem breiteren Publikum zu vermitteln. Natürlich hat es auch immer wieder Beispiele einer auf unzulässige Vereinfachung und Effekthascherei setzenden Popularisierung gegeben, die dazu führte, dass sich

Wissenschaftliches Wissen und Denken

Erwachsenenbildner wie Eduard WEITSCH (1883–1955) vehement von Popularisierung distanzierten (vgl. WEITSCH in LOTZE 1948, S. 103).

Damit war aber nicht der Verzicht auf die Vermittlung wissenschaftlichen Wissens, sondern die Ablehnung einer bestimmten Methode gemeint. Tatsächlich ist auch in der Folgezeit immer wieder von falsch verstandener Popularisierung die Rede gewesen und die Bedeutung der Konfrontation mit wissenschaftlichem Wissen betont worden. In den 1970er Jahren wurde im Zuge der Bemühungen um eine Demokratisierung der Gesellschaft konstatiert: „am Beispiel der Wissenschaft intellektuelle Rechtschaffenheit zu üben, heißt gegenüber Vorurteilen und Ideologien, in denen Wertungen und Sachurteile auf eine undurchsichtige Weise vermischt sind, mißtrauisch zu werden" (STRZELEWICZ 1977, S. 33). In den 1990er Jahren wurde unter dem Eindruck der Risikodebatte (s. Kap. 5.2) für eine reflexive Popularisierung wissenschaftlichen Wissens plädiert, die Wissenschaftskritik ermöglicht und an den Lebensproblemen der Teilnehmer ansetzt:

„Zum einen sollte nicht bloß naturwissenschaftliches Wissen, sondern verstärkt auch Erkenntnisse über Wissenschaft und Technologie vermittelt werden, um ein adäquates öffentliches Verständnis von Wissenschaft und Technik zu befördern. Daran im Anschluß sollte sich die Erwachsenenbildung verstärkt um jene Bereiche kümmern, die die alltagpraktischen Auswirkungen von Techno-Wissenschaft betreffen – insbesondere im Zusammenhang mit riskanten Technologien (Kernkraft, Gentechnologie …) bzw. mit gesundheitlichen Risiken durch Wissenschaft und Technik und ähnliches mehr." (TASCHWER 1996, S. 89)

Diese Variante verweist auf das mit Popularisierung verbundene Problem der Hierarchisierung, d.h. der traditionellen Höherschätzung des wissenschaftlichen gegenüber dem alltagsweltlichen Wissen. Die moderne Erwachsenenbildung lehnt diese Hierarchie in der Regel ab und betont sogar die Möglichkeit der Korrektur eines einseitigen Wissenschaftsverständnisses durch die ‚Logik des Alltäglichen' (vgl. DEWE 1999, S. 59).

10.3 Vom deklarativen zum prozeduralen Wissen

Mit der Infragestellung allgemein anerkannter, kanonischer Wissensbestände einerseits und den immens gesteigerten Zugriffsmöglichkeiten durch die neuen Medien andererseits ist die Bedeutung des festen, zu memorierenden Wissens gesunken.

Metakognitives Wissen

Gegenüber dem deklarativen Wissen über etwas (z.B. über Fakten, Konzepte, Ereignisse) wird das prozedurale, handlungsorientierte Wissen immer wichtiger. In der Psychologie spricht man von der Relevanz des metakognitiven Wissens (vgl. MANDL/FRIEDRICH/HRON 1987, S. 145). Metakognitives Wissen meint den Umgang mit Wissen, das die Reflexion über das eigene Wissen und über die eigenen Handlungen steuert.

Die damit verbundene Dynamik entspricht einer Entwicklung, die vom Wissensvorratsmodell zur permanenten Wissenserneuerung verläuft (vgl. WEINERT/MANDL 1997). Dabei ist die Fähigkeit gefragt, aus den unzähligen zur Verfügung stehenden Informationen die jeweils geeigneten auszuwählen und durch Aktivieren des eigenen Vorwissens in relevantes Wissen umzuwandeln. Eine solche Selbststeuerung (s. Kap. 9.5) scheint – nicht zuletzt durch die neuen Medien – von hoher Bedeutung zu sein. Sie wird zur Vorbedingung gelungener Berufsausübung (vgl. DEGELE 1999) und damit zum Bildungsziel von Schul-, Jugend-, Erwachsenen- und Berufsbildung.

Der Übergang vom inhaltlichen Wissen zum Umgang mit Wissen ist auch im Konzept des Wissensmanagements erkennbar, das vorzugsweise für Unternehmen eingesetzt wird. Hierbei geht es um Praktiken des Einsetzen und des Entwickelns von – unternehmensrelevantem – Wissen. Eine Vorreiterrolle hat das japanische Konzept der „Knowledge Creating Company" von IKUJIRO NONAKA und HIROTAKA TAKEUCHI (1995) eingenommen. Demnach kann Wissen in Unternehmen verfügbar gemacht und erzeugt werden, indem implizites also individuell vorhandenes, aber nicht formuliertes Wissen explizit und damit für andere, d.h. für die gesamte Organisation zugänglich und bearbeitbar gemacht wird: Im Modus der sogenannten „Sozialisation" wird implizites Wissen durch vertrauliche Kommunikation geteilt. In der „Externalisierung" werden Konzepte artikuliert, die das implizite Wissen enthalten, in der „Kombination" werden verschiedene Elemente des expliziten Wissens miteinander verbunden und in der „Internalisierung" wird das explizite Wissen zur Wissensbasis der einzelnen Personen und zu einem Vermögenswert der Organisation. Statt der absoluten Neuschaffung von Wissen durch einen Einzelnen wird die Explizierung ‚impliziten' Wissens, die Kombination vorhandenen Wissens sowie die Umwandlung individuellen in kollektives Wissens angestrebt.

Implizites und explizites Wissen

Auch in der Erwachsenenbildung wird von der Orientierung an festem Wissen Abstand genommen und für einen Wandel vom ‚Know how' zum ‚Know how to know' plädiert:

„Paradoxerweise ist in der ‚Wissensgesellschaft' das Wissen flüchtig geworden. Es werden zwar weiterhin immer schneller wachsende Bestände an Speicherwissen (Speicherung von Daten, Fakten, Theorien) produziert, doch werden diese Bestände zunehmend maschinell gespeichert (Wissensmanagement). Es stellt sich hier die Frage, ob nicht gerade Bildungsinstitutionen anstatt sich auf dieses Speicherwissen festzulegen, mehr auf ‚reflexive' Wissensformen (to know how to know) setzen sollten, wie z.B. Methoden-, Reflexions- und Persönlichkeitswissen." (ARNOLD/WIECKENBERG 1999, S. 1)

Reflexives Wissen

Materiales und reflexives Wissen gehören aber zueinander, sie sind ineinander verschränkt und beeinflussen sich wechselseitig (vgl. Abb. 10-2).

Wenn man die vielfältigen Situationen, in denen heute auch in nicht-pädagogischen Umgebungen pädagogisch kommuniziert wird, in den Blick nimmt, dann kann man den Umgang mit Wissen als Merkmal sehen, das diese ‚pädagogische Kommunikation' (vgl. KADE/SEITTER 2003b) in Betrieben, Vereinen, in den Massenmedien mit institutionalisierter Erwachsenenbildung verbindet. Was aber bei ‚Bildung' noch notwendig verbunden ist, tritt beim Umgang mit Wissen auseinander:

‚Umgang mit Wissen' vs. Bildung

„Das Konzept ‚Umgang mit Wissen' kann ebenso wie das Konzept ‚Bildung' auf die Dimensionen Vermitteln, Aneignen und Wissen hin analysiert werden. Im Hinblick auf diese Elemente unterscheiden sich beide Konzepte nicht. Aber während ‚Umgang mit Wissen' die Elemente wie ein Lexikon in ihrer Zerstreuung belässt und zwi-

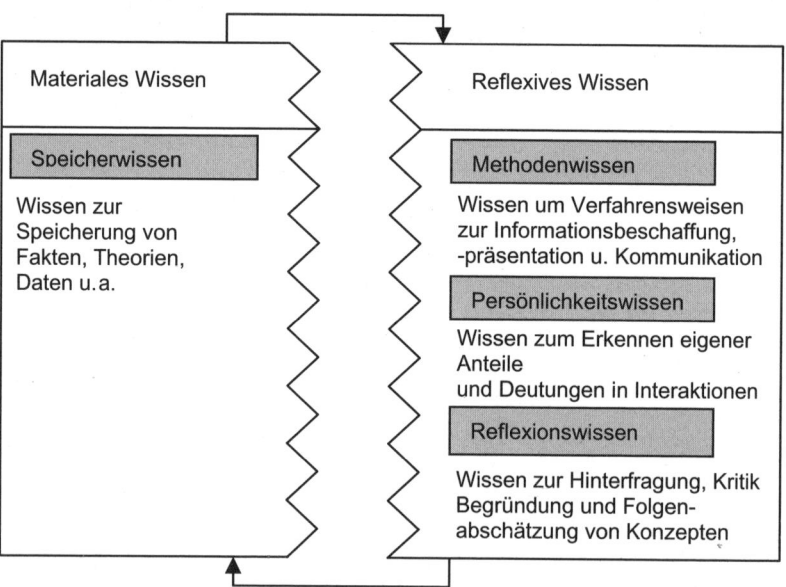

Abb. 10-2: Vom materialen zum reflexiven Wissen
(nach: ARNOLD/LERMEN 2005, S. 47)

schen ihnen nur eine äußere Ordnung herstellt, zielt ‚Bildung' – wie ein Buch – auf die Einheit der Elemente, hervorgehend aus der ihnen innewohnenden bzw. zugeschriebenen immanenten Ordnung [...]. Das Konzept ‚Umgang mit Wissen' betont einerseits die Vielzahl der Kontexte, in denen Vermitteln, Aneignen und Wissen steht; andererseits die Verselbstständigung dieser Elemente gegeneinander und die auf dieser Grundlage entstehende Vielzahl von sie verbindenden Relationen [...]. Es weist gegenüber Bildung bereits in seiner begrifflichen Fassung eine zweigliedrige Relation auf. Die durch den Bezug auf Bildung ermöglichte Einheit(svorstellung) wird aufgelöst in die zwei Glieder umfassende Relation von ‚Umgang' und ‚Wissen'. Inhalts- und Umgangsfragen treten damit auseinander, sind aber auch aufeinander bezogen; wobei sich allerdings der Schwerpunkt von der Frage nach dem Was auf die nach dem Wie verschiebt, also auf die Fragen des Umgangs." (KADE/SEITTER 2007a, S. 34 f.)

10.4 Kompetenzen und Kompetenzentwicklung

Definition:
Kompetenz

Umgang mit Wissen ist eine Kompetenz, die immer wichtiger zu werden scheint. Kompetenz bedeutet in Abgrenzung von (eventuell nur auf dem Papier bestehenden) speziellen Qualifikationen das reale allgemeine Handlungsvermögen von Individuen:

„Das Konzept der Kompetenz bezieht sich auf die Qualifikationen einer Person im weiteren Sinn. Es geht nicht nur darum, dass die Person einen beruflichen Bereich beherrscht, sondern auch darum, dass die Person dieses berufliche Wissen anwenden kann – und zwar auch in Situationen, die unsicher und unvorhersehbar sind. Damit schließt Kompetenz die Bewertungen und Haltungen einer Person ein und ihre Fähigkeit, einen erheblichen Teil ihrer eher persönlichen Qualifikationen in Anspruch zu nehmen." (JØRGENSEN, zitiert in Illeris 2004, S. 47 – Übers. aus dem Engl.)

In der beruflichen Weiterbildung hat sich der Begriff gegen das Konzept der Qualifikation durchgesetzt, statt von Qualifikationslernen ist von Kompetenzentwicklung die Rede (vgl. ARBEITSGEMEINSCHAFT 1995). Dabei wird eine Beschränkung auf traditionelle Formen der Wissensvermittlung in institutionalisierten Weiterbildungsmaßnahmen abgelehnt und eine Erweiterung bevorzugt, die den Lerninhalt (neben Wissen: Erfahrung, Können und Werten), den Lernort (neben externen und internen institutionalisierten Lernorten: Lernen am Arbeitsplatz und autodidaktisches Lernen) und die Lernsubjekte (neben dem Individuum: Gruppe, Organisation, Gesellschaft) betrifft. Hier ist deshalb von einer dreifachen Entgrenzung gesprochen worden (vgl. ARNOLD/SCHÜSSLER 1998, S. 106 f.).

Vom Qualifikationslernen zur Kompetenzentwicklung

Mit dem Konzept der Kompetenzen wird aber auch auf eine zunehmende Unsicherheit in Bezug auf zukünftig benötigte Qualifikationen reagiert. Bereits in den 1970er Jahren hatte man das Konzept der ‚Schlüsselqualifikationen‘ entwickelt (s. Kap. 3.3), das zur Erschließung von sich schnell änderndem Fachwissen dienen sollten:

‚Schlüsselqualifikationen‘

„Schlüsselqualifikationen sind demnach solche Kenntnisse, Fähigkeiten und Fertigkeiten, welche nicht unmittelbaren und begrenzten Bezug zu bestimmten, disparaten praktischen Tätigkeiten erbringen, sondern vielmehr
a) die Eignung für eine große Zahl von Positionen und Funktionen als alternative Optionen zum gleichen Zeitpunkt und
b) die Eignung für die Bewältigung einer Sequenz von (meist unvorhersehbaren) Änderungen von Anforderungen im Laufe des Lebens." (MERTENS 1974, S. 40)

Nach dem Zurückdrängen des Begriffs Qualifikationen sind unterschiedliche Kataloge von – zu erwerbenden oder zu entwickelnden – Kompetenzen vorgelegt worden, die im Gegensatz zu nachfrageorientierten Qualifikationen den Subjektbezug betonen. Dabei hat sich eine Einteilung in
– Fachkompetenz,
– Sozialkompetenz,
– Methodenkompetenz und
– Personal-/Selbstkompetenz
durchgesetzt.

Fokussiert werden damit neben den Fähigkeiten zur Lösung fachbezogener Aufgaben (hard skills) die auch als soft skills bezeichneten Fähigkeiten, in Beziehungen zu Menschen situationsadäquat zu handeln, sinnvolle Lösungsstrategien für Aufgaben und Probleme auszuwählen und umzusetzen und eine angemessene Haltung zur Welt und zur Arbeit einzunehmen, was sich in Kategorien wie Leistungsbereitschaft, Kooperationsfähigkeit oder Flexibilität ausdrückt.

Das Konzept hat sich in unzähligen Abwandlungen bis zum heutigen Tag gehalten und wird auch im Alltag angewandt – man denke nur an die in Stellenanzeigen immer wieder geforderte ‚Teamfähigkeit‘. Sein Erfolg dürfte aber auch mit einer gewissen Unschärfe verbunden sein. Kritik ist in diesem Zusammenhang an der dem Konzept zugrunde liegenden Vorstellung geäußert worden, allein die Verfügung über diese (wie auch immer feststellbaren) Kompetenzen sei ein „Schlüssel für Karriere, Einkommen und gesellschaftliches Ansehen" (GEISSLER 1989, S. 3).

Alternative Schlüssel- kompetenzen

Ebenfalls aus einer ideologiekritischen Perspektive hat der Soziologe OSKAR NEGT alternative Schlüsselkompetenzen formuliert, die sich von der beruflichen Ausrichtung des ursprünglichen Konzepts distanzieren und eher dem bildenden Aspekt der Erwachsenenbildung entsprechen. Zu diesen alternative Kompetenzen gehören:

– Identitätskompetenz als Umgang mit gebrochenen und bedrohten Identitäten
– ökologische Kompetenz als Umgang mit Menschen, Dingen und der Natur
– technologische Kompetenz als Begreifen gesellschaftlicher Wirkungen von Technik
– historische Kompetenz als Erinnerungs- und Utopiefähigkeit
– Gerechtigkeitskompetenz als Sensibilität für Recht und Unrecht
– ökonomische Kompetenz als Verstehen der Mechanismen des Marktes (vgl. NEGT 1991).

Beispiel Medienkompetenz

Der Unterschied zwischen affirmativen und kritischen Kompetenzmodellen ist gut am Beispiel der Medienkompetenz auszumachen: Mit der Forderung nach Methodenkompetenz ist meist nur der sachgemäße Gebrauch von Medien gemeint, mit der technologische Kompetenz nach NEGT aber die Fähigkeit, Wirkungen der Technik auf die Gesellschaft kritisch einschätzen zu können. Tatsächlich meint Medienkompetenz aber beides, nämlich – rezeptive und interaktive – Mediennutzung und – analytische, aber auch ethische – Medienkritik, darüber hinaus Medienkunde im informativen und im instrumentellen Sinn sowie – innovative und kreative – Mediengestaltung (vgl. Baacke 1997).

10.5 Umgang mit Nicht-Wissen und Ungewissheit

Zu den neuen Kompetenzen gehört nicht nur der Umgang mit (festem) Wissen, sondern auch der mit Nicht-Wissen und Ungewissheit. Wissen ist in modernen Gesellschaften – so Soziologen wie ULRICH BECK und NICO STEHR – zunehmend unsicher und ungewiss geworden. Dabei geht es weniger um das nicht-gewusste Nicht-Wissen und mehr um das (gewusste) Nicht-Wissen-Können. Statt andere Wissensformen auszugrenzen, werden diese auch mitberücksichtigt und das eigene Nicht-Wissen-Können wird bewusst gemacht. BECK nennt dies „die gezielte (An-)Erkennung von Fremdperspektiven, Fremdrationalitäten sowie die Be- und Verarbeitung von Nicht-Wissen" (BECK 1996, S. 314).

Unter einer solchen Prämisse werden Formen der einfachen Wissensvermittlung ebenso problematisch wie die Anleitung, sich selbstständig das jeweils benötigte Wissen anzueignen. Stattdessen scheint es zunehmend darauf anzukommen, Wissen als vorläufiges zu begreifen, Alternativen als gleichberechtigte zu präsentieren und statt Wissen zu erwerben die Bereitschaft dazu zu zeigen.

In der organisierten Erwachsenenbildung ist dieses Problem besonders intensiv in der Umweltbildung diskutiert worden, in der Formen der Verunsicherung bei Teilnehmern unübersehbar waren, nämlich Unsicherheit über den Zustand der biophysischen und sozialen Umwelt, über geeignete Möglichkeiten zur Verhinderung von Umweltzerstörung und Unsicherheit bei der Beurteilung von Aussagen, Berichten und Meldungen zum Thema Umwelt. Eine Folgerung lautete: *Beispiel Umweltbildung*

„Allein diese beeindruckende Aufzählung möglicher Verunsicherungen macht deutlich, daß Umweltbildung nicht mit einem festgeklopften Konzept an die Zielgruppen herantreten kann. Vielmehr sollten Multiplikatorinnen heute Gespräche einleiten, die die jeweiligen Probleme der Bürgerinnen mit dem Umweltkomplex zutage fördern. Auf unnötige Verunsicherungen kann man dann reagieren, indem man etwa Details ergänzt, die wirklich sicher sind – Quellenangaben zu bestimmten Informationen, deren weltanschauliche Positionen, Geltungsanspruch von Aussagen [...]. Natürlich können derartige Punkte auch von vornherein berücksichtigt werden, vor allem, wenn eine persönliche Nachfrage nicht möglich erscheint.
Doch abschaffen kann und soll Umweltbildung die allgemeine Unsicherheit angesichts mangelnden Wissens nicht. Denn das Gefühl der Unsicherheit hat auch die wichtige Funktion, zu verhindern, daß wie früher zu schnell Maßnahmen und Lösungskonzepte erdacht und umgesetzt werden." (FRANZ-BALSEN 1996, S. 156)

Anregungen zum – pädagogisch strukturierten – Umgang mit Nicht-Wissen und Ungewissheit bieten die Massenmedien. Sie haben dazu eine Reihe von ‚offenen' Arrangements wie die Expertenbefragung und Formate wie Talkshows oder öffentliche Anonymberatungen mit anschließender Forumsdiskussion im Internet entwickelt, die teilweise von der Erwachsenenbildung als Praxisanregung aufgegriffen (vgl. a. a. O., S. 155) oder als Modelle pädagogischer Kommunikation im Umgang mit Unsicherheit analysiert wurden (vgl. KADE 2003; NOLDA 2003). *Beispiel Massenmedien*

Der Umgang mit Nichtwissen und Ungewissheit betrifft aber nicht nur Fragen der Vermittlung: Neben dem Aufgeben des Anspruchs auf Wissensvermittlung, wie sie das oben angeführte Beispiel zeigt, ist die Ausblendung von Nichtwissen (über das tatsächlich Gelernte) durch vermeintlich objektive Leistungsvergleiche zu nennen, die – in Anlehnung an Schulleistungsstudien – jetzt auch für die Erwachsenenbildung diskutiert werden, oder das Entzerren von Vermittlung und Aneignung durch die raumzeitliche Ausdehnung von Bildungsangeboten, wie sie durch die neuen Medien ermöglicht wird. In diesem Zusammenhang erscheint auch das Konzept des Lebenslangen Lernens als Strategie des den Zeitfaktor ausnutzenden Umgangs mit Ungewissheit. Auf der Ebene der professionell in der Erwachsenenbildung Tätigen gehören zu den Reaktionsformen auf Nichtwissen und Ungewissheit Supervision, Fortbildung und Beratung, in denen über problematische Erfahrungen systematisch und distanziert reflektiert werden kann; auf der Ebene der Organisation ist das Bilden von Netzwerken anzuführen, mit deren Hilfe die Risiken kaum zu kalkulierender Marktentwicklungen gemildert werden sollen (vgl. KADE/SEITTER 2003a). *Nichtwissen und Ungewissheit als generelles Problem der Erwachsenenbildung*

Was Sie wissen sollten, wenn Sie Kapitel 10 gelesen haben:

- Sie sollten in der Lage sein, Angeboten der Erwachsenenbildung bestimmte Wissensformen zuordnen zu können.
- Sie sollten die wesentlichen Unterschiede zwischen Alltagswissen und wissenschaftlichem Wissen aufzeigen können.
- Sie sollten das aktuelle Interesse an prozeduralen Wissensformen erklären können.
- Sie sollten das Konzept der Schlüsselkompetenzen beschreiben können.
- Sie sollten die Relevanz des Umgangs mit Nichtwissen für die Erwachsenenbildung darstellen können.

11 Institutionen, Organisationen und Lernorte der Erwachsenenbildung

Die Frage nach dem Ort, an dem Erwachsenenbildung stattfindet, ist lange Zeit als Frage von Institutionen der Erwachsenenbildung diskutiert worden. Allein im Rahmen von Institutionen schien eine kontinuierliche und seriöse Bildungsarbeit mit Erwachsenen gewährleistet zu sein. Von Anfang an hat es aber eine Vielzahl von Anbietern gegeben, die schwer einzuordnen waren. Dass es sich bei Bildungsinstitutionen auch um Organisationen mit spezifischen Entwicklungsaufgaben handelt, ist erst spät bewusst geworden. Was sich zunächst nur auf Teilnehmer bezogen hatte, nämlich die Aufforderung zur Veränderung, ergab sich bald auch als Aufgabe für Organisationen.

Neben den primär mit Bildung befassten Einrichtungen sind weitere Lernorte für die Erwachsenenbildung wichtig geworden: Mit der Zunahme der Bedeutung betrieblicher Erwachsenenbildung der Betrieb, mit der Förderung von Netzwerken die Region, und mit der Nutzung des Internet sind es jetzt auch virtuelle Räume, die zur Vermittlung und Aneignung von Wissen von Erwachsenen genutzt werden. Die ursprüngliche Institutionenvielfalt wird mittlerweile durch eine Lernortvielfalt ergänzt (vgl. SEITTER 2001b).

11.1 Institutionelle Gliederungen der Erwachsenenbildung

Einrichtungen und Träger

Unter Institutionen versteht man in der Soziologie allgemein Regeln mit gesellschaftlicher Geltung und daraus abgeleiteter Verbindlichkeit für das Handeln. Wenn man von einer Institutionalisierung der Erwachsenenbildung spricht, so ist damit zweierlei gemeint: die Durchsetzung der Idee des Lebenslangen Lernens für Erwachsene einerseits und die Schaffung und Existenz von Einrichtungen der organisierten Erwachsenenbildung andererseits. Öffentlich geförderte Einrichtungen wiederum bedürfen eines Rechts- und Unterhaltsträgers. Diese, für die Adressaten und Teilnehmer von Angeboten der Erwachsenenbildung kaum sichtbare, Instanz entscheidet über die Verwendung der finanziellen Mittel, also etwa eine Kommune über die einer Volkshochschule zur Verfügung zu stellenden Zuschüsse.

Viele Versuche, die vielfältigen Formen von Erwachsenenbildung zu systematisieren, sind von ihrer institutionellen Struktur ausgegangen. Eine Systematik aus den 1970er Jahren unterscheidet zwischen geschlossenen und offenen Institutionen, d.h. zwischen Institutionen, deren Bildungsangebote nur für Mitglieder oder Mitarbeiter und Institutionen, deren Bildungsangebote für alle Interessenten offenstehen (vgl. HAMACHER 1976, S. 51). *Offene und geschlossene Weiterbildung*

Eine spätere Systematik nimmt als Kriterium nicht die Zugänglichkeit, sondern die Einordnung der Institutionen im Spannungsfeld zwischen Staat und Unternehmen. Unterschieden wird demnach zwischen den öffentlichen und den partikularen Erwachsenenbildungsträgern (z.B. der Kirchen oder der Gewerkschaften), den betrieblichen Bildungsabteilungen und den kommerziellen Weiterbildungsunternehmen (vgl. Abb. 11-1):

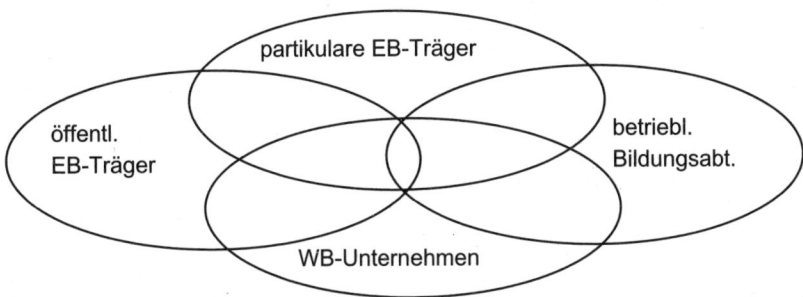

Abb. 11-1: Institutionentypen der Erwachsenenbildung
(nach: FAULSTICH/ZEUNER 2006, S. 186)

Entscheidend sind die Überschneidungsbereiche, die sich durch die Kommerzialisierung der öffentlich verantworteten und der partikularen Erwachsenenbildung durch die Inanspruchnahme öffentlicher Weiterbildungsträger durch Betriebe ergeben hat.

Ein weiterer Versuch der Systematisierung besteht in dem Vorschlag, die Beschaffung von Ressourcen und Legitimationen zum Ausgangspunkt einer Einteilung zu nehmen. Es wird damit die Frage gestellt, unter welchen Bedingungen Weiterbildungsorganisationen ihre weitere Existenz sichern, nachdem sie gegründet sind und ob sie sich auf öffentliche, dem Gemeinwohl verpflichtete oder auf private bzw. partikulare Interessen berufen (vgl. SCHRADER 2010). Festzuhalten ist, dass der Weiterbildungsbereich heute durch eine Zunahme an Kooperationen und Delegationen gekennzeichnet ist, die die einst starren Grenzen aufweichen.

Die Systematik der UNESCO (s. Kap. 9.4) schließt auch nicht-institutionelle Formen der Erwachsenenbildung ein und zielt auf die Frage nach (formalen) Abschlüssen. Mit formal adult education ist die in Institutionen statt- *Formal, non-formal, informal adult education* findende abschlussbezogene beruflich-betriebliche Weiterbildung, mit non-formal adult education die in Institutionen stattfindende, auf Schulabschlüsse und soziokulturelle Angebote bezogene Erwachsenenbildung und mit informal adult education die außerhalb von Institutionen oder in Einrichtungen mit geringem Organisationsgrad stattfindende, vor allem kommunikativen Bedürfnissen entsprechende Erwachsenenbildung gemeint (vgl. KNOLL 1990, S. 491).

Allgemeine vs. berufliche Weiterbildung

Primär werden Institutionen über die von ihnen angebotenen Inhalte definiert. Zu den – wenn auch nicht unproblematischen (s. Kap. 1.4) – Grundunterscheidungen gehört die zwischen beruflicher und allgemeiner Weiterbildung bzw. Erwachsenenbildung. Im Berichtssystem Weiterbildung sind die wichtigsten Träger nach ihren Anteilen aufgeführt. Den Daten ist zu entnehmen, dass die Arbeitgeber den größten Anteil an beruflicher Weiterbildung bestreiten (gefolgt von privaten Instituten und Kammern), die Volkshochschulen dagegen (gefolgt von privaten Instituten und nicht-beruflichen Verbänden) den Bereich der allgemeinen Erwachsenenbildung dominieren (vgl. BMBF 2005, S. 287 und 297). Auffällig ist der hohe Anteil an „Sonstigen". Hierbei handelt es sich um zahlreiche kleinere Träger, die auf eine Dynamik und Zersplitterung verweisen, die für den Bereich der Erwachsenenbildung typisch ist.

Träger und Einrichtungen der Erwachsenenbildung sind in unterschiedlichem Ausmaß von rechtlichen Rahmenbedingungen abhängig. Dazu gehören Gesetze auf Bundesebene wie das Sozialgesetzbuch III, das Leistungen regelt, die das Entstehen von Arbeitslosigkeit vermeiden oder die Dauer von Arbeitslosigkeit verkürzen sollen, das für die berufliche Fortbildung und Umschulung zuständige Berufsbildungsgesetz oder das Hochschulrahmengesetz, das die Hochschulen verpflichtet, Weiterbildung für Nicht-Studierende anzubieten.

Für die öffentlich verantwortete allgemeine Erwachsenenbildung sind die Weiterbildungsgesetze der einzelnen Bundesländer grundlegend. Sie sichern den Einrichtungen unter Auflagen wie dem Nachweis kontinuierlicher und qualitativ ausgewiesener Arbeit eine bestimmte finanzielle Förderung, garantieren ihnen aber gleichzeitig Selbstständigkeit in Bezug auf Organisation, Programmgestaltung und Mitarbeiterauswahl. Einige Ländergesetze sehen auch die bezahlte Freistellung von Arbeitnehmern zur Teilnahme an Bildungsmaßnahmen (,Bildungsurlaub') vor.

Auf europäischer Ebene ist als Finanzierungsinstrument der Europäische Sozialfonds zu nennen, aus dessen Mitteln Maßnahmen zur Förderung der Beschäftigung und der Bekämpfung und Verhinderung von Arbeitslosigkeit finanziert werden. Zielgruppen sind beispielsweise arbeitslose oder von Arbeitslosigkeit bedrohte Akademiker, Jugendliche im Übergang von der Schule in eine Ausbildung oder Personen mit besonderen Integrationsproblemen.

,Mittlere Systematisierung'

Die Dynamik des äußerst vielgestaltigen und nicht vollständig erfass- und systematisierbaren Weiterbildungsmarktes in Deutschland ist eher über Momentaufnahmen ausgewählter Regionen erkennbar. Hierzu liegen beispielsweise umfangreiche Darstellungen der Situation in Frankfurt am Main (vgl. DRÖLL 1999) oder in Bremen (KÖRBER u. a. 1995) vor. Die Entwicklung lässt sich am besten über laufende ,Systembeobachtungen' (vgl. SCHLUTZ/SCHRADER 1999) verfolgen – ein Begriff, der voraussetzt, dass es sich bei dem Konglomerat an Trägern und Einrichtungen der Erwachsenenbildung um ein System handelt (s. zur entsprechenden Diskussion Kap. 6). Im Rahmen des Versuchs einer empirischen Erfassung der Weiterbildung in verschiedenen Bundesländern ist der Vorschlag entwickelt worden, von einer „mittleren Systematisierung" der Erwachsenenbildung zu sprechen (vgl. FAULSTICH 1993). Diese bezieht sich nicht nur, aber auch auf das Feld der institutionellen Lernorte der Erwachsenenbildung. In der folgenden Definition werden die Chancen, aber auch die Probleme genannt, die mit der unzureichenden Institutionalisierung der Erwachsenenbildung verbunden sind:

„Das System der Weiterbildung befindet sich in einem permanenten, flexiblen Prozess zwischen Verfestigung und Entschwinden. Dies kann man als ,mittlere Systematisierung' kennzeichnen, indem ein besonderer Bereich Erwachsenenbildung gegenüber anderen gesellschaftlichen Tätigkeiten differenziert und strukturiert wird, gleichzeitig aber eine spezifische interne Struktur entsteht. Verglichen mit Schulen und Hochschulen hat Weiterbildung bezogen auf die Struktur der Träger und Einrichtungen, die Definition von Lernzielen, die Nutzung von Ressourcen, den Einsatz des Personals usw. nicht den gleichen Grad von Systemhaftigkeit erhalten. Weiterbildung nimmt verschiedenste Anforderungen und Bedürfnisse von Teilnehmern auf, reagiert mit besonderer Flexibilität und Aktualität auf sich neu entwickelnde Bedarfe. Daraus entsteht – verglichen mit anderen Bildungsbereichen – der besondere Charme der Weiterbildung, bezogen auf ein größeres Maß von Vielfalt, von Spontaneität im institutionellen und curricularen Wandel, die Möglichkeit, unterschiedliche Interessen und Optionen von Lernenden aufzunehmen sowie Offenheit gegenüber pluralen Zwecksetzungen und Kombinationen von Mittelaufbringungen. Gleichzeitig setzt die ,Weichheit' der Weiterbildung diese selbst aber immer wieder Krisen und finanzbedingten Zugriffen aus." (FAULSTICH 2001, S. 84)

11.2 Institution und Organisation

Der neue – betriebswirtschaftliche – Blick auf Institutionen der Erwachsenenbildung sieht diese als Organisationen, d.h. als soziale Systeme, die das Verhalten ihrer Mitglieder z.B. durch Arbeitsteilung und Hierarchien auf das Verfolgen bestimmter Ziele ausrichten. Mit der Einführung des Systembegriffs ist auch der der Umwelt verbunden. Diese wird allerdings, anders als in anderen systemtheoretischen Konzepten (s. Kap. 6), als unmittelbare Einflussgröße gesehen. Weiterbildungsorganisationen sehen sich demzufolge einer Reihe von sich verändernden Umwelteinflüssen ausgesetzt. Zu diesen Einflussfaktoren gehören die materielle Umwelt (z.B. Infrastruktur, Gebäude), Werte, Normen, Regeln (z.B. Kundenorientierung), gesetzliche Regelungen (z.B. die Hartz-Reformen), andere soziale Systeme (z.B. die Hochschulen), finanzielle Rahmenbedingungen (z.B. Etatkürzungen), die gesellschaftliche Struktur (z.B. die demographische Entwicklung) und nicht zuletzt die Adressaten, die etwa in den neueren Milieus (s. Kap. 8.1) veränderte Ansprüche an Erwachsenenbildung haben (vgl. MEISEL/FELD 2005, S. 43).

Weiterbildungsorganisationen und ihre Umwelt

Institutionen der Erwachsenenbildung sollen Beständigkeit und Seriosität gewährleisten. Aktuell stehen Institutionen der Erwachsenenbildung jedoch – wie viele andere Institutionen auch – unter starkem Veränderungsdruck. Diese Umgestaltungen betreffen die Veränderung der Rechtsform,

Organisationsveränderungen von Bildungseinrichtungen

die Fusion von unterschiedlichen Bildungs- und Kultureinrichtungen einer Kommune, die Neupositionierung, um eine bessere Position auf dem Markt zu erreichen, sowie den Zusammenschluss in Netzwerken. Weiterbildungseinrichtungen sollen umgestaltet werden, um trotz vielfacher Umweltveränderungen überlebensfähig zu bleiben (vgl. VON KÜCHLER 2007, S. 7).

Qualitäts-
management
Mit Beginn der 1990er Jahre hat sich in der Weiterbildung die Qualitätsdebatte verstärkt und ist bis heute unter dem Stichwort Qualitätsmanagement ein wichtiges Thema geblieben (vgl. HARTZ/MEISEL 2006). Die mittlerweile entwickelten zahlreichen Qualitätskonzepte lassen sich danach unterscheiden, ob sie von den Einrichtungen selbst entwickelt und umgesetzt werden, also auf dem Prinzip der Selbstevaluation beruhen, oder ob sie von Dritten konzipiert und eingesetzt werden, also auf einer externen Evaluation beruhen. Von einem großen Teil der Einrichtungen werden die Normenreihe DIN EN ISO 9000:2000ff. und das sogenannte EFQM (European Foundation for Quality Management)-Modell als Orientierungslinie oder sogar als handlungsleitende Vorgabe verwendet. Daneben sind aber auch die Weiterbildungstests der Stiftung Bildungstest und die lernerorientierte Qualitätstestierung (LQW) zu nennen.

Nach dem LQW-Modell sind die Beschäftigten diejenigen, die ihre eigene Qualitätsentwicklung vorantreiben, wobei aber das Ergebnis durch externe Gutachter ausgewiesen und bestätigt wird. Das Modell umfasst zwölf Bereiche:
– das Leitbild,
– die Bedarfsanalyse,
– die Evaluation der Bildungsprozesse,
– die Qualität des Lehrens,
– die Qualität der Lerninfrastruktur,
– zentrale Prozesse,
– Führung/Leitung/Entscheidung,
– Personalentwicklung,
– Controlling,
– Geschäftsbedingungen und Kundenkommunikation,
– Angebotsinformation und
– strategische Entwicklungsziele.

Diese Bereiche werden beschrieben, Mindestanforderungen formuliert und Nachweismöglichkeiten aufgeführt. Anschließend wird dokumentiert, inwieweit die Vorgaben erfüllt wurden. Wichtig ist, dass die einzelne Einrichtung im Rahmen der Mindestanforderungen über einen Gestaltungsspielraum verfügt, in dem sie ihre eigenen Qualitätsmaßstäbe setzen kann (vgl. ZECH 2003). Das Modell soll nach Meinung seiner Entwickler weniger als Überprüfungsverfahren und eher als Modell für Organisationsentwicklung genutzt werden, also Weiterbildungseinrichtungen befähigen, organisationale Lernprozesse selbstgesteuert zu vollziehen (vgl. EHSES/HEINEN-TENRICH/ZECH 2001, S. 32). Wenn derartige Verfahren von Weiterbildungseinrichtungen übernommen werden, so ist dies allerdings nicht nur als freie Entscheidung zu sehen. Mittlerweile gibt es gesetzliche Vorgaben, die die Übernahme von Maßnahmen der beruflichen Weiterbildung an den Nachweis eines eingesetzten Qualitätsmanagementsystems koppeln, der über eine externe Zertifizierung zu erbringen ist (vgl. GNAHS 2006, S. 13).

11.3 Institutionen der impliziten Erwachsenenbildung, reale und virtuelle Lernorte

Unter Institutionen der impliziten Erwachsenenbildung versteht man solche, die primär andere als Bildungszwecke verfolgen (nämlich politische, wirtschaftliche, religiöse, kulturelle oder wissenschaftliche), aber dennoch Bildungsaufgaben übernehmen (vgl. KADE/NITTEL/SEITER 2007, S. 154ff.). Dazu gehören Betriebe, Museen, politische, kulturelle oder religiöse Vereinigungen, Verbände und ähnliche Einrichtungen.

Speziell die betriebliche Weiterbildung hat in den letzten Jahren nicht nur an realer Bedeutung zugenommen, sie ist auch stärker ins Blickfeld der öffentlichen Wahrnehmung, der didaktischen Diskussion und der wissenschaftlichen Forschung gerückt. Sie ist nicht mit der beruflichen Weiter- bzw. Erwachsenenbildung zu verwechseln. Im Gegensatz zur beruflichen, von den Kammern, der Arbeitsverwaltung, von verbandlichen, kommerziellen und öffentlichen Trägern veranstalteten Weiterbildung, wird betriebliche Weiterbildung heute eng mit Arbeitsvollzügen und Prozessen der Organisationsentwicklung verbunden: *Lernort Betrieb*

> „Bedeutsam ist für die betriebliche Weiterbildung der Versuch, über die traditionelle, auf das einzelne Individuum und seine Bildungssituation verengte Perspektive hinauszuschreiten und auch die Einbindung des Einzelnen in die Prozesse der Entwicklung der Organisation stärker in den Blick zu rücken, betriebliche Weiterbildung nicht allein als dyadisches Lehr-Lern-Verhältnis, sondern vielmehr als Teil eines organisatorischen Wandlungsprozesses zu verstehen." (ARNOLD 1991, S. 25)

Betriebliche Weiterbildung umfasst das Einweisen und Arbeiten im Arbeitsprozess, die tätigkeitsgebundene Qualifizierung, das Training am Arbeitsplatz, gruppenbezogene Formen des arbeitsplatznahen und arbeitsintegrierten Lernens, das Coaching (d.h. die arbeitsplatzbezogene Supervision von Mitarbeitern), die Praxisanleitung, Programme für Trainees (also für Hochschulabsolventen, die in einem Unternehmen als Nachwuchskräfte ausgebildet werden) und das Bildungscontrolling als Steuerung von Weiterbildung im Rahmen von Organisations- und Personalentwicklung (vgl. HARNEY 1998, S. 45).

Laut der fünften Weiterbildungserhebung des Instituts der deutschen Wirtschaft in Köln investierten 2004 ca. 84 Prozent der Unternehmen in Weiterbildung. Von den Mitarbeitern dieser Unternehmen absolvierte jeder durchschnittlich 1,2 betriebliche Weiterbildungen. Dabei ist zu berücksichtigen, dass der Großteil dieser Weiterbildung in der Arbeitssituation als ‚training on the job' erfolgte. Befragungen in Unternehmen haben ergeben, dass der Weiterbildungsbedarf auch künftig als hoch eingeschätzt wird, dass von den Mitarbeitern aber auch zunehmend erwartet wird, zur Sicherung ihrer Beschäftigungsfähigkeit von sich aus aktiv zu werden (vgl. WERNER 2006).

Der Lernort Betrieb ist heute nicht nur durch Individualisierung, also zunehmende Eigenverantwortlichkeit der Arbeitnehmer, sondern auch durch Dezentralisierung, d.h. die Auslagerung bestimmter Teilbereiche aus den zentralen betrieblichen Bildungsabteilungen in Produktions- und Verwaltungsprozesse, gekennzeichnet. Hier kann man für Mitarbeiter die Vorteile *Dezentralisierung und Individualisierung* des Erfahrungsbezugs und der Autonomieunterstützung sehen – man kann aber auch Nachteile erkennen, die es wiederum für Unternehmen plausibel machen, diese Strategie zu verfolgen:

> „Individualisierung und Dezentralisierung betrieblichen Lernen sind nun einmal, zumindest vordergründig betrachtet, kostengünstiger als institutionalisiertes und zentralisiertes Lernen. Es sollte jedoch auch bewusst bleiben, dass individualisiertes betriebliches Lernen tendenziell über die Verlagerung von Lernzeiten außerhalb der Arbeitszeit (etwa durch Fernunterricht oder multimediales Lernen) auch privates Lernen ist und damit auch der Privatisierung des Weiterbildungsrisikos (Initiative, Kosten, Verwertbarkeit) Vorschub leistet." (LIPSMEIER 2000, S. 177)

E-Learning   Mit dem im Zitat erwähnten multimedialen Lernen ist ein Lernort angesprochen, der sich durch seine Ortlosigkeit bzw. seine Virtualität auszeichnet. Nicht umsonst wird immer wieder betont, dass es sich beim computerunterstützten Lernen (E-Learrning) um eine zeit- und eben auch ortsunabhängige Lernform handelt, die in besonderer Weise den Bedürfnissen Erwachsener nachkommt. Das trifft auf computerbasierte Lehr-/Lernprogramme generell, speziell aber auf webbasierte Programme zu, mit deren Hilfe eine direkte Kommunikation über alle Distanzen möglich ist – zu Mitlernenden, aber auch zu Lehrenden bzw. Moderierenden oder anderen Experten. Mit der Etablierung des E-Learning wird speziell in der beruflichen und betrieblichen Bildung auch die Hoffnung verbunden, das traditionelle Verhältnis zwischen Lehrenden und Lernenden aufzuheben:

> „Erstens bestimmen die Lernenden zunehmend selbst die Ziele, Inhalte und Formen ihres Kompetenzerwerbs durch eine individuelle Auswahl und Zusammenstellung der Bildungsinhalte. Sie – und nicht die Lehrenden – bestimmen damit darüber, ob und wie sie die Kompetenzdifferenzen zu den Experten überwinden wollen.
> Zweitens kooperieren die Lernenden zunehmend selbstbestimmt, zum Beispiel in virtuellen Lerngemeinschaften, mit anderen Lernenden bei der Bearbeitung der sie interessierenden Lerninhalte. Lernende stellen damit ihre Kommunikation und Kooperation im Prozess des Lernens selbst direkt her – und nicht mehr vermittelt durch die Lehrenden.
> Drittens werden die Lernenden durch die Integration von Lernen und Arbeiten und die darin liegende Entwicklung individueller Kompetenzsprünge selbst partiell zu Lehrenden. Es kommt zu einem Positions- und Funktionstausch zwischen Lehrenden und Lernenden." (ZIMMER 2005, S. 14)

Dieser Optimismus wird nicht von allen geteilt. Andere Autoren und Autorinnen machen darauf aufmerksam, dass die Selbstorganisation nicht allein durch die Technik ermöglicht wird, sondern dass es einer bereits bestehende Disposition und Ausbildung bedarf, um die Möglichkeiten der Autonomie zu nutzen (s. Kap. 9.5) und dass das Lernen im Netz auch – vernünftige – Widerstände hervorrufen kann (vgl. GROTLÜSCHEN 2003).

Bildungsraum   Neben expliziten Lehr-Lernangeboten, die entweder vollständig über das
Internet   Medium eines internetfähigen Computers, oder aber in Verbindung mit Präsenzphasen (‚blended learning') organisiert werden, wird aber auch das Internet selbst als Raum mit Bildungswert (vgl. MAROTZKI/MEISTER/SANDER 2000) gesehen. Damit ist nicht nur die Möglichkeit, sich qualifiziert im weltweiten Netz zu informieren, gemeint. Im weiteren Sinn geht es auch um Möglichkeiten der Konstruktion und Infragestellung von Identität im Bildungsraum

Internet. Dies wurde u. a. am Beispiel ethnischer Identität erläutert: Einerseits kann das Internet zur weltweit wahrnehmbaren Konstruktion tradierter Ethnizität genutzt werden. Andererseits werden im Internet ethnische und kulturelle Zuordnungen im Kontakt mit national oder regional unterschiedlich verwurzelten Kommunikationspartnern in Frage gestellt. Das hat eine Erweiterung der bislang vornehmlich auf den Umgang mit kulturellen Minderheiten innerhalb eines Nationalstaats befassten interkulturellen Bildung zur Folge, die Schlagworte wie „Europäisierung" oder „Globalisierung" mit neuen konkreten Bedeutungen füllen (vgl. MAROTZKI 2005).

11.4 Geographische Lernorte

Wenn hier als Lernorte vornehmlich explizite und implizite Institutionen bzw. Organisationen der Erwachsenenbildung bzw. Weiterbildung angesprochen wurden, so ist damit weniger der konkrete geographische Ort gemeint. Das ist auch der Fall bei den sogenannten Lernortkooperationen wie die zwischen Berufsschule und Betrieb. Hier wie auch bei anderen Kooperationen geht es um Orte, die in ihrer pädagogischen Funktion unterscheidbar sind.

Eine andere Perspektive nehmen Konzepte ein, die von der Lernwirkung bestimmter geographischer Orte ausgehen und deshalb die Entfernung zu diesen Orten überwinden: Das betrifft das (erwachsenen-)pädagogisch begleitete Aufsuchen von geschichtsträchtigen Orten bei Studienreisen oder bei Stadtexkursionen sowie den Besuch von Gedenkstätten (vgl. BEHRENS-COBET 1998). Das betrifft aber auch Überlegungen, inwieweit Lernen in Distanz von den Lebens- und Arbeitsbedingungen der Teilnehmer auf dem Land oder in enger Nähe dazu in der städtischen Umgebung stattfinden soll. Für beides gibt es Beispiele aus der Geschichte der Erwachsenenbildung: Zum einen die sogenannten Heimvolkshochschulen, die in Dänemark im 19. Jahrhundert nach der Konzeption des Bischofs N. F. S. GRUNDTVIG (1783–1872) errichtet wurden, um der Landjugend in mehrmonatigen Internatskursen eine politisch-nationale Erziehung zu ermöglichen, und zum anderen die sogenannten Volkshochschulheime. Dabei handelte es sich um Etagenwohnungen, in denen in den 1920er Jahren junge Arbeiter ein knappes Jahr unter pädagogischer Leitung zusammenlebten, um sich mit gesellschaftspolitischen Themen auseinanderzusetzen. Die in den skandinavischen Ländern immer noch lebendige Heimvolkshochschulbewegung erlebte in Deutschland in der Weimarer Republik ihren Höhepunkt, konnte aber nach dem 2.Weltkrieg nicht mehr an ihre einstige Bedeutung anknüpfen. Das gleiche trifft auf die Volkshochschulheime zu, die speziell in Leipzig unter konzeptioneller und praktischer Leitung von GERTRUD HERMES (1872–1942) eine Intensität der Verbindung von Alltag, Lernen und Arbeiten praktizierten, die unter modernen Umständen kaum mehr möglich erscheint (vgl. OLBRICH 2001, S. 175).

Historische Beispiele

Die Idee, den Lernenden das Lernen auch räumlich nahezubringen, äußerte sich später auf zweierlei Weise: Die Autoren des „Strukturplans Weiterbildung" (s. Kap. 1.2) forderten die Schaffung eines ausreichenden flä-

Lernen in räumlicher Nähe

chendeckenden Weiterbildungsangebots, um nicht nur eine soziale, sondern auch eine, angesichts des Stadt-Land-Gefälles gefährdete, regionale Chancengleichheit zu ermöglichen. Das „Memorandum über lebenslanges Lernen" der Kommission der Europäschen Gemeinschaften (s. Kap. 1.3) listet als letzte seiner sechs Schlüsselbotschaften die Forderung auf, das Lernen den Lernenden auch räumlich näher zu bringen und dabei gegebenenfalls computer-basierte Techniken zu nutzen. In den Erläuterungen dazu heißt es:

„Kulturelle Vielfalt ist kennzeichnend für Europa. Die lokalen Körperschaften haben gewiss ganz unterschiedliche Charakteristiken und Probleme, doch ihnen allen gemein ist eine unverwechselbare Identität. Der spezifische Charakter und die gewohnte Umgebung der Heimatgemeinde und -region der Menschen bieten Sicherheit und die Einbindung in ein soziales Netz.
Diese Faktoren fördern die Lernmotivation und damit den Lernerfolg. Lernen den Lernenden geografisch näher bringen erfordert auch, Ressourcen neu zu organisieren und umzuverteilen, um Lernzentren dort zu schaffen, wo die Menschen täglich zusammen kommen – nicht nur in Schulen, sondern auch z. B. in Gemeindezentren, Einkaufszentren, Bibliotheken, Museen, Kirchen, Parks, öffentlichen Plätzen, Bahnhöfen, Busbahnhöfen, Gesundheitszentren, Freizeitzentren und Werkskantinen." (KOMMISSION DER EUROPÄISCHEN GEMEINSCHAFTEN 2000, S. 22 und 23)

‚Community educa-tion' und Lernende Regionen
Die hier angesprochene Einrichtung von ‚learning centres' (vgl. STANG/HESSE 2006) steht im Zusammenhang mit dem Konzept des ‚community learning' bzw. der ‚community education', einem vornehmlich in England verbreiteten Ansatz einer volksnahen und demokratischen Form der Erwachsenenbildung, die Wert darauf legt, auf die Bedürfnisse von Lernenden und der Gesellschaft zu reagieren, die sich aus Nachbarschaft, gemeinsamen Interessen und sozialen Zielen ableiten (vgl. FIELDHOUSE 2004, S. 37). Eine vergleichbar sozialkritisch gefärbte Konzeption prägte auch in Deutschland in den 1980er Jahren die dezentrale ‚Stadtteilarbeit'. Sie ist im neuen Konzept der ‚Lernenden Region' bzw. der ‚learning communities' (vgl. SCHREIBER-BARSCH 2007) noch zu erkennen, wo sie aber vom Konzept der Vernetzung regionaler Akteure mit dem Ziel der Kooperation und Koordination von Bildungsbedarfen und Bildungsangeboten überlagert wird. Dementsprechend waren die Schwerpunkte des vom Bundesministerium für Bildung und Wissenschaft geförderten Programms „Lernende Regionen – Förderung von Netzwerken" durch Themengruppen wie Beratung und Information, Qualitätsentwicklung und -management oder Bildungsmarketing bestimmt (vgl. NUISSL u. a. 2006).

Lernstandorte
Dass trotz Mobilität und Virtualität der reale Raum noch immer die Nutzung von Lernorten bestimmt, wird in einer Studie zu Lernstandorten in raumsoziologischer Perspektive sichtbar: Dort wird – am Beispiel der Stadt Bochum – gezeigt, dass die Nutzung von Lernorten auch räumlich beeinflusst wird und die Raumkategorien Nähe und Distanz den Einfluss sozialer und demographischer Merkmale (s. Kap. 8) überformen können. So liegen Stadtteile, die mit Abstand die höchste Dichte der Teilnahme an Veranstaltungen der Volkshochschule haben, in direkter Nähe zu dieser Institution und Ortsteile, in denen sich eine Zweigstelle der Stadtbücherei befindet, weisen eine höhere Nutzerdichte auf als die anderen. Bei Kultureinrichtun-

gen wie Schauspiel- oder Konzerthäusern als Orte des Lernens Erwachsener ist es dagegen die Sozialstruktur und nicht die räumliche Nähe, die die Besucherdichte von Stadtteilen erklärt, da diese Einrichtungen von einem Klientel aufgesucht werden, das in erster Linie zu den oberen sozialen Schichten zu rechnen ist (vgl. FELDMANN/HARTKOPF 2006).

Was Sie wissen sollten, wenn Sie Kapitel 11 gelesen haben:

- Sie sollten verschiedene Möglichkeiten, Institutionen der Erwachsenenbildung einzuteilen, aufzählen können.
- Sie sollten den Begriff der „mittleren Systematisierung" definieren können.
- Sie sollten den Stellenwert von Qualitätsmanagement darstellen können.
- Sie sollten Eigenheiten des Lernorts Betrieb angeben können.
- Sie sollten Chancen und Risiken virtueller Lernumgebungen bezeichnen können.
- Sie sollten die Rolle räumlicher Nähe und Ferne von Lernorten für die Erwachsenenbildung beschreiben können.

---

12 Berufliches Handeln in der Erwachsenenbildung

12.1 Berufsrollen und Beschäftigungsverhältnisse

Wenn von Erwachsenenbildung als Beruf die Rede ist, dann geht es vor allem um verschiedene Berufsrollen, die mit unterschiedlichen und wechselnden Bezeichnungen im Laufe der Zeit eingenommen wurden. Diese betreffen die Aufgaben der
- hauptberuflichen Leitung einer Bildungseinrichtung (z. B. als Direktorin oder Geschäftsführer)
- hauptberuflichen pädagogischen Arbeit mit vorwiegend planenden Aufgaben (z. B. als hauptberufliche pädagogische Mitarbeiterin)
- hauptberuflichen Lehre (z. B. als Weiterbildungslehrer)
- nebenberuflichen oder ehrenamtlichen Lehre (z. B. als Kursleiterin, Dozent) (vgl. KADE/NITTEL/SEITTER 2007, S. 145 f.).

Berufsrollen

Die Geschichte der deutschen Erwachsenenbildung ist bis auf den heutigen Tag von Freiwilligkeit und Nebenberuflichkeit gekennzeichnet; die Zahl der nebenberuflich Tätigen in diesem Bereich übersteigt bei weitem die der Hauptberuflichen, und auch ehrenamtliche Tätigkeit ist – vor allem in der kirchlichen Erwachsenenbildung – nach wie vor eine feste Größe (vgl. BMBF 2004).

Erwachsenenbildung als Nebentätigkeit

Auch auf europäischer Ebene sind es die unterschiedlichen Beschäftigungsverhältnisse, die das Feld prägen. Dabei kann von einem – kleinen – Kern von Beschäftigten ausgegangen werden, die ausschließlich in der Erwachsenenbildung mit einer entsprechenden Tätigkeit arbeiten, und von

Beschäftigungsverhältnisse

größeren Teilen, die entweder innerhalb der Erwachsenenbildung in prekären Beschäftigungsverhältnissen arbeiten oder in nur geringem Ausmaß mit Erwachsenenbildung befasst sind (vgl. Abb. 12-1):

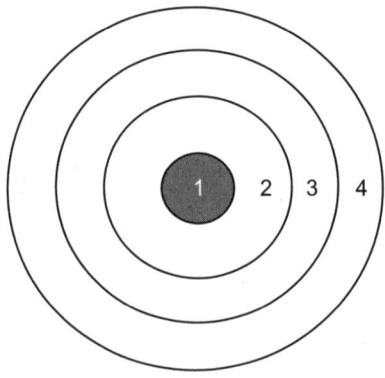

1. Personen, die ausschließlich in der EB arbeiten
2. Personen, die in prekären Beschäftigungsverhältnissen ihren Lebensunterhalt mit EB verdienen
3. Personen, die nur zu einem Teil ihrer Arbeit EB betreiben
4. Personen, die neben anderen Tätigkeiten auch EB betreiben

Abb. 12-1: Spektrum von in der Erwachsenenbildung Beschäftigten
(nach: Nuissl 2005, S. 50)

Hauptberuflichkeit Die Überlegungen zum Berufsbild von Erwachsenenbildnern haben sich in Deutschland jedoch in erster Linie auf hauptberuflich Tätige bezogen. Hauptberuflichkeit sollte die pädagogische Qualität dieses Bildungsbereichs sichern und die Kontinuität wahren, die für eine verantwortungsvolle Bildungsarbeit nötig ist. Das Ziel der verbands- und bildungspolitischen Bestrebungen in den 1960er und 1970er Jahren war die Anerkennung des Erwachsenenpädagogen als eines Berufs mit akademischer Ausbildung. Wichtige Etappen waren deshalb die Etablierung eines Diplomstudiengangs Erwachsenenbildung und die Beschreibung des Berufsbilds von Leitern und pädagogischen Mitarbeitern an Volkshochschulen in den von der Bundesanstalt für Arbeit herausgegebenen „Blättern zur Berufskunde". Dort wurden als Aufgaben genannt
– „Reflexion der Zielsetzung
– Analyse der Bedingungen
– Erkundung des Bedarfs
– Planung des Angebots
– Vorbereitung des Programms
– Organisation der Durchführung
– Beratung der Mitarbeiter und Teilnehmer
– Kontrolle der Wirkung
– unmittelbare pädagogische Tätigkeit" (Tietgens 1972, S. 7 f.).

Erkennbar sind der wissenschaftliche Charakter (Reflexion, Analyse, Wirkungskontrolle) und die disponierende Ausrichtung (Planung, Vorbereitung, Organisation). Eher untergeordnet sind die eigene Lehrtätigkeit und die Teilnehmerberatung, der zumindest die Beratung der Mitarbeiter vorgeschaltet ist. Das Modell des hauptberuflich tätigen Mitarbeiters an einer öffentlich geförderten Einrichtung der Erwachsenenbildung diente auch solange als

Zielvorstellung des Diplomstudiengangs Erwachsenenbildung, bis es durch den Stellenstopp in diesem Bereich, den Aufschwung der beruflich-betrieblichen Weiterbildung und die Zunahme freiberuflicher und selbstständiger Tätigkeit eher als Ausnahme denn als Normalität einer erwachsenenpädagogischen Tätigkeit gelten musste.

Im Zusammenhang der damaligen Bildungsreform wurde erwartet, dass hauptberufliche pädagogische Mitarbeiter im Sinne der im Strukturplan Weiterbildung (s. Kap. 1.2) fixierten Forderungen ein flächendeckendes systematisches Weiterbildungsangebot entwickeln, das dem gesellschaftlichen Bedarf und den individuellen Bedürfnissen von Teilnehmern entspricht und den Weiterbildungsbereich auf diese Weise zu einem gleichberechtigten Teil des Bildungssystems werden lässt.

Die mit diesem Modell angestrebte Professionalisierung ist nicht nur durch den Rückgang der finanziellen Förderung und der dadurch bedingten vorzeitigen Beendigung des geplanten Stellenausbaus verhindert worden. Entscheidend war auch, dass der Zugang zu einer hauptberuflichen Tätigkeit in der Erwachsenenbildung nicht an die Absolvierung des entsprechenden (mittlerweile von Bachelor- und Masterstudiengängen abgelösten) Diplomstudiengangs gebunden war und ist. Einstellungsvoraussetzung war ‚lediglich' ein abgeschlossenes Studium – eine Entscheidung, die umso leichter fiel, als neben dem Beruf zu bewältigende Zusatzausbildungen angeboten wurden und – bis auf den heutigen Tag – werden.

12.2 Von der Profession zum professionellen Handeln

Es ist lange Zeit diskutiert worden, ob der (kleinen) Berufsgruppe der hauptberuflich tätigen pädagogischen Mitarbeiter, so wie Ärzten oder Rechtsanwälten, das Merkmal einer Profession zugesprochen werden kann. Professionen werden wie folgt beschrieben: Sie erbringen Dienstleistungen von großer gesellschaftlicher Bedeutung, weil die Tätigkeitsfelder- und Ziele gesellschaftlich zentrale Werte darstellen. Sie nehmen ihre jeweiligen Aufgaben und daraus resultierende Rollen- und Machtverhältnisse bewusst wahr und kontrollieren sie intern. Eine spezifische Berufsvorbereitung und berufliche Weiterbildung sichert das für die Berufsausübung notwendige Wissen und Können. Eine eigene Handlungsethik ist für Angehörige dieser Berufsgruppen obligatorisch. Professionen verfügen schließlich über eine relative Autonomie gegenüber ihrer Klientel und gegenüber ihren Auftrag-, Arbeit- und Geldgebern (vgl. PETERS 2004, S. 74).

Erwachsenenbildung – eine Profession?

Erwachsenenbildner sind zwar für den Zentralwert Bildung zuständig, der im Zuge der Propagierung des Lebenslangen Lernens sogar noch an Bedeutung gewonnen hat, zeigen aber kaum die für Professionen typische Autonomie oder ein sie verbindendes Professionsbewusstsein. Hinzu kommt, dass der Berufszugang nicht an den Abschluss eines bestimmten Studiums gebunden ist und es weder eine berufsständische Interessenvertretung noch eine verbindliche Weiterbildungsregelung gibt. Damit kann die Erwachsenenbildung nicht den Status einer vollwertigen Profession beanspruchen, die ein „artikuliertes Bewusstsein der gemeinsamen Aufgabe und Verantwortung verbindet und stärkt" (SCHULENBERG 1972, S. 21).

Die letztlich unbefriedigende Diskussion um den Status einer Profession ist von Überlegungen abgelöst worden, die die Qualität professionellen Handelns in der Erwachsenenbildung betreffen. In den 1990er Jahren entstand eine Reihe von Konzepten zur Qualitätssicherung, die zwar bevorzugt die (leichter zu überprüfende) Qualität von Einrichtungen, aber auch die pädagogische Arbeit sowie die Gestaltung von Programmen und die Durchführung von Veranstaltungen betreffen (s. Kap. 11.2). Anders als die vom Begriff der Profession getragenen eigenverantwortlichen Vorstellungen herrschen hier eher pragmatische Überlegungen, die die Stellung von Einrichtungen auf dem Markt durch den Nachweis externer Überprüfung festigen wollen:

„Unbelastet von normativen Vorgaben oder systembezogenen Hoffnungen geht es allein um die marktgerechte Optimierung der Bildungsarbeit einzelner und vereinzelter Weiterbildungsanbieter. Die Übertragbarkeit qualitätssichernder Verfahren auf die Erwachsenenbildung kann nach den vorliegenden Befunden so wenig bestritten werden wie ihre positiven Wirkungen auf die alltägliche Arbeit." (SCHRADER 2000, S. 76)

‚Professionel values'   Was traditionellerweise als Kennzeichen von Professionen angesehen wurde, nämlich eine spezifische Handlungsethik, wird heute gerade auch für neben- und freiberuflich in der Erwachsenenbildung Tätige auf europäischer Ebene unter dem Stichwort der ‚professional values' diskutiert. Folgende vom britischen Ministerium für Lebenslanges Lernen, Weiter- und Hochschulbildung veröffentlichte Liste enthält Angaben, die auf die in den Kapiteln 2 und 3 beschriebenen traditionellen Konzepte verweisen:

„Lehrende im Bereich des Lebenslangen Lernens schätzen
– alle Lernenden, ihren Fortschritt und ihre Entwicklung, ihre Lernziele und Bestrebungen sowie die Erfahrungen, die diese in ihr Lernen einbringen
– das Lernen an sich und die damit verbundene Möglichkeit, Menschen emotional, intellektuell, sozial und ökonomisch zu fördern und einen Beitrag zur Nachhaltigkeit auf kommunaler Ebene zu liefern
– Gleichheit, Verschiedenheit und Inklusion in Bezug auf Lernende, die Belegschaft in Betrieben und die Kommune
– Reflexion und Evaluation der eigenen Praxis und ihre ständige professionellen Entwicklung als Lehrende
– Zusammenarbeit mit anderen Menschen, Gruppen und/oder Organisationen mit einem berechtigten Interesse am Fortschritt und an der Entwicklung von Lernenden." (LIFELONG LEARNING 2007, S. 3 – Übers. aus dem Engl.)

Teilnehmer-orientierung   In der deutschen Erwachsenenbildung hat sich das Prinzip der ‚Teilnehmerorientierung' (s. Kap. 4.4 und 8.3) als allgemein anerkannte Leitlinie durchgesetzt. Mit diesem in den 1970er Jahren etablierten Begriff „soll angedeutet werden, dass die Angebote der Erwachsenenbildung im Normalfall nicht von einer Sachsystematik bestimmt sind, sondern von den Voraussetzungen und Erwartungen derer, die mit den Veranstaltungen angesprochen werden sollen" (TIETGENS 2001a). Das bereits in einigen didaktischen Überlegungen von Erwachsenenbildnern in der Weimarer Zeit erkennbare Prinzip, den Horizont der Teilnehmer einzubeziehen, ohne die von diesen gewünschte Leitung aufzugeben, wird im Vorfeld der Planung (als Antizipation) wirksam, aber auch in Lehr-/Lernsituationen im konkreten Kontakt mit den Teilnehmern selbst. Es stellt eine auf die Person des Erwachsenen bezogene ethische Kategorie dar, die nicht mit kommerzieller Kundenorientierung zu verwechseln ist.

Professionelles Handeln ist nicht mit (wie auch immer messbarem) erfolgreichem Handeln gleichzusetzen. Zeichen von Professionalität ist vielmehr der auf einer durchaus nicht widerspruchsfreien Einheit von Können und Wissen aufbauende Umgang mit Paradoxien. Statt anzunehmen, dass die Aneignung bestimmter Kompetenzen eine erfolgreiche Berufsausübung ermögliche, wird von Widersprüchen ausgegangen, die es auszuhalten gilt. Dazu gehört es, Entscheidungen auch dann kompetent zu treffen, wenn keine gesicherte wissenschaftliche Grundlage dafür vorhanden ist, oder dem Gebot der Zuwendung gegenüber problematischen Teilnehmern bei gleichzeitiger Einhaltung der für Lehr-Lernprozesse notwendigen Distanz zu entsprechen. Professionell handeln, heißt somit auch, sich der Fehlbarkeit des eigenen Handelns bewusst zu sein:

Professionalität

„Professionalität ist, so kann man zusammenfassend sagen, kein ‚Zustand‘, der errungen oder erreicht werden kann, sondern eine flüchtige, jedes Mal aufs Neue situativ herzustellende berufliche Leistung. Sie kann weder verordnet werden, noch erschöpft sie sich in der Ausformulierung normativer Prämissen. Professionalität stellt sich in dieser Perspektive als extrem störanfälliges, durch das Merkmal der Fallibilität gekennzeichnetes Handlungsphänomen dar." (NITTEL 2000, S. 85)

12.3 Kernaufgaben beruflichen Handelns in der Erwachsenenbildung

Als die drei Kernaufgaben einer beruflichen Tätigkeit in der Erwachsenenbildung gelten allgemein Lehren, Planen und Beraten. Lehren umfasst die Planung von Seminarkonzepten, Unterrichten, Moderieren, Planen bzw. Leiten betrifft Sicherstellen der Finanzierung, Bedarfsermittlung, Programmentwicklung, Personalmanagement, Transfersicherung und Evaluation, Beraten bezieht sich auf Institutionen, Adressaten, Lernende und schließt auch die Arbeit mit Informationssystemen sowie die Öffentlichkeitsarbeit ein (vgl. FAULSTICH/ZEUNER 2006, S. 47 ff.).

Bezogen auf das Lehren herrscht sowohl in der allgemeinen als auch in der beruflichen Erwachsenenbildung Einigkeit in der Ablehnung von Instruktionsmodellen. Von ROLF ARNOLD und seinen Mitarbeitern ist in mehreren Publikationen das Konzept der ‚Ermöglichungsdidaktik‘ (s. Kap. 4.4) entwickelt worden (neuerdings ARNOLD/GÓMEZ TUTOR 2007), die aus der Infragestellung der traditionellen auf Aufklärung und Belehrung gerichteten Didaktik hervorgegangen ist:

Lehren

„An die Stelle der überlieferten ‚Erzeugungsdidaktik‘ mit ihren mechanistischen und technologischen Kontaminierungen tritt die Vorstellung einer das individuelle Lernen ermöglichenden Didaktik. Die Prinzipien einer solchen Didaktik lassen sich [...] wie folgt definieren:
– Lernen vollzieht sich als ein weitgehend selbstorganisiert ablaufender Aneignungsprozeß, dessen Resultate vom Lehrenden zwar durch Ermöglichung von Differenzerfahrungen initiiert und durch ein entsprechende Lehr-Lern-Arrange-

ments gefördert, aber nicht erzeugt und gewährleistet werden können. Nachhaltiges Lernen findet statt, wenn der Lerninhalt vom Lernenden als für seine eigenen Zwecke und Handlungsprobleme relevant wahrgenommen wird.

– Die Ergebnisse des Lernens sind weniger wichtig als der Prozeß, der zu weiteren Fragen führt. Der Problemlösungsprozeß sollte sich nicht auf die nachvollziehende Anwendung bekannter Verfahren beschränken, sondern die Konstruktion eigener Lösungswege, ihre selbständige Bearbeitung und Überprüfung im sozialen Dialog beinhalten." (ARNOLD/SCHÜSSLER 1998, S. 132)

Eine etwas andere, nämlich auf politisch-gesellschaftliches Handeln gerichtete Akzentuierung wählen FAULSTICH/ZEUNER (2006). Diese schlagen eine sogenannte ‚Vermittlungsdidaktik' vor, die u. a. darauf gerichtet ist, in Gruppen gemeinsame Probleme zu behandeln, die den Transfer in die Realität des gesellschaftlichen Handelns wahrscheinlich machen (vgl. a. a. O., S. 52 f.).

Planung Eine klassische Aufgabe erwachsenenbildnerischer Planung (nicht nur) in öffentlich geförderten Institutionen der Erwachsenenbildung, die neuerdings als Teil von Bildungsmanagement verstanden wird, ist die Programmerstellung, d. h. die Planung, Veröffentlichung und Realisierung des Lehrangebots. Auf der Grundlage der mehr oder weniger expliziten Ermittlung des Bedarfs, also der Bildungsinteressen und -notwendigkeiten von Erwachsenen, wird das eigentliche Programm geplant und fertiggestellt. Um darauf aufmerksam zu machen, werden Instrumente der Öffentlichkeitsarbeit und Werbung eingesetzt. An diesen makrodidaktischen Bereich schließen sich die mikrodidaktischen Schritte der Vorbereitung, der Realisierung und der Evaluation der konkreten Veranstaltungen an. Die Evaluation, also die Beurteilung des Gesamtprogramms, vor allem die Beantwortung der Frage nach dem tatsächlichen Zustandekommen der angebotenen Veranstaltungen, geht dann wieder in die Bedarfsermittlung und Planung des nächsten Programms ein.

Die beträchtliche Abstimmungsarbeit, die hautberuflich pädagogisch Tätige (HPT) in diesem Bereich zu leisten haben, ist den darauf bezogenen Ablaufschemata (vgl. z. B. WEINBERG 2000, S. 94) kaum zu entnehmen. Für die in öffentlich (teil-)geförderten Institutionen Arbeitenden bedeutet dies die Berücksichtigung und Ausbalancierung von Anforderungen, Wünschen und Interessen der Gesellschaft, des Trägers, der freien Mitarbeiter, der Auftraggeber und/oder Qualifikationsabnehmer und nicht zuletzt der Teilnehmer, an welche das Angebotsverständnis des planenden Mitarbeiters, die Erfordernisse didaktischen Handelns und die Struktur des Lernstoffs anzupassen sind (vgl. Abb. 12-2).

Beratung Beratung wurde zwar schon immer als Teil der Erwachsenenbildungsarbeit gesehen, hat aber im Zuge der Entwicklung moderner, von Nichtwissen und Ungewissheit geprägten Gesellschaften (s. Kap. 5 und 10) einen neuen und größeren Stellenwert erhalten. Dem entspricht auch eine Entschließung der Europäischen Union zur lebensbegleitenden Beratung (vgl. RAT DER EUROPÄISCHEN KOMMISSION 2004). Beratung hat sich dabei von einer Intervention bei Krisensituationen zu einer Lern- und Entwicklungsprozesse begleitenden Dienstleistung gewandelt. Dabei treten zunehmend organisationsbezogene gegenüber personenbezogene Formen in den Vordergrund.

Zu den personenbezogenen Formen gehören die Lernberatung für diejenigen, die sich bereits in einer Lernsituation befinden (vgl. z. B. KEMPER/KLEIN

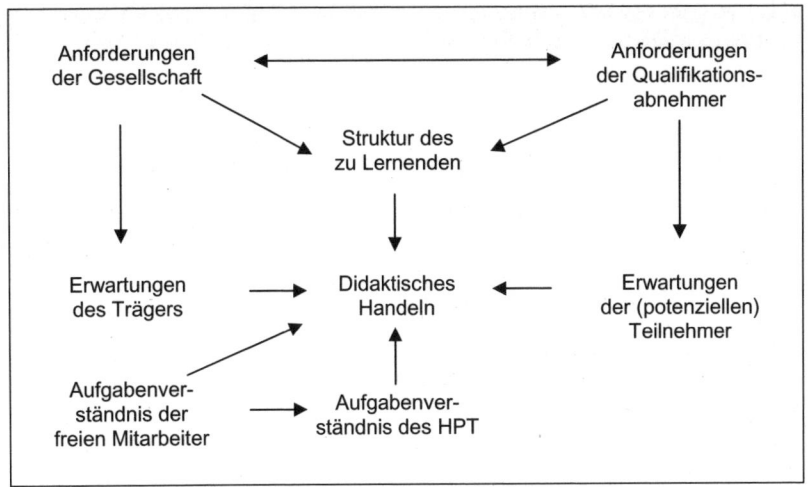

Abb. 12-2: Spannungsfeld erwachsenenpädagogischen Handelns
(nach: TIETGENS 1992, S. 29)

1998), und die Bildungs(laufbahn)beratung für diejenigen, die vor der Entscheidung stehen, geeignete Angebote der Weiterbildung auszuwählen. Bei den organisationsbezogenen Formen kann man Qualifizierungs-, Qualitätsentwicklungs- und allgemeine Organisationsberatung unterscheiden (vgl. SCHIERSMANN 2007a). Erstere bezieht sich vor allem auf Klein- und Mittelbetriebe, die in der Regel über kein spezielles Weiterbildungspersonal verfügen, letztere berücksichtigt die Wechselwirkung zwischen Weiterbildung, Personalentwicklung und Organisationsberatung. Die Qualitätsentwicklungsberatung bezieht sich auf die Einführung von entsprechenden Konzepten sowie auf die Einbindung externer Beobachter (vgl. z. B. MEISEL/von KÜCHLER 1999). Relativ neu ist die Beratung, die mit Verfahren der Bilanzierung von – auch informell erworbenen – Kompetenzen (s. Kap. 9.4) verbunden sein kann (vgl. PREISSER/VÖLZKE 2007).

Neue Aufgaben

Durch die Zunahme projektförmiger Arbeitsbedingungen und die Notwendigkeit zur Akquise von Aufträgen sind zu den klassischen Kernaufgaben des Lehrens, Planens und Beratens eine Reihe weiterer Aufgaben wie Umgang mit Befristung, Sicherung der beruflichen Zukunft durch Kenntnis der Projektlandschaft, Bildung von Netzwerken oder Durchführung von Rentabilitätsrechnungen hinzugekommen.

Im Bereich der beruflichen Bildung wird zunehmend die Entwicklung neuer Formen arbeitsplatznaher Qualifizierung sowie die Übernahme von Verantwortung bei der Mitentscheidung über Lebenschancen verlangt. Diese neuen Aufgaben müssen nicht nur als belastend empfunden werden, sie können auch als Herausforderungen aufgefasst werden:

„Es wäre […] falsch anzunehmen, dass diese neuen Anforderungen vorrangig als Belastung wahrgenommen werden. Gerade die Herausforderung, im Kontakt mit Betrieben didaktisch-methodische Phantasie entwickeln zu müssen und zu dürfen, das Arbeiten mit Gruppen, die ansonsten von Bildung nicht erreicht werden und anderes stellen für viele Herausforderungen dar, die als Bereicherung der eigenen Kompetenzen begriffen werden." (KLEIN 2007, S. 7)

12.4 Forschungen zum professionellen Handeln in der Erwachsenenbildung

Die Diskrepanz zwischen normativen Vorgaben und empirischer Beschreibung, die bei allen bisher behandelten Aspekten in mehr oder weniger offener Form deutlich wurde, zeigt sich beim Thema des professionellen Handelns in der Erwachsenenbildung in besonders deutlicher Weise. Es sind eher Sollvorstellungen, die die Diskussion auf diesem Gebiet beherrschen und beherrscht haben: Das betraf die Konzeption einer breit durchzusetzenden Hauptberuflichkeit und es betrifft die Kompetenzen, über die in der Erwachsenenbildung Tätige verfügen sollen.

Statistik Demgegenüber stehen Bemühungen, die den Ist-Zustand zu erfassen versuchen: zum einen auf der Ebene der Statistik, zum anderen auf der Ebene der Anforderungen und der Wahrnehmung dieser Anforderungen durch die Menschen, die im Bereich Erwachsenenbildung tätig sind. Die Zahl der in der Erwachsenenbildung Beschäftigten zu bestimmen ist angesichts des hohen Anteils an Neben- und Freiberuflichen mit unterschiedlichen Berufsbezeichnungen (Coach, Trainer, Weiterbildungslehrer, Berater, Teamer usw.) sowie der Vielzahl an Personen, die innerhalb von Betrieben zu Zwecken der Weiterbildung eingesetzt werden, außerordentlich schwierig. Hier ist man nach wie vor auf Schätzungen angewiesen.

Befragung Ein genaueres Bild ergeben Untersuchungen, die sich auf überschaubare Gruppen von Personen oder auf Einzelfälle richten. So sind etwa in der Lernberatung Tätige nach ihrem Verständnis von Lernberatung (vgl. PÄTZOLD 2004) oder hauptberuflich pädagogisch Tätige nach ihrem professionellen Selbstverständnis (vgl. GIESEKE 1989), nach ihrer Sicht auf die Teilnehmenden, auf den Lehr-Lern-Prozess und nach ihren Vorstellungen über das Wissen, das sie vermitteln (vgl. HOF 2001), befragt worden. Belegbar wird damit, in welcher Form die auf einem anderen Gebiet erworbene Fachlichkeit das Berufsverständnis prägt (vgl. BASTIAN 1997) oder dass individuell-biographische Konstellationen und nicht erwachsenenpädagogische Überlegungen das Selbstbild von Kursleitern bestimmen (vgl. KADE 1989). Dazu gehört auch die Überlagerung von erwachsenenpädagogischen Vorstellungen durch andere ‚Sinnwelten' wie Parteipolitik, soziale Bewegungen, Kultur oder auch Schule (vgl. NITTEL/MAIER 2006). Derartige Studien bieten die Möglichkeit, auf empirischer Basis Begriffsbestimmungen und Typenbildungen, aber auch Anforderungsprofile zu entwickeln.

Beobachtung Einen anderen Weg nehmen Arbeitsplatzstudien ein, die vorwiegend mit Instrumenten der Beobachtung arbeiten. So sind beispielsweise hautberufliche pädagogische Mitarbeiter der konfessionellen Erwachsenenbildung bei ihrer Arbeit der Programmplanung beobachtet und anschließend interviewt worden, wobei alle Arbeitshandlungen nach Inhalt, der damit verfolgten Strategie, dem Ergebnis und der Interpretation durch die beobachtete Person erfasst wurden.

Im Ergebnis konnte die These der Abstimmung (s. o.) empirisch unterfüttert und für den Bereich der kirchlichen Erwachsenenbildung unter gegenwärtigen Bedingungen konkretisiert werden:

„Die Programmplanung kann nach unseren Erhebungen nicht als ein lineares, stufenförmiges Entscheidungsverfahren betrachtet werden. Die Konzepte entstehen nicht am Reißbrett, nicht auf Grund von sozialwissenschaftlichen Analysen, nicht im Sinne der Umsetzung einer Bildungstheorie und auch nicht als Umsetzung bildungspolitischer Vorstellungen oder Anforderungen. Programmplanungshandeln hat jedoch von allem ein bisschen. Vor allem sind die Planer und Planerinnen nicht in ihrer Ideenvielfalt an einen Ideenträger gebunden. Programmplanungshandeln entsteht dadurch, dass vernetzte Strukturen in einer Region aufgebaut und entwickelt werden. […] Programmplanungshandeln geschieht in diesem Sinne sukzessiv. Entwickelte Ideen, ausgehandelte Kooperationen, begonnene Projekte werden häufig über lange Zeit als lockere Kooperationen gepflegt und setzen sich nur unter bestimmten Konstellationen in konkrete Angebote um. […] Jede Entscheidungsebene durchlaufen die Planerin und der Planer nicht allein. Vielmehr wird jede Entscheidung von der Idee bis zur Umsetzung in Abstimmungsprozesse eingebunden und ausgehandelt. Verständigung, wechselseitige Interpretation, Korrekturen, Präzisierungen sind die inhaltlich-gestaltenden und organisatorischen Arbeitsformen im Programmplanungshandeln." (Gieseke/Gorecki 2000, S. 112)

Das Beispiel zeigt darüber hinaus den nur relativen Einfluss von Wissenschaft, Theorie und Politik auf die Praxis der Erwachsenenbildung. Befürchtungen, die Erwachsenenbildung werde zum Spielball von Moden und Vorgaben, erweisen sich damit als ebenso einseitig wie die Vorstellung von Praktikern als Abnehmern wissenschaftlichen Wissens. Stattdessen wird in Untersuchungen eine ,Eigenlogik' des beruflichen Handelns deutlich, die es ebenso zu respektieren gilt wie die Deutungen, Konstruktionen oder die systemtheoretisch begründete ,Unerreichbarkeit' von Teilnehmern.

Was Sie wissen sollten, wenn Sie Kapitel 12 gelesen haben:

– Sie sollten die verschiedenen Berufsrollen und die unterschiedlichen Beschäftigungsverhältnisse in der Erwachsenenbildung unterscheiden können.
– Sie sollten erklären können, inwiefern es sich bei hauptberuflich tätigen Erwachsenenbildnern nicht um eine Profession handelt.
– Sie sollten die Kategorien Profession und Professionalität in Beziehung setzen können.
– Sie sollten die klassischen Kernaufgaben der in der Erwachsenenbildung Tätigen nennen und beschreiben können.

Literatur zur Erwachsenenbildungsforschung

Born, Armin (1991): **Geschichte der Erwachsenenbildungsforschung. Eine historisch-systematische Rekonstruktion der empirischen Forschungsprogramme**. Bad Heilbrunn.
Deutsches Institut für Erwachsenenbildung (Hrsg.) (2000): **Memorandum zur historischen Erwachsenenbildungsforschung**. Bonn.

DEUTSCHES INSTITUT FÜR ERWACHSENENBILDUNG (Hrsg.) (2002): **Forschungsmemorandum für die Erwachsenen- und Weiterbildung**. Bonn.

HAKE, BARRY J.: **Erwachsenenbildungsforschung in der Europäischen Union**. In: DIE Zeitschrift für Erwachsenenbildung, H. 4, S. 28–30.

KADE, JOCHEN/NITTEL, DIETER/SEITTER, WOLFGANG (^{2}2007): **Einführung in die Erwachsenenbildung/Weiterbildung**. Stuttgart. Kap.5: Forschungsbefunde zum Lernen Erwachsener (S. 98–139).

KNOLL, JOACHIM H. (1997): **Internationale und Vergleichende Erwachsenenbildungsforschung**. In: Bildung und Erziehung, H. 3, S. 251–256.

REISCHMANN, JOST/BRON, MICHAL (Hrsg.) (2008): **Comparative Adult Education. Experiences and Examples**. Frankfurt a. M. (im Druck).

D Ausblick

13 Traditionelle Paradoxien und aktuelle Tendenzen

Die bisher behandelten Themen sollten einen aktuellen Überblick über die in der Erwachsenenbildung herrschenden Begriffe, Konzepte, Theorien sowie über die von der Forschung behandelten Arbeitsbereiche der Praxis geben. Dabei ist immer wieder auch auf historische Formen verwiesen worden – speziell in den ersten und vereinzelt in den späteren Kapiteln.

Versucht man nun, die erwähnten Ideen und ihre Realisation in der Vergangenheit mit den gegenwärtigen Erscheinungen und Konzepten in Verbindung zu bringen, so lassen sich einige dauerhafte Paradoxien der Erwachsenenbildung ausmachen, d.h. Erscheinungsformen, die immer wieder durch gegenläufige Tendenzen in ihrer Wirkung begrenzt werden. Demgegenüber sind aber auch einige Tendenzen auszumachen, die zwar als solche nicht neu sind, aber in bisher ungewohnter Intensität erscheinen und die die Praxis der Erwachsenenbildung ebenso wie die Erwachsenenbildungswissenschaft betreffen. Auf diese traditionellen Gegensätze und aktuellen Erscheinungen soll abschließend eingegangen werden.

13.1 Offizielle Zustimmung und reale Hintanstellung

In offiziellen Dokumenten findet sich von der Aufklärung bis heute so gut wie keine Ablehnung oder Infragestellung der Bildung und des Lernens Erwachsener. Das zeigen die philosophischen Schriften KANTS wie der politische Nationalerziehungsplan CONDORCETS (s. Kap. 2.1 und 2.2) ebenso wie die Dokumente und aktuellen Verlautbarungen der europäischen und der deutschen Bildungspolitik. Bildung gilt als Wert an sich, als Wert für den Einzelnen und als Wert für die Gemeinschaft. Dies wird in den Massenmedien ebenso verkündet wie von den Personen, die im Rahmen von Forschungsprojekten zur Funktion von Erwachsenenbildung befragt werden.

Erwachsenenbildung als Metapher

Auch wenn immer wieder um den Sinn einzelner Ziele und Begründungen von Erwachsenenbildung gestritten wurde, so blieb ihre prinzipielle Berechtigung und Sinnhaftigkeit so gut wie unangetastet. Zweifel und Abwertung tauchen dagegen in der alltäglichen Berichterstattung in den Massenmedien dann auf, wenn Erwachsenenbildung und ihre Einrichtungen zur Bildung von Metaphern der Abwertung dienen. Bei der Beschreibung eines wenig charismatischen Politikers ist von dessen „volkshochschulpädagogischer Vernünftigkeit", bei einem Film über die Bombardierung von Dresden von „einhämmernder Volkspädagogik" die Rede, die Aufführung des Theaterstücks „Die Zofen" von Jean Genet wird als „Volkshochschule für unsere gestrauchelten Schwestern" bezeichnet und die Novelle eines bekannten Journalisten als „Erwachsenenbildung in Erzählform" (vgl. NOLDA 1995).

Lächerliches und
Fragwürdiges

Direkte Infragestellung und Abwertung finden sich in künstlerischen Darstellungen. Wenn in modernen Theaterstücken wie in Wilhelm Genazinos „Hausschrat" zwei Personen auftreten, die an der „Universität des dritten Lebensalters" Philosophie studieren, oder in einer Erzählung von einer Frau die Rede ist, „die in ihrer Freizeit Erich Fried las und einen Malkurs an der Volkshochschule besuchte" dann ist klar, dass es sich um lächerliche Bildungsprätentionen handelt. Der berühmte Loriot-Sketch „Der Jodelkurs" persifliert die emanzipatorische Rhetorik, mit der eine Frau den Besuch eines Jodelkurses begründet („Mit dem Jodeldiplom, da hab' ich was für mich" als Echo der Worte ihres Ehemanns „Da hat sie was für sich"), ein Cartoon von Gary Larson mit der Unterschrift „Weiterbildung" zeigt einen Mann mit Henkermaske, der in einem Kerker mit gefolterten Menschen in einem Buch mit dem Titel „Gekonnt foltern" liest. In dem utopischen Roman „Schule der Arbeitslosen" von Joachim Zeller wird ein Fortbildungscamp mit ‚coaching zones', ‚training points', ‚recreation sectors' beschrieben, in dem Arbeitslose systematisch entmündigt werden. Allgemeine Erwachsenenbildung erscheint in diesen Texten als ebenso lächerliche wie überflüssige Prätention, berufliche Weiterbildung (zu der auch Maßnahmen für Arbeitslose gehören) als fragwürdige Instrumentalisierung.

Der offiziellen Wertschätzung und der inoffiziellen Abwertung entspricht vielleicht auch die Tatsache, dass der politischen Rhetorik nicht unbedingt eine entsprechende finanzielle Unterstützung folgt. Der Bereich Erwachsenenbildung ist nach wie vor der am geringsten öffentlich geförderte Bildungsbereich.

Auch die Erwachsenenbildungswissenschaft spielt bei weitem nicht die Rolle, die angesichts der offiziellen Wertschätzung des ‚Lebenslangen Lernens in der Wissensgesellschaft' erwartbar wäre. Ein Transfer ihrer Forschungsergebnisse über die Fachgrenzen hinaus ist eher die Ausnahme; in der Öffentlichkeit wahrgenommen wird sie kaum – ein Schicksal, das sie allerdings mit der Erziehungswissenschaft generell teilt. Im Bereich der Lernforschung dominiert die international ausgerichtete Psychologie (vgl. WEINERT/MANDL 1997, MANDL/KOPP/DVORAK 2004), auch wenn die Vertreter der Erwachsenenbildung auf deren beschränkte Sicht hinweisen (vgl. JARVIS 2006), und im Bereich der Didaktik beherrscht die Ratgeberliteratur den Markt, die die – verständliche – Nachfrage nach handgreiflichen Rezepten bedient.

Nicht-Teilnahme,
Widerstand und
Überlagerung

Diese Situation scheint ihr Pendant im Gegensatz zwischen allgemein breit geäußerter Weiterbildungsbereitschaft und weitgehender realer Nicht-Teilnahme (s. Kap. 8.2) oder den diversen Formen des Widerstands zu finden, die bei einer unfreiwilligen oder freiwilligen Teilnahme zu beobachten sind (s. Kap. 9.4). Fest steht, dass Erwachsenenbildung offensichtlich nicht den zentralen Platz im Leben der Teilnehmer einnimmt, den offizielle Proklamationen entwerfen. Was bei Adressaten und Teilnehmern der Erwachsenenbildung festzustellen ist, lässt sich aber auch bei den beruflich in der Erwachsenenbildung Tätigen finden, nämlich eine Hintanstellung des spezifisch Erwachsenenbildnerischen. Dies tritt in der Form auf, dass die in einem anderen Gebiet erworbene Fachlichkeit das Berufsverständnis als Pädagoge überwölbt, dass die eigene Biographie den Anlass zur Aufnahme einer Tätigkeit als Kursleiter bietet oder dass die Tätigkeit in der Erwachsenenbildung in den Rahmen anderer Bezugssysteme wie Politik oder Kultur gestellt wird (s. Kap. 12.4).

13.2 (Allgemein-)Bildung und Berufsbildung

Die programmatische Betonung von Bildung hat die Erwachsenenbildung von ihren Anfängen an begleitet. Dabei hat sie sich meist – mehr oder weniger explizit – auf das Bildungskonzept WILHELM VON HUMBOLDTS (1767–1835) berufen, das den Schwerpunkt auf die Verbindung zwischen Subjekt und Welt und damit auf die Entwicklung der Person legt. Lakonisch heißt es dazu im „Wörterbuch Erwachsenenpädagogik":

Bildung als Programm

„Bildung bedeutet in den klassischen Bildungstheorien den Prozess und das Ziel der Kräfte-Bildung, Selbstentfaltung und Selbstverwirklichung jedes Menschen in Auseinandersetzung mit der Welt. Bildung ist das Gegenkonzept zu Erziehung und Ungleichheit." (SCHLUTZ 2001)

Der hier formulierte Gegensatz zum pädagogischen Vorgang der Erziehung und zur sozialen Realität der Ungleichheit hat bewirkt, dass Humboldts Konzept für die Erwachsenenbildung attraktiv geblieben ist. Von reiner Wissensvermittlung grenzte man sich ebenso ab wie von einem unreflektierten Anwendungsbezug, wie er der beruflichen Bildung zugeschrieben wurde, so etwa in der Weimarer Zeit (vgl. TIETGENS 1996) oder im Gutachten des Bildungsrats von 1970 (s. Kap. 7.2). Bildung wurde meist mit Allgemeinbildung gleichgesetzt und damit von der speziellen, nämlich berufsbezogenen, Bildung unterschieden. Einander gegenübergestellt wurden Subjekt- und Fachbezug, Identitäts- und Qualifikationslernen.

Trotz häufig emphatischer Bekundungen zur personenbezogenen zweckfreien Bildung und der Ablehnung von berufsbezogener Zweckbildung hat es immer Koexistenzen und Mischformen gegeben. Abgewechselt haben dabei Phasen, in denen – wie im Gutachten des Deutschen Ausschusses für das Erziehungs- und Bildungswesen (s. Kap. 3.1) – eine Kombination problemlos schien mit Zeiten, in denen das Gegensätzliche hervorgehoben wurde. Von den jeweils proklamierten Präferenzen zu trennen sind jedoch die realen Angebote. So kann nachgewiesen werden, dass die Volkshochschulen in der Weimarer Zeit (und dann wieder nach dem zweiten Weltkrieg) in ihren offiziellen Äußerungen zwar den Bildungsaspekt betonten, de facto aber auch – durchaus erfolgreich – beruflich orientierte Angebote durchgeführt haben (vgl. TIETGENS 2001a).

Die imaginierte oder reale Kluft zwischen allgemeiner und beruflicher Bildung ist keine deutsche Eigenart. Die Diskussion um die nachlassende Bedeutung der liberal adult education und Vormachtstellung der vocational adult education prägt auch die Diskussion in den anglophonen und skandinavischen Ländern (vgl. SALO 2006). Dabei ist zu bedenken, dass die allgemeinbildende, an den Erfahrungen der Teilnehmer ansetzende Volkshochschule aus Dänemark, die allgemeinbildende, Inhalte vermittelnde, Universitätsausdehnungsbewegung (s. Kap. 10.2) aus England und die – ‚an den Interessen der Teilnehmer ansetzenden und von diesen organisierten – Studienzirkel', (vgl. BJERKAKER/SUMMERS 2006) aus Schweden stammen – allesamt Formen, die im Gegensatz zu den mit beruflicher Weiterbildung assoziierten Formen fremdbestimmter Instruktion und reinen Anpassungslernens stehen.

*Bildung und
Berufsbildung*
    Von Seiten der Berufspädagogik wird demgegenüber darauf hingewiesen, dass die Zeiten einer engen Zweckorientierung mit der Durchsetzung des Konzepts der Schlüsselqualifikationen bzw. -kompetenzen (s. Kap. 3.3 und 10.4) vorbei seien. Vielmehr trete angesichts der heute notwendigen fachübergreifenden Anforderungen das subjektive Moment der Selbststeuerung in den Vordergrund, so dass eine Neubestimmung des Verhältnisses von Bildung und Berufsbildung anstehe. Es werde nämlich zunehmend deutlich,

> „dass der inhaltliche Wandel der Berufsbildung zu einer auch subjektorientierten außerfachlichen und fachübergreifenden Kompetenzentwicklung weder von der überlieferten Verdächtigung ausgehen kann, dass es einen unverändert und grundsätzlich unversöhnlichen Gegensatz von betrieblicher Zweckorientierung des individuellen Lernens einerseits und den Anforderungen an die Persönlichkeitsentwicklung andererseits gäbe [...], noch kann die Neubestimmung des Verhältnisses von Bildung und Berufsbildung dadurch erfolgen, dass man berufspädagogische Zielvorstellungen leichtfertig vollständig den Marktkräften aussetzt und die Subjektorientierung der Berufsbildung zur Kundenorientierung verkommen lässt. Man kann nämlich keineswegs davon ausgehen, dass die Ansprüchlichkeit einer allgemeinen Bildung in der beruflichen Bildung heute bereits vollständig ‚aufgehoben' sind, für die Entfaltung von Kritikfähigkeit und die Entwicklung ‚gesellschaftlicher Schlüsselqualifikationen' (Negt [...]) sind vielmehr zusätzlich Angebote und möglicherweise auch andere didaktische Arrangements notwendig. Gleichwohl beinhalten die Ansprüche aktueller Kompetenzentwicklung deutliche Potentiale für Bildung." (ARNOLD 2003, S. 24)

*Kapitalsorten der
Erwachsenenbildung*
    So wie der Gegensatz zwischen allgemeiner und beruflicher Bildung bei der Frage nach dem in der Erwachsenenbildung vermittelten Wissen durch die Aufzählung gleichrangiger Wissensformen aufgelöst werden kann (s. Kap. 10.1), so wird in den neueren Publikationen der europäischen Bildungspolitik versucht, den Gegensatz zwischen allgemeiner und beruflicher Erwachsenenbildung durch ein erweitertes Verständnis ihres Nutzens aufzuheben. Der englische Erwachsenbildungsforscher TOM SCHULLER unterscheidet im Anschluss an Bourdieu drei Kapitalsorten, die sich gegenseitig beeinflussen und steigern: das Humankapital, das Identitätskapital und das soziale Kapital (vgl. Abb. 13-1). Humankapital meint das Wissen und die Fähigkeiten, im ökonomischen und sozialen Leben erfolgreich zu agieren; unter sozialem Kapitel werden Netzwerke und Normen verstanden, die Menschen befähigen, gemeinsame Ziele zu erreichen (s. Kap. 3.3) und unter Identitätskapital Ich-Stärken wie Selbstkontrolle, ein positives Selbstbild und kritisches Denkvermögen. Der Forschergruppe um SCHULLER geht es speziell um den oft übersehenen konservierenden Effekt des Lernens, der darin bestehe, dass Lernen Individuen oder Gemeinschaften fördert und zur Stabilität beiträgt (vgl. SCHULLER u. a. 2005, S. 25).

    Der Ertrag der Erwachsenenbildung – so die Argumentation – besteht nicht einfach in einer Verbesserung von Gesundheit, sozialen Netzwerken und familiärem Zusammenleben. Diese Erträge bilden vielmehr ihrerseits die genannten Kapitalsorten, indem sie diese mobilisieren und wachsen lassen. Darüber hinaus bestehen Wechselbeziehungen zwischen den Erträgen: Die Teilnahme an einem Kurs der allgemeinen Bildung kann indirekt das

Selbstbewusstsein vermitteln, das zur Teilnahme an bürgerschaftlichen Initiativen bewegt; Gesundheit wird einerseits vom Bildungsniveau beeinflusst und ermöglicht andererseits die Wahrnehmung von Weiterbildungsgelegenheiten (vgl. a. a. O., S. 14).

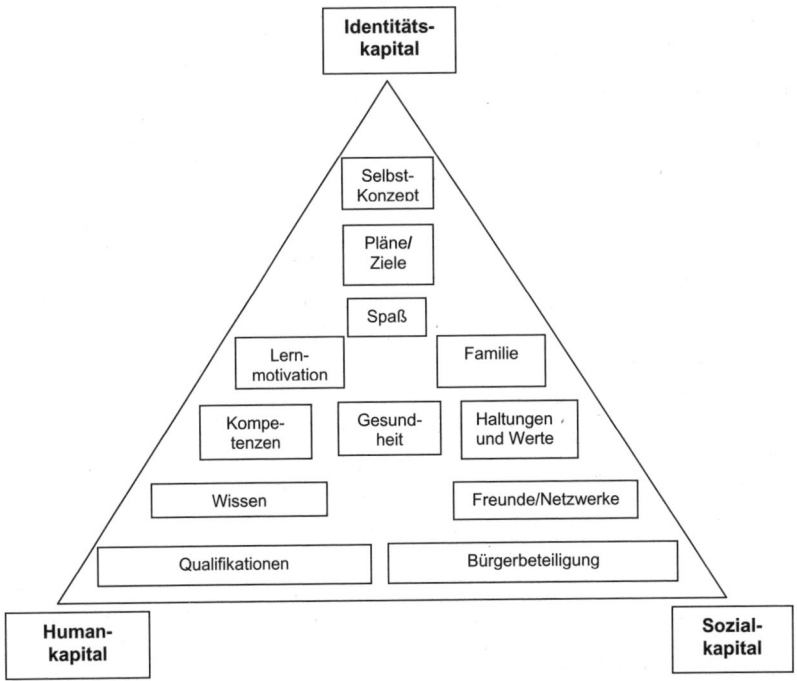

Abb. 13-1: Nutzen der Erwachsenenbildung (nach: SCHULLER u. a. 2005, S. 13)

Es erstaunt nicht dass, dieser Ansatz auch auf Kritik gestoßen ist und im Gebrauch dieser Begriffe Zeichen einer Kolonialisierung der Sprache durch die Ökonomie gesehen werden (vgl. JARVIS 2006, S. 63). Das Konzept wird aber auch benutzt, um die ‚Erträge' zu bestimmen, die sich Ältere von beruflichen Bildungsaktivitäten erhoffen (vgl. SCHMIDT 2006) und bietet so eine Erweiterung des Humankapitalansatzes, der als Nutzen von Weiterbildung vor allem Einkommen und Produktivität bestimmt.

13.3 Institutionalisierung und Entgrenzung der Erwachsenenbildung

In der Geschichte der Erwachsenenbildung werden die Phasen ihrer Institutionalisierung – im Sinne der Etablierung von Kontinuität verbürgenden, speziell für die Zwecke von Erwachsenenbildung zuständigen Einrichtungen – besonders hervorgehoben. Das betrifft in Deutschland etwa die Zeit in der Weimarer Republik, als es nach Aufnahme des Artikels 148 in die

Einrichtungen der Erwachsenenbildung

Reichsverfassung, wonach die Erwachsenenbildung und speziell die Institution Volkshochschule zu fördern sei, zu einer großen Zahl von Neugründungen kam. Das betrifft aber auch die Zeit der Bildungsreform, als durch den Strukturplan und die nachfolgenden Erwachsenenbildungsgesetze der Bundesländer (s. Kap. 11.1) Vorgaben geschaffen wurden, die der Erwachsenenbildung Kontinuität und einen eigenständigen Platz im Bildungsgesamtsystem sichern sollten (s. Kap. 1.2). Institutionalisierung meint in diesem Sinn auch Ausgliederung und Separierung und entspricht der Entwicklung der Erwachsenenbildung von einer im Lebens- und Berufsalltag mitlaufenden, kaum als solche wahrgenommenen Erscheinung zu einer als solche geplanten und anerkannten Tätigkeit.

Protest und Institutionen   Institutionelle Settings garantieren – relative – Beständigkeit und eine Reduktion von Willkür oder Zufall und demonstrieren gesellschaftliche Anerkennung. Aber auch der Nachteil einer gewissen Starrheit ist immer wieder angeführt worden, so dass die sogenannte ‚mittlere Systematisierung' nicht nur als Defizit beschrieben worden ist (vgl. Kap. 11.1). In der Geschichte der Erwachsenenbildung hat es immer wieder Gegner der Institutionalisierung, der Verschulung und damit auch der Professionalisierung gegeben. Diese sahen beispielsweise in den 1920er Jahren eine von Spontaneität und Idealismus getragene Bildungsarbeit gefährdet oder kämpften – wie die Verfasser des „Manifests von Cuernavaca" (s. Kap. 2.3) – für die Freiheit der Opposition.

Dem Protest gegen Institutionalisierung steht die Institutionalisierung des Protests gegenüber. Aus dieser Perspektive kann der institutionelle Ausbau der Erwachsenenbildung in den 1970er Jahren und die an Volkshochschulen praktizierte Zielgruppenarbeit als Prozess verstanden werden, in dessen Verlauf sich ein Protestthema – nämlich über Bildung zur Demokratisierung der Gesellschaft beizutragen – gesellschaftlich etablierte (vgl. Gieseke 1992). Auch die Etablierung der Frauenbildung in den Institutionen der Erwachsenenbildung kann zu dieser Entwicklung gerechnet werden.

Übergänge   Die aktuelle Betonung nichtinstitutionellen Lernens lässt leicht vergessen, dass Erwachsene schon immer primär außerhalb von Bildungsinstitutionen gelernt haben und dass es immer auch Übergänge gegeben hat: So ist in den Lesegesellschaften des 18. Jahrhunderts das Lesen in Privathäusern mit dem pädagogischen Arrangement einer geleiteten Diskussion verbunden worden (s. Kap. 2); und zu Beginn des 20. Jahrhunderts, als die Volksbücherei- und die Volksbildungsbewegung noch nicht getrennt waren, wurden Konzepte einer Beratung für Leser entwickelt und erprobt, die – ähnlich wie in der Bildungsarbeit mit Gruppen – an den Vorkenntnissen, Fähigkeiten und Interessen der Leser und Leserinnen ansetzten (vgl. Hofmann 1909).

Auch die Zertifizierung informell erworbener Kompetenzen (s. Kap. 9.4) stellt eine Übergangsform dar. Sie muss nicht nur als Aufwertung, sondern kann auch als institutionalisierter Zugriff auf nicht-institutionalisiertes oder nicht-institutionell erworbenes Wissen gesehen werden und würde damit den Praktiken entsprechen, die in Betrieben zur betriebsöffentlichen Nutzung von Wissen eingesetzt werden, das bisher nur an Individuen gebunden war (vgl. Kap. 10.3).

Erwachsenenbildung hat es in Demokratien meist verstanden, staatliche Förderung mit inhaltlicher und planerischer Unabhängigkeit zu verbinden.

Mit dem Rückgang der staatlichen Förderung und der Notwendigkeit, markt-förmig zu arbeiten und sich um unterschiedliche Fördermittel zu bemühen, steht auch die Arbeit in etablierten Institutionen unter Zwängen, die die tra-ditionellen Verfahren der Abstimmung von Interessen (s. Kap. 12.3) ver-schärfen. Die beruflichen Anforderungen an diejenigen, die in Institutionen der Erwachsenenbildung arbeiten, unterscheiden sich deshalb manchmal nur graduell von denjenigen, die als Selbstständige oder als freie Mitarbeiter tätig sind.

Angesichts dieser Erosionen kann ein strikter Gegensatz zwischen institu-tioneller und außerinstitutioneller Erwachsenenbildung nicht festgestellt werden. Das erscheint bei der beruflichen Bildung in Form der Entgrenzung von Lerninhalten, Lernorten und Lernsubjekten (s. Kap. 10.4). Auf allgemei-ner Ebene ist eine Tendenz festgestellt worden, die als Universalisierung der Pädagogik bzw. der Erwachsenenbildung bezeichnet worden ist:

Bildung Erwachsener und Erwachsenenbildung

„Die Universalisierung und Entgrenzung zeigt sich nicht nur in der Zunahme der le-benslaufbezogenen Vermittlung, Aneignung und Überprüfung von Wissen, sondern auch in einer zunehmenden Diffundierung, Diversifizierung und Verfügbarkeit päda-gogischen Wissens. Beide Prozesse vollziehen sich dabei nicht nur innerhalb ‚päda-gogisch' markierter Kontexte und Handlungsrollen. Sie kristallisieren sich in den un-terschiedlichsten Institutionalisierungskontexten aus und sind in den verschiedensten Tätigkeitssegmenten auch jenseits expliziter pädagogischer Handlungsrollen einge-lagert." (KADE/SEITTER 2007b, S. 16)

Universalisierung und Entgrenzung

Ob das Lernen bzw. die Bildung Erwachsener außerhalb von Institutionen aber tatsächlich zugenommen hat oder aber nur in den Fokus der lange Zeit auf institutionelle Erwachsenenbildung konzentrierten deutschen Erwachse-nenbildungswissenschaft geraten ist (so WITTPOTH 2005) – fest steht, dass die Bildung Erwachsener und die Erwachsenenbildung nicht mehr getrennt werden können. Das betrifft zum einen die unmittelbare Wechselwirkung zwischen beiden Bereichen – wenn z. B. Teilnehmer der institutionellen Er-wachsenenbildung durch unverbindliche Informationen und Lernangebote aus den Medien sich zu einer Teilnahme entschlossen haben oder die dort gemachten Erfahrungen, in welcher Form auch immer – als Erwartungen an Präsentationen oder als Wissen – einbringen (vgl. HOLM 2003). Zum ande-ren betrifft dies die theoretischen Überlegungen zur Erwachsenenbildung, wenn beispielsweise auf der Basis empirischer Untersuchungen allgemeine Aufschlüsse über das Lernen inner- und außerhalb von Institutionen gewon-nen werden. Dazu gehören Studien zu den Lern- und Bildungsmöglichkei-ten in Vereinen (KOSUBEK 1982; SEITTER 1999), in universitären Praktika (EGLOFF 2002), in den Massenmedien (NOLDA 2004b) und nicht zuletzt in Be-trieben (vgl. HARTZ 2004).

13.4 Selbstreflexivität, Bewertung und Beratung

Erwachsenenbildung als staatlich nicht reglementierter und durch Freiwillig-keit der Teilnahme gekennzeichneter Bildungsbereich war lange Zeit auf Le-gitimation angewiesen. Rechtfertigung und Zielbestimmung des organisier-ten Lernens Erwachsener (s. Kap. 2 und 3) schienen wichtiger als nüchterne

Beobachtung und Selbstbeobachtung

Beschreibung. Das hat sich mit der Etablierung der Erwachsenenbildung in der Gesellschaft und ihrer Bearbeitung durch die Disziplin der Erwachsenenbildungswissenschaft verändert. In dem Maße ihrer akademischen Etablierung verdrängte – distanzierte – Beobachtung die – normative – Parteinahme. Die Haltung der Beobachtung ist aber nicht auf die Wissenschaft beschränkt. Auch Institutionen und beruflich in der Erwachsenenbildung Tätige müssen sich zunehmend der Beobachtung ihrer Konkurrenten, Adressaten und Teilnehmer bedienen, um auf dem Markt erfolgreich agieren zu können.

Selbstreflexion und   Mit der Etablierung deutungsanalytischer und systemisch-konstruktivisti-
Selbststeuerung   scher Ansätze (s. Kap. 4 und 6) haben selbstreflexive Praktiken und die Forderung nach Selbststeuerung ihre theoretische Begründung erfahren. Diese tauchen im Konzept des selbstgesteuerten Lernens (s. Kap. 9.4) auf, sie sind aber auch in der Propagierung unternehmerischen Denkens durch Institutionen und den in der Erwachsenenbildung Tätigen erkennbar, betreffen also Lernende wie Lehrende gleichermaßen. Selbststeuerung kann als Förderung und Erweiterung des Einzelnen, sie kann aber auch als subtile Manipulation verstanden werden: Wenn beispielsweise empfohlen wird, Lernjournale oder -tagebücher anzulegen, wird dies mit der Schärfung der Aufmerksamkeit und Förderung der Lernfähigkeit durch ritualisierte Lerngewohnheiten (vgl. Siebert 2003b, S. 130) begründet. Lernjournale werden aber auch als eine Art Machtpraktik (vgl. Kap. 7.3) beschrieben, mit der die Lernenden angehalten werden, sich selbst als Kapital zu beobachten (vgl. Wrana 2006, S. 44).

Unabhängig von solchen Einschätzungen ist festzustellen, dass sich selbstreflexive Formen in der Erwachsenenbildung auf verschiedenen Ebenen – zumindest als Forderung – durchgesetzt haben: So wie Institutionen der Erwachsenenbildung unter marktwirtschaftlichen Verhältnissen im Rahmen von Qualitätsentwicklungsmaßnahmen (s. Kap. 11.2) ein Profil, ein Leitbild und Zielvorstellungen entwickeln müssen, so ist auch die Wissenschaft von der Erwachsenenbildung unter dem Druck der europäischen Angleichung, der externen Akkreditierung von Studiengängen und der Vorgaben der Forschungsförderung zunehmend auf Selbstbeobachtung und nach außen kommunizierbare Selbstdarstellung angewiesen.

In diesen Zusammenhang gehört auch, dass die Forschung ihren Status als letzte übergeordnete Beobachtungs- und Deutungsinstanz zugunsten einer Haltung der Selbstbefragung aufzugeben scheint. Die Erwachsenenbildungsforschung richtet ihr Interesse verstärkt auf sich selbst: So wird die Durchsetzung von Wissen in der Erwachsenenbildungswissenschaft untersucht (vgl. Möller 2004) oder es werden Konzepte einer reflexiven, zieloffene Entwicklungsprozesse begleitenden, Forschung entwickelt und erprobt (vgl. Schäffter 2006). Eine weitere Variante von Selbstreflexivität stellen Versuche der Koordinierung dar: durch ,Forschungsmemoranden' (vgl. Arnold u. a. 2000; Ciupke u. a. 2004), die relevante Themen und Forschungsbedarfe zusammenfassen, oder durch die Erstellung von sogenannten ,Forschungslandkarten' der Erwachsenenbildung, auf denen aktuelle Aktivitäten vermerkt sind (vgl. Ludwig 2007).

Zertifizierung und   Eng damit verbunden sind Prozesse der Bewertung durch Zertifizierung
best practice   von Einrichtungen im Rahmen von Qualitätsentwicklung und -sicherung (s.

Kap. 11.2) einerseits und durch Zertifizierung von formal, aber auch informell erworbenen Kompetenzen (s. Kap. 9.4) andererseits. Der Nachweis von Qualität bzw. Leistung durch Zeugnisse bzw. Zertifikate entspricht der Akkreditierung bei universitären Studiengängen. Generell haben damit Verfahren der Messung, der Überprüfung und des Vergleichs Einzug auf allen Ebenen der Erwachsenenbildung gehalten – so auch in Bezug auf best-practice-Beispiele, die als Muster für Lernformen oder Kooperationen herausgestellt werden (vgl. z. B. Weil u. a. 2007).

Um den Anforderungen nach Selbstreflexivität einerseits und dem Druck des Marktes andererseits zu begegnen, haben sich vor allem zwei Formen der Bewältigung herauskristallisiert: Beratung und Vernetzung. Beratung hat sich als wichtige Kernaufgabe von Erwachsenenbildnern etabliert (s. Kap. 12.3). Neben der Organisationsberatung und der Lernberatung, die Fragen der Lernfähigkeit und -motivation betrifft, geht es um Formen wie die Lehr- und Projektberatung oder die Beratung politischer Gremien in Sachen Erwachsenenbildung. Nicht-hierarchische wechselseitige Beratung findet auch in Netzwerken statt, die von Weiterbildungsanbietern regional aufgebaut und von Programmen wie dem der „Lernenden Region" gefördert werden (s. Kap. 11.4).

Beratung und Vernetzung

Neben dieser regionalen Form der Kooperation und Ressourcennutzung wird Vernetzung in Betrieben als Form der Wissensverteilung und -produktion (s. Kap. 10.3) und als allgemeine Lernform, speziell in virtuellen Lernumgebungen (s. Kap. 11.3), eingesetzt (vgl. Brödel 2004). Sie spielt aber auch eine zunehmende Rolle in der Wissenschaft von der Erwachsenenbildung – als Form der lockeren Kooperation, aber auch als Analyseobjekt (vgl. Rehrl/Gruber 2007).

Netzwerke sind u. a. gekennzeichnet durch horizontale Strukturen, Selbstbestimmung und Unabhängigkeit der Akteure, Verteilung von Kompetenzen und Ressourcen, Transparenz, Flexibilität und eine Streuung von Risiken (vgl. Hagedorn/Meyer 2001). Eine solche Beschreibung macht verständlich, warum der Begriff des Netzwerks positiv besetzt ist und in der Erwachsenenbildung an die Bildung von Netzwerken große Hoffnungen geknüpft werden – gleichgültig ob sie als Effizienzsteigerung oder als Bewältigung von Ungewissheit (s. Kap. 10.5) gedeutet werden und auch ungeachtet der Tatsache, dass empirische Untersuchungen diesen Optimismus nur bedingt stützen (vgl. Jütte 2002).

Allen drei genannten Dimensionen ist gemein, dass es sich um tendenziell offene, nicht-hierarchische und wiederholte Prozesse handelt. Erwachsenenbildung tritt hier in der Rolle des Subjekts und des Objekts gleichermaßen auf. So wie sie Prozesse der Selbstreflexion, der Bewertung und der Beratung anleitet, so ist sie selbst Gegenstand von Selbstreflexion, Bewertung und Beratung. Ihre Entwicklung ist deshalb nicht nur in dieser Hinsicht offen.

Englische Originalversionen
übersetzter Texte und Abbildungen

Zu S. 14, Abb. 1-1:
Lifelong Learning in the Learning Society (nach Boshier 2005):

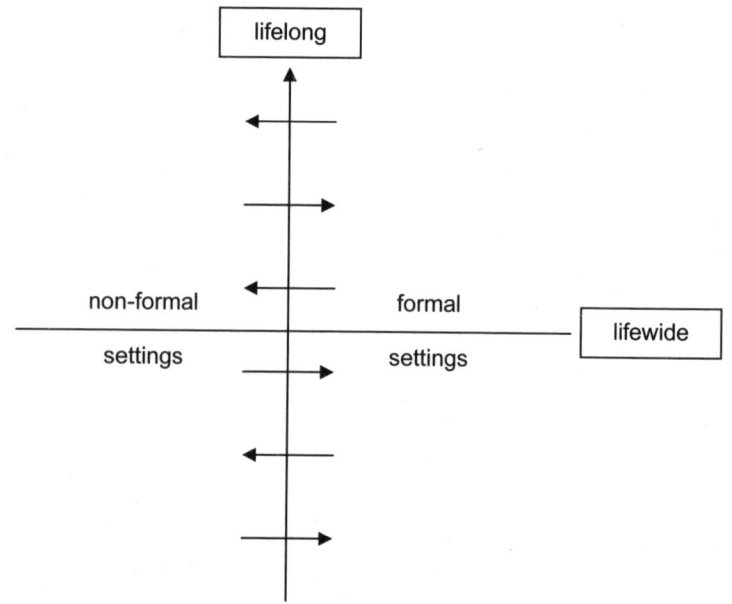

Zu S. 33, Abb. 3-1:
The Importance of Education (nach The World Bank 1999):

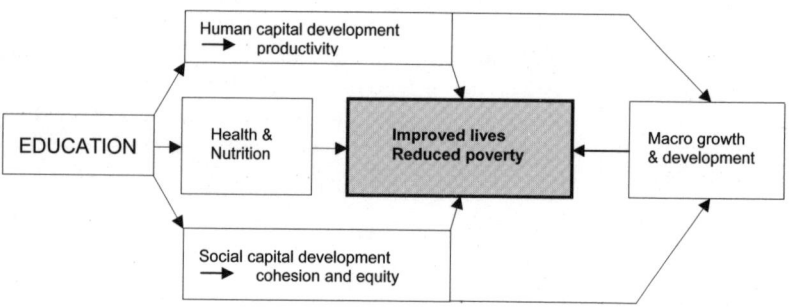

Zu S. 38, Zitat aus Bron 2002, S. 175:

"By collecting life stories we can get insight into the existential, psychological and social well being of adults; their struggles as individuals, and whole groups, to compose identities and biographies in a paradoxical late modern culture characterised by flux, frightening uncertainties and exposed to risk, but also new opportunities for self-definition [...]. This includes the idea of intentionality but also having socially defined roles and expectations. In the meeting points between these two processes, self-identity is developed and change is negotiated."

Zu S. 46, Zitat aus Confintea 1998:

"The challenges of the twenty-first century cannot be met by governments, organizations or institutions alone; the energy, imagination and genius of people and their full, free and vigorous participation in every aspect of life are also needed. Youth and adult learning is one of the principal means of significantly increasing creativity and productivity, in the widest sense of those terms, and these in turn are indispensable to meeting the complex and interrelated problems of a world beset by accelerating change and growing complexity and risk."

Zu S. 61, Zitat aus Edwards 1997, S. 1:

"This text is concerned with thinking differently about some of the changing discourses which have come to govern the education and training of adults in recent years and the consequence for practices. It examines the context for such changes and their contested nature. The focus for the discussion is on differing notions of a learning society and the ways in which that is being constructed in the changing practices and discourses of lifelong learning. The argument will be that to encapsulate those changes new forms of thinking are necessary which involve moving away from the dominant discourses of adult education."

Zu S. 70, Zitat aus Lowe 1982, S. 53:

"(a) achieving adult and civic responsibilities,
(b) establishing and maintaining an economic standard of living,
(c) assisting teenage children to become responsible and happy adults,
(d) developing adult leisure-time activities,
(e) relating to one's spouse as a person,
(f) accepting and adjusting to the physiological changes of middle age,
(g) adjusting to aging parents."

Zu S. 86, Abb. 9-2:
The processes and dimensions of learning (nach ILLERIS 2004, S. 95):

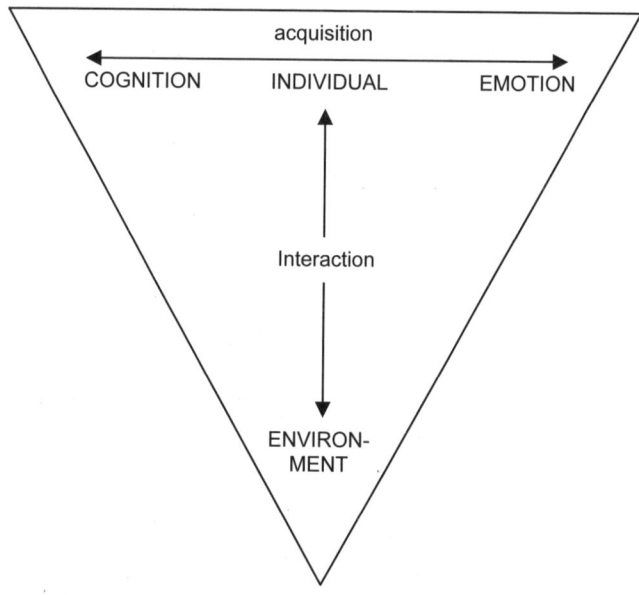

Zu S. 116, Zitat aus LIFELONG LEARNING 2007, S. 3:

"Teachers in the lifelong learning sector value:
- All learners, their progress and development, their learning goals and aspirations and the experience they bring to their learning.
- Learning, its potential to benefit people emotionally, intellectually, socially and economically, and its contribution to community sustainability.
- Equality, diversity and inclusion in relation to learners, the workforce, and the community.
- Reflection and evaluation of their own practice and their continuing professional development as teachers.
- Collaboration with other individuals, groups and/or organisations with a legitimate interest in the progress and development of learners."

Zu S. 127, Abb. 13-1:
The wider benefits of learning (nach SCHULLER u. a. 2005, S. 13):

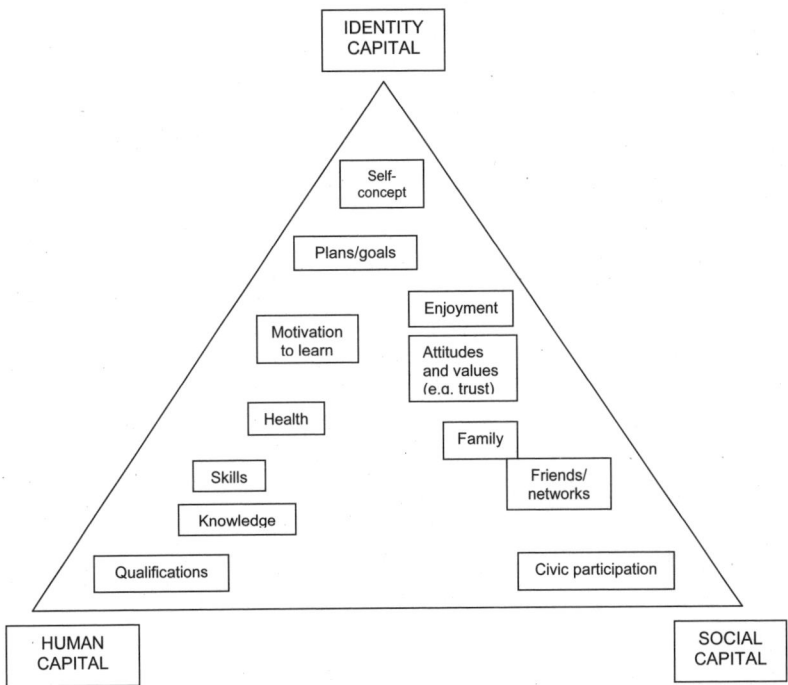

Literaturverzeichnis

ADORNO, THEODOR W. (1971): Erziehung zur Mündigkeit. Vorträge und Gespräch mit Hellmut Becker 1959–1969, Frankfurt a. M. 1971.

ALHEIT, PETER (1996): Biographisches Lernen als gesellschaftliches Veränderungspotential, in: Ahlheim, Klaus (Hrsg.): Lernziel Konkurrenz? Erwachsenenbildung im ‚Standort Deutschland'. Opladen, S. 179–196.

ARBEITSGEMEINSCHAFT QUEM (Hrsg.) (1995): Von der beruflichen Weiterbildung zur Kompetenzentwicklung. Lehren aus dem Transformationsprozeß. Berlin.

ARBEITSKREIS STRUKTURPLAN WEITERBILDUNG (Hrsg.) (1975): Strukturplan Weiterbildung. Strukturplan für den Aufbau des öffentlichen Weiterbildungssystems in der Bundesrepublik Deutschland. Stuttgart.

ARNOLD, PATRICIA (2003): Kooperatives telematisches Lernen aus der Perspektive der Lernenden. Qualitative Analyse einer Community of practice im Fernstudium. Münster.

ARNOLD, ROLF (1985): Deutungsmuster und pädagogisches Handeln in der Erwachsenenbildung. Aspekte einer Sozialpsychologie der Erwachsenenbildung und einer erwachsenenpädagogischen Handlungstheorie. Bad Heilbrunn.

ARNOLD, ROLF (1991): Betriebliche Weiterbildung. Bad Heilbrunn.

ARNOLD, ROLF (1995): Der Teilnehmer als Konstrukt, in: Literatur- und Forschungsreport Weiterbildung H. 35, Frankfurt a. M. 1995, S. 17–23.

ARNOLD, ROLF (1998): Kompetenzentwicklung und Organisationslernen, in: Vogel, Norbert (Hrsg.): Organisation und Entwicklung in der Weiterbildung. Bad Heilbrunn, S. 86–110.

ARNOLD, ROLF (2005): Die emotionale Konstruktion der Wirklichkeit. Beiträge zu einer emotionspädagogischen Erwachsenenbildung. Baltmannsweiler.

ARNOLD, ROLF/GÓMEZ TUTOR, CLAUDIA (2007): Grundlinien einer Ermöglichungsdidaktik. Bildung ermöglichen – Vielfalt gestalten. Augsburg.

ARNOLD, ROLF/LERMEN, MARKUS (2005): Lernen, Bildung und Kompetenzentwicklung. Neuere Entwicklungen in Erwachsenenbildung und Weiterbildung, in: Wiesner, Gisela u. a.: Die lernende Gesellschaft. Lernkulturen und Kompetenzentwicklung in der Wissensgesellschaft. Weinheim, S. 299–320.

ARNOLD, ROLF/SCHÜSSLER, INGEBORG (1998): Wandel der Lernkulturen. Ideen und Bausteine für ein lebendiges Lernen. Darmstadt.

ARNOLD, ROLF/SIEBERT, HORST (1997): Konstruktivistische Erwachsenenbildung. Von der Deutung zur Konstruktion von Wirklichkeit. Baltmannsweiler.

ARNOLD, ROLF/WIECKENBERG, UWE (1999): Herausforderungen an die Erwachsenenbildung, in: VG-News. Zeitschrift der Volkswirtschaftlichen Gesellschaft Wien/Niederösterreich, H. 2, S. 1–2.

ARNOLD, ROLF u. a.: Forschungsmemorandum für die Erwachsenen- und Weiterbildung. Frankfurt a. M. 2000.

BAACKE, DIETER (1997): Medienkompetenz. Tübingen.

BALTES, PAUL/LINDENBERGER, ULMAN/STAUDINGER, URSULA (1998): Lifespan theory in developmental psychology, in: Lerner, Richard M. (Hrsg.): Handbook of child psychology vol. 1: Theoretical models of human development. New York 1998, 5th ed., S. 1079–1143.

BARZ, HEINER (2000): Weiterbildung und soziale Milieus. Neuwied.

BARZ, HEINER/TIPPELT, RUDOLF (Hrsg.) (2004): Weiterbildung und soziale Milieus in Deutschland. Bd. 1: Praxishandbuch Milieumarketing; Bd. 2: Adressaten- und Milieuforschung zu Weiterbildungsverhalten und -interessen. Bielefeld.

BASTIAN, HANNELORE (1997): Kursleiterprofile und Angebotsqualität. Bad Heilbrunn.

BECK, ULRICH (1986): Risikogesellschaft. Auf dem Weg in eine andere Moderne. Frankfurt a. M.

BECK, ULRICH (1996): Wissen oder Nicht-Wissen? Zwei Perspektiven „reflexiver Modernisierung", in: Beck, Ulrich/Giddens, Anthony/Lash, Scott: Reflexive Modernisierung. Eine Kontroverse. Frankfurt a. M., S. 289–315.

BECK, ULRICH / BONSS, WOLFGANG / LAU, CHRISTOPH (2001): Theorie reflexiver Modernisierung – Fragestellungen, Hypothesen, Forschungsprogramme, in: Beck, Ulrich/Bonß, Wolfgang (Hrsg.): Die Modernisierung der Moderne. Frankfurt a. M., S. 11–62.

BECK, ULRICH/GIDDENS, ANTHONY/LASH, SCOTT (1996): Reflexive Modernisierung. Eine Kontroverse. Frankfurt a. M.

BECKER, RUDOLF ZACHARIAS: (1980): Noth- und Hülfsbüchlein für Bauersleute (Nachdr. d. Erstausgabe von 1788). Dortmund.

BEHRENS-COBET, HEIDI (Hrsg.) (1998): Bilden und Gedenken. Erwachsenenbildung in Gedenkstätten und an Gedächtnisorten. Essen.

BELL, DANIEL (1996): Die nachindustrielle Gesellschaft. Frankfurt a. M.

BERZBACH, FRANK (2005): Die Ethikfalle. Pädagogische Theorierezeption am Beispiel des Konstruktivismus. Bielefeld.

BITTLINGMAYER, UWE H./BAUER, ULLRICH (Hrsg.) (2006): „Die Wissensgesellschaft". Mythos, Ideologie oder Realität? Wiesbaden.

BITTNER, GÜNTHER (2001): Der Erwachsene. Multiples Ich in multipler Welt. Stuttgart.

BJERKAKER, STURLA/SUMMERS, JUDITH (2006): Learning democratically. Using study circles. Leicester.

BLK-VERBUNDPROJEKT (Hrsg.) (2007): „Weiterbildungspass mit Zertifizierung informellen Lernens" (ProfilPASS). Bonn [http://www.bmbf.de/pub/weiterbil dungspass_mit_zertifizierung_informellen_lernen s.pdf].

BLUMER, HERBERT (1973): Der methodologische Standort des symbolischen Interaktionismus, in: Arbeitsgruppe Bielefelder Soziologen (Hrsg.): Alltagswissen, Interaktion und gesellschaftliche Wirklichkeit. Bd. 1: Symbolischer Interaktionismus und Ethnomethodologie. Reinbek bei Hamburg, S. 80–146.

BOLDER, AXEL/HENDRICH, WOLFGANG (2000): Fremde Bildungswelten. Alternative Strategien lebenslangen Lernens. Opladen.

BORN, ARMIN (1990): Geschichte der Erwachsenenbildungsforschung. Eine historisch-systematische Rekonstruktion der empirischen Forschungsprogramme. Bad Heilbrunn.

BOSHIER, ROGER (2005): Lifelong Learning, in: English, Leona M. (Hrsg.): International Encyclopedia of Adult Education. New York, S. 373–378.

BOURDIEU, PIERRE/PASSERON, JEAN CLAUDE (1971): Die Illusion der Chancengleichheit. Stuttgart.

BOUTINET, JEAN-PIERRE (2004): L'adulte pluriel face à ses projets, in: Grundlagen der Weiterbildung – Zeitschrift, H. 3, S. 126–129.

BREMER, Helmut (2007): Soziale Milieus, Habitus und Lernen. Zur sozialen Selektivität des Bildungswesens am Beispiel der Weiterbildung. Weinheim u. a. 2007.

BREMER, SUSANNE (1998): Online Moderation. Tätigkeits- und Anforderungsprofil für Lehrende in der Online-Bildung, in: Klein, Rosemarie (Hrsg.): Lehren ohne Zukunft? Wandel der Anforderungen an das pädagogische Personal in der Erwachsenenbildung. Baltmannsweiler, S. 174–186.

BRETSCHNEIDER, MARKUS (2004): Non-formales und informelles Lernen im Spiegel bildungspolitischer Dokumente der Europäischen Union. Deutsches Institut für Erwachsenenbildung: Bonn [http:// www.die-bonn.de/esprid/dokumente/doc-2004/ bretschneider04_01.pdf].

BRIM, ORVILLE G. (1974): Sozialisation im Lebenslauf, in: Brim, Orville G./Wheeler, Stanton: Erwachsenen-Sozialisation. Sozialisation nach Abschluß der Kindheit. Stuttgart, S. 1–55.

BRÖCKLING, ULRICH/KRASMANN, SUSANNE/LEMKE, THOMAS (Hrsg.) (2000): Gouvernementalität der Gegenwart. Studien zur Ökonomisierung des Sozialen. Frankfurt a. M.

BRÖDEL, RAINER (Hrsg.) (2004): Weiterbildung als Netzwerk des Lernens. Differenzierung der Erwachsenenbildung. Bielefeld.

BRÖDEL, RAINER/SIEBERT, HORST (Hrsg.) (2003): Ansichten zur Lerngesellschaft. Baltmannsweiler.

BRÖDEL, RAINER/KREIMEYER, JULIA (Hrsg.) (2004): Lebensbegleitendes Lernen als Kompetenzentwicklung. Analyse – Konzeptionen – Handlungsfelder. Bielefeld.

BRON, AGNIESZKA (2002): Symbolic Interactionism as a Theoretical Position in Adult Education Research, in: Bron, Agnieszka/Schemmann, Michael (Hrsg.): Social Science Theories in Adult Education Research. Münster, S. 154–179.

BRÜNING, GERHILD/KUWAN, HELMUT (2002): Benachteiligte und Bildungsferne – Empfehlungen für die Weiterbildung. Bielefeld.

BUCHWALD, REINHARD (1978): Die Bildungsinteressen der deutschen Arbeiter (1934), in: Schulenberg, Wolfgang (Hrsg.): Erwachsenenbildung. Darmstadt, S. 71–97.

BUNDESMINISTERIUM FÜR BILDUNG UND FORSCHUNG (BMBF) (Hrsg.) (2005): Berichtssystem Weiterbildung IX. Integrierter Gesamtbericht zur Weiterbildungssituation in Deutschland. Bonn.

BUNDESMINISTERIUM FÜR BILDUNG UND FORSCHUNG (BMBF) (Hrsg.) (2007): Arbeiten – Lernen – Kompetenzen entwickeln. Innovationsfähigkeit in einer modernen Arbeitswelt. Bonn, Berlin.

BUNDESMINISTERIUM FÜR BILDUNG UND FORSCHUNG (BMBF) (Hrsg.) (2004): Berufliche und soziale Lage von Lehrenden in der Weiterbildung. Bericht zur Pilotstudie. Bonn, Berlin.

CARA, SUE/LANDY, CHARLES/RANSON, STUART (1998): The Learning City in the Learning Age. Birmingham.

CIUPKE, PAUL u. a.: Memorandum zur historischen Erwachsenenbildungsforschung. Bonn 2004.

COFFIELD, FRANK (1999): Breaking the consensus: lifelong learning as social control, in: British Educational Research Journal, H. 4, S. 549–499.

CONDORCET, ANTOINE DE (1966): Bericht und Entwurf einer Verordnung über die allgemeine Organisation des öffentlichen Unterrichtswesens, mit einer Einleitung von H.-H. Schepp. Weinheim.

CONFINTEA (1997): The Hamburg Declaration on Adult Learning. Fifth International Conference on Adult Education 14–18 July 1997. Hamburg [www.unesco.org/education/uie/confintea/pdf/con5eng.pdf].

CUBE, ALEXANDER VON u. a. (1974): Kompensation oder Emanzipation? Ein Dortmunder Forumsgespräch über die Funktion der Erwachsenenbildung. Braunschweig.

DANN, OTTO (1988): Lesegesellschaften und bürgerliche Emanzipation. Ein europäischer Vergleich. München.

DARKENWALD, GORDON G./HAYES, ELISABETH R. (1988): Assessment of adult attitudes towards continuing education, in: International Journal of Lifelong Education, H. 3, S. 197–204.

DAUBER, HEINRICH/VERNE, ETIENNE (Hrsg.) (1976): Freiheit zum Lernen. Alternativen zur lebenslänglichen Verschulung. Die Einheit von Leben, Lernen, Arbeiten. Reinbek bei Hamburg.

DEGELE, NINA (1999): „Doing knowledge": Vom gebildeten zum informierten Wissen, in: Honegger, Claudia/Hradil, Stefan/Traxler, Franz (Hrsg): Grenzenlose Gesellschaft? Tagungsband des 29. Kongresses für Soziologie in Freiburg 1998, Teil 1. Opladen, S. 459–470.

DEHNBOSTEL, PETER (2003): Informelles Lernen: Arbeitserfahrungen und Kompetenzerwerb aus berufspädagogischer Sicht. [http://www.swa-programm.de/tagungen/neukirchen/vortrag_dehnbostel.pdf].

DEUTSCHER AUSSCHUSS FÜR DAS ERZIEHUNGS- UND BILDUNGSWESEN (Hrsg.) (1960): Zur Situation und Aufgabe der deutschen Erwachsenenbildung. Gutachten. Stuttgart.

DEUTSCHER BILDUNGSRAT (Hrsg.) (1970): Empfehlungen der Bildungskommission. Strukturplan für das Bildungswesen. Bonn.

DEWE, BERND (1999): Lernen zwischen Vergewisserung und Ungewissheit. Reflexives Handeln in der Erwachsenenbildung. Opladen.

DIETERICH, STEPHAN (2001): Zur Selbststeuerung des Lernens, in: Dieterich, Stephan (Hrsg.): Selbstgesteuertes Lernen in der Weiterbildungspraxis. Bielefeld, S. 19–28.

DOHMEN, GÜNTHER (1995): Leben in einer vielfach gefährdeten Welt und Antworten der Erwachsenenbildung – Für ein neues Engagement in der Erwachsenenbildung, in: Zimmermann, Hannelore (Hrsg.): Kulturen des Lernens. Bildung im Wertewandel. Mössingen-Talheim, S. 30–41.

DOHMEN, GÜNTHER (2001): Das informelle Lernen. Die internationale Erschließung einer bisher vernachlässigten Grundform menschlichen Lernens für das lebenslange Lernen aller. Bonn.

DRÄGER, HORST (1975): Die Gesellschaft für Verbreitung von Volksbildung: eine historisch-problemgeschichtliche Darstellung von 1871–1914. Stuttgart.

DRESING, THORSTEN (2006): E-Learning in der universitären Lehre am Beispiel der Entwicklung und Evaluation eines hybriden Onlineseminars zur computergestützten Text- und Inhaltsanalyse. Marburg [http://archiv.ub.uni-marburg.de/diss/z2006/0152/pdf/ dtrd.pdf].

DRÖLL, HAJO (1999): Weiterbildung als Ware. Ein lokaler Weiterbildungsmarkt – das Beispiel Frankfurt. Schwalbach/Ts.

DRUCKER, PETER F. (1969): The Age of Discontinuity: Guidelines to Our Changing Society. New York.

EDWARDS, RICHARD (1997): Changing Places? Flexibility, lifelong learning and a learning society. London.

EGLOFF, BIRTE (2002): Praktikum und Studium. Diplom-Pädagogik und Humanmedizin zwischen Studium, Beruf, Biographie und Lebenswelt. Opladen.

EGLOFF, BIRTE (2006): Selbstbeobachtung, Reflexion und Kommunikation als Institutionalisierungsformen des Lernens Erwachsener, in: Wiesner, Gisela (Hrsg.): Teilhabe an der Erwachsenenbildung und gesellschaftliche Modernisierung. Baltmannsweiler, S. 202–216.

EHSES, CHRISTIANE/HEINEN-TENRICH, JÜRGEN/ZECH, RAINER ([2]2001): Das lernerorientierte Qualitätsmodell für Weiterbildungsorganisationen. Hannover.

ERDBERG, ROBERT VON (1960): Betrachtungen zur alten und neuen Richtung im freien Volksbildungswesen, in: Henningsen, Jürgen: Die Neue Richtung in der Weimarer Zeit, Stuttgart, S. 40–61.

ERIKSON, ERIK H. (1980): Identität und Lebenszyklus. Frankfurt a. M. (amerikan. Originalausgabe: 1959).

Erwachsenenbildungsforschung. In: REPORT, Nr. 33, S. 65–76.

EUROPÄISCHE KOMMISSION (Hrsg.) (1996): Lehren und Lernen – auf dem Weg zur kognitiven Gesellschaft. Luxemburg.

EUROPÄISCHE KOMMISSION (Hrsg.) (2001): Mitteilung der Kommission: Einen europäischen Raum des Lebenslangen Lernens schaffen. Brüssel. [http://ec.europa.eu/education/policies/lll/life/communication/com_de.pdf).

EVANGELISCHE ERWACHSENENBILDUNG HESSEN (Hrsg.) (1996): Erwachsenenbildung weiterentwickeln 1996 [http://www.erwachsenenbildung-ekhn.de/fileadmin/erwachsenenbildung/downloads/PositionenEBHessen1996.pdf].

FAIRCLOUGH, NORMAN (1992): Discourse and Social Change. Cambridge.

FALTERMAIER, TONI u. a. ([2]2002): Entwicklungspsychologie des Erwachsenenalters. Stuttgart.

FAULSTICH, PETER (1993): ,Mittlere Systematisierung' der Weiterbildung. In: Meier, Arthur/Rabe-Kleberg, Ursula (Hrsg.): Weiterbildung, Lebenslauf, sozialer Wandel. Neuwied, S. 29–46.

FAULSTICH, PETER (2001): Bestand und Perspektiven der Weiterbildung – am Beispiel Hessen, in: Nuissl, Ekkehard/Schlutz, Erhard (Hrsg.): Systemevaluation und Politikberatung. Gutachten und Analysen zum Weiterbildungssystem. Bielefeld, S. 76–90.

FAULSTICH, PETER (2004): „Die Desintegration von ,politischer' und ,beruflicher' Bildung in Deutschland ist immer schon problematisch gewesen und heute nicht mehr haltbar", in: Hufer, Klaus-Peter u. a. (Hrsg.): Positionen der politischen Bildung. B. 2. Ein Interviewbuch zur außerschulischen Jugend- und Erwachsenenbildung. Schwalbach/Ts., S. 80–99.

FAULSTICH, PETER/LUDWIG, JOACHIM (Hrsg.) (2004): Expansives Lernen. Baltmannsweiler.

FAULSTICH, PETER/ZEUNER, CHRISTINE ([2]2006): Erwachsenenbildung. Eine handlungsorientierte Einführung in Theorie, Didaktik und Adressaten. Weinheim.

FAULSTICH, PETER/ZEUNER, CHRISTINE (2001): Erwachsenenbildung und soziales Engagement. Bielefeld.

FAURE, EDGAR u. a. (1973): Wie wir leben lernen. Der UNESCO-Bericht über Ziele und Zukunft unserer Erziehungsprogramme. Reinbek bei Hamburg.

FELDMANN, HENNING/HARTKOPF, EMANUEL (2007): Lernstandorte in raumsoziologischer Perspektive. Über die Zusammenhänge zwischen sozialräumlichen Strukturen und die Nutzung städtischer Lernorte am Beispiel der Stadt Bochum, in: DIE Zeitschrift für Erwachsenenbildung, H. 4 [http://www.diezeitschrift.de/42006/feldmann06_01.htm].

FIELDHOUSE, ROGER (2004): Community Education, in: Federighi, Paolo/Nuissl, Ekkehard (Hrsg.): Weiterbildung in Europa. Begriffe und Konzepte. Bonn, 37 [http://www.die-bonn.de/esprid/dokumente/doc-2000/federighi00_01.pdf].

FISCHER, MONIKA E. (2007): Raum und Zeit. Die Formen des Lernens Erwachsene aus modernisierungstheoretischer Sicht. Baltmannsweiler.

FLITNER, WILHELM (1921): Laienbildung. Jena.

FORNECK, HERMANN J. (2001): Die große Aspiration. Lebenslanges, selbstgesteuertes Lernen. Bonn http://www.die-bonn.de/esprid/dokumente/doc-2001/forneck01_01.pdf].

FORNECK, HERMANN J. (2004): „Diskurse der Transformation" – Eine diskursanalytische Untersuchung der Entstehung sich verändernder Professionalität, in: Report, H. 1, S. 236–264.

FORNECK, HERMANN J./WRANA, DANIEL (2005): Ein parzelliertes Feld. Eine Einführung in die Erwachsenenbildung. Bielefeld.

FOUCAULT, MICHEL (1991): Die Ordnung des Diskurses. Frankfurt a. M.

FRANZ-BALSEN, ANGELA (1996): Informationsvermittlung in der Umweltbildung oder: Über den Umgang mit Nichtwissen, in: Nolda, Sigrid (Hrsg.): Erwachsenenbildung in der Wissensgesellschaft. Bad Heilbrunn, S. 140–170.

FRIEBEL, HEINRICH EPSKAMP u. a. (1993): Weiterbildungsmarkt und Lebenszusammenhang. Bad Heilbrunn.

FRIEBEL, HEINRICH EPSKAMP u. a. (2000): Bildungsbeteiligung: Chancen und Risiken Ein Längsschnittstudie über Bildungs- und Weiterbildungskarrieren in der „Moderne". Opladen.

FRIEDRICH, HELMUT F./MANDL, HEINZ (1997): Analyse und Förderung selbstgesteuerten Lernens, in: Weinert, Franz E./Mandl, Heinz: Psychologie der Erwachsenenbildung. Göttingen, S. 237–293.

GEILING, HEIKO / HÖHMANN, PETER / GRIEP, MONIKA (1991): Evangelische Erwachsenenbildung in der Risikogesellschaft, in: Einblicke, H. 2, S. 2–25.

GEISSLER, KARLHEINZ A. (1989): Die Mär vom goldenen Schlüssel für eine goldene Zukunft, in: Frankfurter Rundschau Nr. 195 vom 8.1989, S. 13.

GEISSLER, KARLHEINZ A. (1996) Erwachsenenbildung in der Moderne – moderne Erwachsenenbildung, in: Ahlheim, Karl-Heinz/Bender, Walter (Hrsg.): Lernziel Konkurrenz? Erwachsenenbildung im „Standort Deutschland". Opladen, S. 19–35.

GIDDENS, ANTHONY (1995): Konsequenzen der Moderne. Frankfurt a. M.

GIESEKE, WILTRUD (1998): Habitus von Erwachsenenbildnern. Oldenburg.

GIESEKE, WILTRUD (1992): Erwachsenenbildung zwischen Modernisierung und Modernitätskritik, in: Benner, Dietrich (Hrsg.): Erziehungswissenschaft zwischen Modernisierung und Modernitätskrise. Weinheim, S. 337–342.

GIESEKE, WILTRUD (Hrsg.) (2001): Handbuch zur Frauenbildung. Opladen.

GIESEKE, WILTRUD / GORECKI, CLAUDIA (2000): Programmplanung als Angleichungshandeln – Arbeitsplatzanalyse, in: Gieseke, Wiltrud (Hrsg.): Programmplanung als Bildungsmanagement? Recklinghausen, S. 59–114.

GIESEKE, WILTRUD/KÄPPLINGER, BERND (2001): Lehren braucht Support – Empirische Studie zu neuen Lehr- und Lernkulturen, in: Heuer, Ulrike/Botzat, Tatjana/Meisel, Klaus (Hrsg.): Neue Lehr- und Lernkulturen in der Weiterbildung. Bielefeld, S. 233–270.

GLASERSFELD, ERNST VON (1996): Radikaler Konstruktivismus. Ideen, Ergebnisse, Probleme. Frankfurt a. M.

GNAHS, DIETER (2006): Qualitätsentwicklung in der Weiterbildung jenseits von ISO und EFQM. DIE:

Bonn [http://www.die-bonn.de/esprid/dokumente/doc-2005/gnahs05_01.pdf].

GÖHLICH, MICHAEL/ZIRFAS, JÖRG (2007): Lernen. Ein pädagogischer Grundbegriff. Stuttgart.

GÖTZ, KLAUS (Hrsg.) (1994): Theoretische Zumutungen. Vom Nutzen der systemischen Theorie für die Managementpraxis. Heidelberg.

GROTLÜSCHEN, ANKE (1997): Klaus Holzkamp's Lerntheorie & Schulkritik [http://www.erzwiss.uni-hamburg.de/personal/g.rotlueschen/webdidaktik/kh.html].

GROTLÜSCHEN, ANKE (2003): Widerständiges Lernen im Web – virtuell selbstbestimmt? Eine qualitative Studie über E-Learning in der beruflichen Erwachsenenbildung, Münster.

GROTLÜSCHEN, ANKE/BRAUCHLE, BARBARA (2004): Bildung als Brücke für Benachteiligte. Hamburger Ansätze zur Überwindung der Digitalen Spaltung. Münster.

HABERMAS, JÜRGEN (1981): Theorie des kommunikativen Handelns. 2 Bände, Frankfurt a. M.

HABERMAS, JÜRGEN ([5]1996): Strukturwandel der Öffentlichkeit. Untersuchungen zu einer Kategorie der bürgerlichen Gesellschaft. Frankfurt a. M.

HAKE, BARRY J. (1998): Lifelong Learning and the European Union: A Critique from a ‚Risk Society' Perspective, in: Lifelong Learning in Europe, H. 1, S. 54–60.

HAMACHER, PAUL (1976): Entwicklungsplanung für die Weiterbildung. Braunschweig.

HARNEY, KLAUS (1997): Sinn der Weiterbildung, in: Lenzen, Dieter/Luhmann, Niklas (Hrsg.): Bildung und Weiterbildung im Erziehungssystem. Lebenslauf und Humanontogenese als Medium und Form. Frankfurt a. M., S. 94–114.

HARNEY, KLAUS (1998): Handlungslogik betrieblicher Weiterbildung. Stuttgart.

HARTZ, STEFANIE (2004): Biographizität und Professionalität. Eine Fallstudie zur Bedeutung von Aneignungsprozessen in organisatorischen Modernisierungsstrategien. Wiesbaden.

HARTZ, STEFANIE/MEISEL, KLAUS ([2]2006): Qualitätsmanagement. Bielefeld.

HASAN, ABRAR ([2]1996): Lifelong learning, in: Tuijnman, Albert C. (Hrsg.): International Encyclopedia of Adult Education, S. 33–41.

HOF, CHRISTIANE (2001): Konzepte des Wissens. Eine empirische Studie zu den wissenstheoretischen Grundlagen des Unterrichtens. Bielefeld.

HOFMANN, WALTER (1909): Die Organisation des Ausleihdienstes in der modernen Bildungsbibliothek, in: Freie Volksbildung, H. 1, S. 55–72.

HÖHNE, THOMAS (2003): Thematische Diskursanalyse – dargestellt am Beispiel von Schulbüchern, in: Keller, Reiner u. a. (Hrsg.): Sozialwissenschaftliche Diskursanalyse. Bd. 2 Empirie und Befunde. Opladen, S. 389–420.

HOLM, UTE (2003): Medienerfahrungen in Weiterbildungsveranstaltungen. Zur Rolle massenmedialen Hintergrundwissens in der allgemeinen und beruflichen Weiterbildung. Bielefeld.

HOLZKAMP, KLAUS (1993): Lernen. Subjektwissenschaftliche Grundlegung. Frankfurt a. M.

HOLZKAMP, KLAUS (1996): Wider den Lehr-Lern-Kurzschluss. Interview zum Thema ‚Lernen', in: Arnold, Rolf (Hrsg.): Lebendiges Lernen. Baltmannsweiler, S. 21–30.

HONNETH, AXEL (Hrsg.) (2002): Befreiung aus der Mündigkeit. Paradoxien des gegenwärtigen Kapitalismus. Frankfurt a. M.

HUFER, KLAUS-PETER (2001): Konstruktivismus in der Kritik. Konstruktivismus – die Entpolitisierung der politischen Bildung mit Hilfe einer Erkenntnistheorie, in: Erwachsenenbildung, H. 1, S. 2–6.

HUNTEMANN, H./WEIß, CH.: Volkshochschul-Statistik 48. Folge, Arbeitsjahr 2009. Bonn 2010.

ILLERIS, KNUD (2004): Adult education and adult learning. Frederiksberg.

ILLERIS, KNUD (2006): Das „Lerndreieck". Rahmenkonzept für ein übergreifendes Verständnis vom menschlichen Lernen, in: Nuissl, Ekkehard (Hrsg.): Vom Lernen zum Lehren. Lern- und Lehrforschung für die Weiterbildung. Bielefeld, S. 29–41.

JARVIS, PETER (2006): Towards a comprehensive theory of human learning. London.

JOHNSTON, RONALD (1999): High Way, My Way, No Way, Third Way – locating social purpose learning in a Risk Society? Paper presented at SCUTREA, 29th Annual Conference, 5–7 July 1999, University of Warwick [http://www.leeds.ac.uk/educol/documents/000001003.htm].

JÜTTE, WOLFGANG (2002): Soziales Netzwerk Weiterbildung. Analyse lokaler Institutionenlandschaften. Bielefeld.

KADE, JOCHEN (1989): Kursleiter und die Bildung Erwachsener. Fallstudien zur biographischen Bedeutung der Erwachsenenbildung. Bad Heilbrunn.

KADE, JOCHEN (1991): Diffuse Zielgerichtetheit. Rekonstruktion einer unabgeschlossenen Bildungsbiographie, in: Tietgens, Hans (Hrsg.): Kommunikation in Lehr-Lern-Prozessen mit Erwachsenen. Frankfurt a. M., S. 9–11 (Nachdruck der Originalfassung von 1985).

KADE, JOCHEN (1992): Die Bildung der Gesellschaft – Aussichten beim Übergang in die Bildungsgesellschaft. In: Sozialwissenschaftliche Literatur-Rundschau, H. 24, S. 67–79.

KADE, JOCHEN (1993): Was ist aus der Theorie emanzipatorischer Erwachsenenbildung geworden?, in: Grundlagen der Weiterbildung, H. 4, S. 233–236.

KADE, JOCHEN (1997): Vermittelbar/nicht-vermittelbar: Vermitteln: Aneignen. Im Prozeß der Systembildung des Pädagogischen, in: Lenzen, Dieter/Luhmann, Niklas (Hrsg.): Bildung und Weiterbildung im Erziehungssystem. Lebenslauf und Humanontogenese als Medium und Form. Frankfurt a. M., S. 30–70.

KADE, JOCHEN (2001): Risikogesellschaft und riskante Biographien, in: Wittpoth, Jürgen (Hrsg.): Erwachsenenbildung und Zeitdiagnose. Bielefeld, S. 9–38.

KADE, JOCHEN (2003): Zugemutete Angebote, angebotene Zumutungen – (Politische) Aufklärung unter den Bedingungen von Ungewissheit, in: Helsper, Werner/Hörster, Reinhard/Kade, Jochen (Hrsg.): Ungewissheit. Pädagogische Felder im Modernisierungsprozess. Weilerswist, S. 364–389.

KADE, JOCHEN (2005): Wissen und Zertifikate. Erwachsenenbildung/Weiterbildung. In: Zeitschrift für Pädagogik, H. 4, S. 498–512.

KADE, JOCHEN/SEITTER, WOLFGANG (2007): Offensichtlich unsichtbar. Die Pädagogisierung des Umgangs mit Wissen im Kontext des Lebenslangen Lernens, in: Zeitschrift für Erziehungswissenschaft, H. 2, S. 181–198.

KADE, JOCHEN / NITTEL, DIETER / SEITTER, WOLFGANG (²2007): Einführung in die Erwachsenenbildung/Weiterbildung. Stuttgart.

KADE, JOCHEN/SEITTER, WOLFGANG (2003a): Jenseits des Goldstandards. Über Erziehung und Bildung unter den Bedingungen von Nicht-Wissen, Ungewissheit, Risiko und Vertrauen, in: Helsper, Werner/Hörster, Reinhard/Kade, Jochen (Hrsg.): Ungewissheit. Pädagogische Felder im Modernisierungsprozess. Weilerswist 2003, S. 50–72.

KADE, JOCHEN/SEITTER, WOLFGANG (2003b): Von der Wissensvermittlung zur pädagogischen Kommunikation. Theoretische Perspektiven und empirische Befunde, in: Zeitschrift für Erziehungswissenschaft, H. 4, S. 602–617.

KADE, JOCHEN/SEITTER, WOLFGANG (Hrsg.) (2007a): Umgang mit Wissen. Recherche zur Empirie des Pädagogischen. Bd. 1: Pädagogische Kommunikation. Opladen.

KADE, JOCHEN/SEITTER, WOLFGANG (2007b): Wissensgesellschaft – Umgang mit Wissen – Universalisierung des Pädagogischen Theoretischer Begründungszusammenhang und projektbezogener Aufriss, in: dies. (Hrsg.): Umgang mit Wissen. Recherche zur Empirie des Pädagogischen. Bd. 1: Pädagogische Kommunikation. Opladen, S. 15–42.

KADE, SYLVIA (1991): Frauenbildung. Eine themenorientierte Dokumentation. Bonn.

KADE, SYLVIA (2007): Altern und Bildung. Eine Einführung. Bielefeld.

KADE, SYLVIA / NITTEL, DIETER / NOLDA, SIGRID (1993): „Werte Bürgerinnen und Bürger! Liebe Teilnehmerinnen und Teilnehmer!" Institutionelle Selbstbeschreibungen von Volkshochschulen in politischen Veränderungssituationen, in: Zeitschrift für Pädagogik, H. 3, S. 409–426

KEJCZ, YVONNE u. a. (1979 ff.): Bildungsurlaubs-Versuchs- und Entwicklungsprogramm der Bundesregierung. Endbericht, Bd. 1–8, Heidelberg.

KEMPER, MARITA/KLEIN, ROSEMARIE (1998): Lernberatung. Gestaltung von Lernprozessen in der beruflichen Weiterbildung. Baltmannsweiler.

KEMPKES, HANS GEORG (1987): Teilnehmerorientierung in der Erwachsenenbildung. Frankfurt a. M.

KLEIN, EDWIN/WEICK, EDGAR (1970): Anmerkungen zur Diskussion einer Theorie der Erwachsenenbildung, in: Hessische Blätter für Volksbildung, H. 4, S. 342–351.

KLEIN, ROSEMARIE (2007): Veränderungen der Aufgaben und Tätigkeitsfelder der Lehrenden in der Weiterbildung. Bonn [http://www.die-bonn.de/doks/klein0601.pdf].

KNOLL, JOACHIM H. (1990): Erwachsenenbildung, in: Anweiler, Oskar (Hrsg.): Vergleich von Bildung und Erziehung in der Bundesrepublik Deutschland und in der Deutschen Demokratischen Republik. Köln.

KNOLL, JOACHIM H./KÜNZEL, KLAUS (Hrsg.) (1981): Internationale Erwachsenenbildung in Geschichte und Gegenwart. Braunschweig.

KNOWLES, MALCOLM S./HOLTON, ELWOOD F./SWANSON, RICHARD A. (⁶2007): Lebenslanges Lernen. Andragogik und Erwachsenenbildung. München.

KOLB, DAVID A. (1984): Experiential learning. Experience as the Source of Learning and Development. Englewood Cliffs. Prentice-Hall

KOMMISSION DER EUROPÄISCHEN GEMEINSCHAFTEN (2000): Memorandum über Lebenslanges Lernen. Brüssel [www.die-frankfurt.de/esprid/dokumente/doc-2000/EU==_01.pdf].

KÖPPING, WALTER (1972): „Wissen ist macht – Macht ist Wissen" –. Erinnerung an eine große Rede [ttp://library.fes.de/gmh/main/pdf-files/gmh/1972/1972-10-a-640.pdf].

KÖRBER, KLAUS u. a. (1995): Das Weiterbildungsangebot im Lande Bremen. Strukturen und Entwicklungen in einer städtischen Region. Ergebnisse der Kommissionsarbeit 3. Bremen.

KOSSACK, PETER (2006): Lernen Beraten. Eine dekonstruktive Analyse des Diskurses zur Weiterbildung. Bielefeld.

KOSUBEK, SIEGFRIED (1982): Das Lernen Erwachsener zwischen Offenheit und Institutionalisierung –

dargestellt am Beispiel des Kleingartenwesens und der Volkshochschule. Frankfurt a. M.

KRAUS, KATRIN (2001): Lebenslanges Lernen – Karriere einer Leitidee. Bielefeld.

KRAUS, KATRIN (2006): Vom Beruf zur Employability? Zur Theorie einer Pädagogik des Erwerbs. Wiesbaden.

KRONAUER, Martin (Hrsg.) (2010): Inklusion und Weiterbildung. Reflexionen zur gesellschaftlichen Teilhabe in der Gegenwart. Bielefeld.

KRONE, EUGENIA (2007): Lernaktivitäten akademisch qualifizierter Zuwanderer jüdischer Abstammung aus der ehemaligen Sowjetunion im biografischen Kontext. Dipl.-Arb. Dortmund.

KRUSE, ANDREAS/RUDINGER, GEORG (1997): Lernen und Leistung im Erwachsenenalter, in: Weinert, Franz/Mandl, Heinz (Hrsg.): Psychologie der Erwachsenenbildung. Göttingen, S. 45–85.

KÜCHLER, FELICITAS VON (2007): Von der Rechtsformänderung zur Neupositionierung – Organisationsveränderungen als zeitgenössische Herausforderungen der Weiterbildung, in: Küchler, Felicitas von (Hrsg.): Organisationsveränderungen von Bildungseinrichtungen. Vier Fallbeschreibungen für den Wandel in der Weiterbildung. Bielefeld, S. 7–29.

KÜNZEL, KLAUS (1996): Lernen als Lebensbegleitung? Psychologische und pädagogische Anmerkungen zur ‚kognitiven Gesellschaft', in: Berufsbildung, H. 8/9, S. 97–102.

KUPER, HARM (2000) Weiterbildung im sozialen System Betrieb. Frankfurt a. M.

KUWAN, HELMUT/WASCHBÜSCH, EVA (1998): Delphi-Befragung 1996/1998. Potentiale und Dimensionen der Wissensgesellschaft. Auswirkungen auf Bildungsprozesse und Bildungsstrukturen. München.

LAACK, FRITZ (1960): Auftakt freier Erwachsenenbildung. Geschichte und Bedeutung der „Pflanzschule für tüchtige Commünevorsteher und Städtedeputierte" in Rendsburg 1842–1848. Stuttgart.

LEHR, URSULA (2005): Heute gejagt – morgen gefragt?, in: Weiterbildung, H. 3, S. 20–23.

LICHTENBERG, HEINZ OTTO (1970): Unterhaltsame Bauernaufklärung. Ein Kapitel Volksbildungsgeschichte. Tübingen.

LIEBKNECHT, WILHELM (1968): Wissen ist Macht – Macht ist Wissen und andere bildungspolitisch-pädagogische Äußerungen, ausgewählt, eingeleitet und erläutert von Hans Brumme. Berlin.

LIFELONG LEARNING UK (2007): New overarching professional standards for teachers, tutors and trainers in the lifelong learning sector [http://www.lluk.org/documents/professional_standards_for_itts_020107.pdf].

LINGKOST, ANGELIKA (1996): Teilnahme und Nicht-Teilnahem an Funkkolleg-Begleitkursen. Eine qualitative Studie zur Drop-out-Forschung. Frankfurt a. M.

LIPSMEIER, ANTONIUS (2000): Der Betrieb als Lernort: Arbeiten und Lernen, in: Dewe, Bernd (Hrsg.): Betriebspädagogik und berufliche Weiterbildung. Wissenschaft – Forschung –Reflexion. Bad Heilbrunn, S. 173–184.

LIVINGSTONE, DAVID W. (2006): Informal Learning: Conceptual Distinctions and Preliminary Findings, in: Bekerman, Zvi/Burbules, Nicholas C./Silberman-Keller, Diana (Hrsg.): Learning in places. The Informal Education Reader. New York, S. 203–227.

LOWE, JOHN (^{2}1982): The Education of Adults in a World Perspective. Paris.

LUDWIG, JOACHIM (2000): Lernende verstehen. Lern- und Bildungschancen in betrieblichen Modernisierungsprojekten. Bielefeld.

LUDWIG, JOACHIM (2008): Die Forschungslandkarte Erwachsenen- und Weiterbildung als neues Steuerungsmedium. In: Hessische Blätter für Volksbildung, H. 2, S. 105–113.

LUHMANN, NIKLAS (1984): Soziale Systeme. Grundriß einer allgemeinen Theorie. Frankfurt a. M.

LUHMANN, NIKLAS (1987): Die Autopoiesis des Bewusstseins, in: Hahn, Alois/Kapp, Volker (Hrsg.): Selbstthematisierung und Selbstzeugnis. Bekenntnis und Geständnis. Frankfurt a. M., S. 25–94.

LUHMANN, NIKLAS (1997): Erziehung als Formung des Lebenslaufs, in: Lenzen, Dieter/Luhmann, Niklas (Hrsg.): Bildung und Weiterbildung im Erziehungssystem. Lebenslauf und Humanontogenese als Medium und Form. Frankfurt a. M., S. 11–29.

MANDL, HEINZ / FRIEDRICH, HELMUT F. / HRON, AEMILIAN (1987): Theoretische Ansätze zum Wissenserwerb. Forschungsbericht 41, Tübingen.

MANDL, HEINZ/KOPP, BRIGITTA/DVORAK, SUSANNE (2004): Aktuelle theoretische Ansätze und empirische Befunde im Bereich der Lehr-Lern-Forschung – Schwerpunkt Erwachsenenbildung. Deutsches Institut für Erwachsenenbildung. Bonn.

MANN, ALFRED (^{2}1948): Denkendes Volk – Volkhaftes Denken. Braunschweig.

MAROTZKI, WINFRIED (2005): Manuskript zur Vorlesung „Einführung in die Allgemeine Pädagogik" [http://www.uni-magdeburg.de/iew/web/Marotzki/06-07/Vorlesung_EW/01.pdf].

MAROTZKI, WINFRIED/MEISTER, DOROTHEE M./SANDER, UWE (Hrsg.) (2000): Zum Bildungswert des Internet. Opladen.

MATURANA, HUMBERTO R. (^{2}1985): Erkennen: Die Organisation und Verkörperung von Wirklichkeit. Wiesbaden.

MCGIVNEY, VERONICA (1997): Informal Learning in the

Community. A trigger for change and development, Leicester.

MEAD, GEORGE H. ([10]1995): Geist, Identität und Gesellschaft. Frankfurt a. M.

MEIER, ARTUR u. a. (1998): Weiterbildungsnutzen. Über beabsichtigte und unbeabsichtigte Effekte von Fortbildung und Umschulung. Berlin.

MEISEL, KLAUS/FELD, TIM C. (2005): Organisationsentwicklung und Organisationsberatung. Oldenburg. Universität Oldenburg.

MEISEL, KLAUS/KÜCHLER, FELICITAS VON (1999): Support für Qualitätsentwicklung in der Weiterbildung, in: Küchler, Felicitas von/Meisel, Klaus (Hrsg.): Qualitätssicherung in der Weiterbildung. Auf dem Weg zu Qualitätsmaßstäben. Bonn, S. 206–212.

MERTENS, DIETER (1974): Schlüsselqualifikationen. In: Mitteilungen aus der Arbeitsmarkt- und Berufsforschung, H. 1, S. 36–43.

MEYER, H. M. (2010): Netzwerke. In: Arnold, R./Nolda, S./Nuissl, E. (Hrsg.): Wörterbuch der Erwachsenenbildung. Bad Heilbrunn, S. 218–220.

MÖLLER, SVENJA (2004): Wie kommt das Wissen in die Wissenschaft der Erwachsenenbildung?, in: Report, H. 1, S. 242–248.

NEGT, OSKAR ([6]1971): Praxis der Arbeiterbildung. Frankfurt a. M.

NEGT, OSKAR (1991): Phantasie, Arbeit, Lernen, Erfahrung – zur Differenzierung und Erweiterung der Konzeption „Soziologische Phantasie und exemplarisches Lernen", in: Arbeit und Politik – Mitteilungsblätter der Akademie für Arbeit und Politik an der Universität Bremen, H. 8, S. 11–15.

NICOLL, KATHERINE/EDWARDS, RICHARD (2000): Reading policy texts: lifelong learning as metaphor, in: International Journal of lifelong education, H. 5, S. 459–469.

NITTEL, DIETER (1999): Das Erwachsenenleben aus Sicht der Biographieforschung, in: Krüger, Heinz-Herrmann/Marotzki, Winfried (Hrsg.): Handbuch erziehungswissenschaftliche Biographieforschung. Opladen, S. 301–323.

NITTEL, DIETER (2000): Von der Mission zur Profession? Stand und Perspektiven der Verberuflichung in der Erwachsenenbildung. Bielefeld.

NITTEL, DIETER (2003): Der Erwachsene diesseits und jenseits der Erwachsenenbildung, in: Nittel, Dieter/Seitter, Wolfgang (Hrsg.): Die Bildung des Erwachsenen. Erziehungs- und sozialwissenschaftliche Zugänge. Bielefeld, S. 71–93.

NITTEL, DIETER/MAIER, CORNELIA (2006): Persönliche Erinnerung und kulturelles Gedächtnis. Einblicke in das lebensgeschichtliche Archiv der hessischen Erwachsenenbildung. Opladen.

NITTEL, DIETER/SEITTER, WOLFGANG (2006): Die Bedeu-

tung des demographischen Wandels für die Erwachsenenbildung, in: Der pädagogische Blick, H. 3, S. 132–140.

NOLDA, SIGRID (1995): Volkshochschule als Metapher, in: Hessische Blätter für Volksbildung, H. 2, S. 107–111.

NOLDA, SIGRID (1996): Interaktion und Wissen. Eine qualitative Studie zum Lehr-/Lernverhalten in Veranstaltungen der allgemeinen Erwachsenenbildung. Frankfurt a. M.

NOLDA, SIGRID (1998): Programme der Erwachsenenbildung als Gegenstand qualitativer Forschung, in: Nolda, Sigrid/Pehl, Klaus/Tietgens, Hans: Programmanalysen. Programme der Erwachsenenbildung als Forschungsobjekte. Frankfurt a. M., S. 139–235.

NOLDA, SIGRID (2001a): Appell und Legitimation, Deskription und Reflexion. Reale und mögliche Verwendungen des Begriffs der Wissensgesellschaft außerhalb und innerhalb der Erwachsenenbildung, in: Hessische Blätter für Volksbildung, H. 2, S. 107–118.

NOLDA, SIGRID (2001b): Das Konzept der Wissensgesellschaft und seine (mögliche) Bedeutung für die Erwachsenenbildung, in: Wittpoth, Jürgen (Hrsg.): Erwachsenenbildung und Zeitdiagnose. Bad Heilbrunn, S. 91–117.

NOLDA, SIGRID (2003): Öffentliche Anonymberatung im Fernsehen als erwachsenenpädagogische Veranstaltung, in: Dewe, Bernd/Wiesner, Gisela/Wittpoth, Jürgen (Hrsg.): Erwachsenenbildung und Demokratie. Bielefeld, S. 165–173.

NOLDA, SIGRID (2004a): Das Verdrängen des Lerners durch das Lernen. Zum Umgang mit Wissen in der Wissensgesellschaft, in: Meister, Dorothee M. (Hrsg.): Online-Lernen und Weiterbildung. Wiesbaden, S. 29–42.

NOLDA, SIGRID (2004b): Zerstreute Bildung. Mediale Vermittlungen von Bildungswissen. Bielefeld.

NOLDA, SIGRID (2008): The role of history in the official self-descriptions of national organizations of adult education. A closer look at the websites of WEA, ZNANIE, VÖV, and DVV, in: Bron, Michal/Reischmann, Jost (Hrsg.): Comparative Adult Education. Experiences and examples. Frankfurt a. M. (im Druck).

NONAKA, IKUJIRO/TAKEUCHI, HIROTAKA (1995): The Knowledge Creating Company. Oxford.

NUISSL, EKKEHARD (2005): Professionalisierung in Europa, in: Report, H. 4, S. 47–56.

NUISSL, EKKEHARD (2006): Vom Lernen Erwachsener. Empirische Befunde aus unterschiedlichen Disziplinen, in: Nuissl, Ekkehard (Hrsg.): Vom Lernen zum Lehren. Lern- und Lehrforschung für die Weiterbildung. Bielefeld, S. 217–232.

NUISSL, EKKEHARD u. a. (Hrsg.) (2006): Regionale Bildungsnetze. Ergebnisse zur Halbzeit des Programms „Lernende Regionen – Förderung von Netzwerken". Bielefeld.

OLBRICH, JOSEF (1980): Geschichte der Erwachsenenbildung. Kurseinheit. 3. Geschichte der Weimarer Erwachsenenbildung. Hagen: Fernuniversität.

OLBRICH, JOSEF (1981): Aspekte einer funktional-strukturellen Theorie der Erwachsenenbildung, in: Pöggeler, Franz/Wolterhoff, Bernt: Neue Theorien der Erwachsenenbildung. Handbuch der Erwachsenenbildung, Bd. 8. Stuttgart, S. 65–75.

OLBRICH, JOSEF (2001): Geschichte der Erwachsenenbildung in Deutschland. Bonn.

OLSSEN, MARK (2006): Understanding the mechanism of neoliberal control: lifelong learning, flexibility and knowledge capitalism, in: International Journal of Lifelong Education, H. 3, S. 213–230.

OVERWIEN, BERND (2007): Informelles Lernen, in: Göhlich, Michael/Wulf, Christoph/Zirfas, Jörg (Hrsg.): Pädagogische Theorien des Lernens. Weinheim, S. 119–130.

PAINE, THOMAS (^{2}1957): The age of reason: an investigation of true and fabulous theology. (London 1796) Indianapolis.

PÄTZOLD, HENNING (2004): Lernberatung und Erwachsenenbildung. Baltmannsweiler.

PEHL, KLAUS / REICHERT, ELISABETH / ZABAL, ANOUK (2006): Volkshochschul-Statistik 44. Folge, Arbeitsjahr 2005. Bonn [http://www.die-bonn.de/esprid/dokumente/doc-2006/pehl06_01.pdf].

PETERS, ROSWITHA (2004): Erwachsenenbildungs-Professionalität. Ansprüche und Realitäten. Bielefeld.

PIPER, ALISON (2000): Lifelong learning, human capital, and the soundbite, in: Text, H. 1, S. 109–146.

PONGRATZ, LUDWIG (1999): Aufklärung und Erwachsenenbildung, in: Derichs-Kunstmann, Karin/Faulstich, Peter/Wittpoth, Jürgen (Hrsg.): Politik, Disziplin und Profession in der Erwachsenenbildung. Dokumentation der Jahrestagung 1998 der Kommission Erwachsenenbildung der Deutschen Gesellschaft für Erziehungswissenschaft. Frankfurt a. M., S. 113–124.

PREISSER, RÜDIGER/VÖLZKE, REINHARD (2007): Kompetenzbilanzierung – Hintergründe, Verfahren, Entwicklungsnotwendigkeiten, in: Report, H. 1, S. 62–71.

RAT DER EUROPÄISCHEN KOMMISSION (2004): Entschließung des Rates zur lebensbegleitenden Beratung. 8448/04 EDUC 89 SOC 179.

REHRL, MONIKA/GRUBER, HANS (2007) Netzwerkanalysen in der Pädagogik, in: Zeitschrift für Pädagogik, H. 2, S. 243–264.

REISCHMANN, JOST (2004): Vom „Lernen en passant" zum „kompositionellen Lernen", in: Grundlagen der Weiterbildung, H. 2, S. 92–95.

REITZ, GERHARD/REICHART, ELISABETH (2006): Weiterbildungsstatistik im Verbund 2004 – Kompakt. Bonn: Deutsches Institut für Erwachsenenbildung [http://www.die-bonn.de/esprid/dokumente/doc-2006/reitz06_01.pdf].

ROGERS, ALAN (2003): Teaching Adults. Buckingham.

SALO, PETRI (2006): On the future of liberal adult education in the era of lifelong learning, in: Rinne, Risto/Heikkinen, Anja/Salo, Petri (Hrsg.): Adult Education – Liberty, Fraternity, Equality? Turku, S. 341–358.

SCHÄFFER, BURKHARD (2003): Generation: Ein Konzept für die Erwachsenenbildung, in: Nittel, Dieter/Seitter, Wolfgang (Hrsg.): Die Bildung des Erwachsenen. Erziehungs- und sozialwissenschaftliche Zugänge. Bielefeld, S. 95–114.

SCHÄFFTER, ORTFRIED (1987): Organisationstheorie und institutioneller Alltag, in: Tietgens, Hans (Hrsg.): Wissenschaft und Berufserfahrung. Bad Heilbrunn, S. 147–171.

SCHÄFFTER, ORTFRIED (1998): Weiterbildung in der Transformationsgesellschaft. Zur Grundlegung einer Theorie der Institutionalisierung. Berlin.

SCHÄFFTER, ORTFRIED (2006): Umrisse einer entwicklungsförderlichen Forschungskultur, in: Schäffter u. a.: Lernkultur – Kompetenzentwicklung – Forschungskultur. Wissenschaftliches Begleiten von Verbundprojekten. Berlin, S. 241–250.

SCHAIE, K. WARNER (2005): Developmental Influences on Adult Intelligence. The Seattle Longitudinal Study. Oxford.

SCHALK, HEINZ CH./TIETGENS, HANS (1978): Schichtspezifischer Sprachgebrauch als Problem der Erwachsenenbildung. Arbeitspapier 73 der Pädagogischen Arbeitsstelle des Deutschen Volkshochschul-Verbandes, Frankfurt a. M.

SCHELER, MAX (2007): Die Wissensformen und die Gesellschaft. Frankfurt a. M. [http://publikationen.ub-frankfurt.de/volltexte/2007/3927/].

SCHELTEN, ANDREAS (2005): Berufsbildung ist Allgemeinbildung – Allgemeinbildung ist Berufsbildung, in: Die berufsbildende Schule, H. 6, S. 127–128 [http://www.lrz-muenchen.de/~scheltenpublikationen/pdf/bbschleitartikelschelten06 20025.pdf].

SCHEMMANN, MICHAEL (2007): Internationale Weiterbildungspolitik und Globalisierung. Orientierungen und Aktivitäten von OECD, EU, UNESCO und Weltbank. Bielefeld.

SCHIERSMANN, CHRISTIANE (2006): Profile lebenslangen Lernens. Weiterbildungserfahrungen und Lernbereitschaft der Erwerbsbevölkerung. Bielefeld.

SCHIERSMANN, CHRISTIANE (2007a): Auf dem Weg zu

einer Beratungswissenschaft für das Feld Bildung, Beruf, Beschäftigung, in: Heuer, Ulrike/Siebers, Ruth (Hrsg.): Weiterbildung am Beginn des 21. Jahrhunderts. Münster, S. 150–160.

SCHIERSMANN, CHRISTIANE (2007b): Berufliche Weiterbildung. Wiesbaden.

SCHIERSMANN, CHRISTIANE/THIEL, HEINZ-ULRICH/VÖLKER, MONIKA (Hrsg.) (1984): Bildungsarbeit mit Zielgruppen. Bad Heilbrunn.

SCHLUTZ, ERHARD (1984): Sprache, Bildung und Verständigung. Bad Heilbrunn.

SCHLUTZ, ERHARD (2001): Bildung, in: Arnold, Rolf/Nolda, Sigrid/Nuissl, Ekkehard (Hrsg.): Wörterbuch Erwachsenenpädagogik. Bad Heilbrunn, S. 48–51.

SCHLUTZ, ERHARD/SCHRADER, JOSEF (1999): Systembeobachtung in der Weiterbildung. Zur Angebotsentwicklung im Lande Bremen, in: Zeitschrift für Pädagogik, H. 6, S. 987–1008.

SCHMIDT, BERNHARD (2006): Weiterbildungsverhalten und -interessen älterer Arbeitnehmer, in: bildungsforschung, H. 2 [http://www.bildungsforschung.org/Archiv/2006-02/weiterbildungsverhalten sowie www.schleyer-stiftung.de/JW-Poster/Poster Schmidt.ppt].

SCHRADER, JOSEF (2000): Systembildung in der Weiterbildung unter den Bedingungen halbierter Professionalisierung. Weiterbildungsprogramme und Weiterbildungsinstitutionen im Wandel. Ms. Bremen.

SCHRADER, JOSEF (2003): Wissensformen in der Weiterbildung, in: Gieseke, Wiltrud (Hrsg.): Institutionelle Innensichten der Weiterbildung. Bielefeld, S. 228–253.

SCHRADER, JOSEF (2008): Lerntypen bei Erwachsenen. Empirische Analysen zum Lernen und Lehren in der beruflichen Weiterbildung. 2., ergänzte Aufl. Bad Heilbrunn.

SCHRADER, JOSEF (2010): Reproduktionskontexte der Weiterbildung. In: Zeitschrift für Pädagogik, H. 2, S. 267–284.

SCHRADER, JOSEF/BERZBACH, FRANK (2005): Empirische Lernforschung in der Erwachsenenbildung/Weiterbildung. Bonn [http://www.die-bonn.de/esprid/documente/doc-2005/schrader05_01.pdf].

SCHREIBER-BARSCH, SILKE (2007): Learning Communities als Infrastruktur lebenslangen Lernens. Vergleichende Fallstudien europäischer Praxis. Bielefeld.

SCHREYÖGG, GEORG (1999): Organisation. Grundlagen moderner Organisationsgestaltung. Wiesbaden.

SCHÜERHOFF, VERA (2006): Vom individuellen zum organisationalen Lernen. Eine radikal-sozialkonstruktivistische Analyse. Wiesbaden.

SCHULENBERG, WOLFGANG (1972): Erwachsenenbildung als Beruf, in: Schulenberg, Wolfgang u. a.: Professionalisierung der Erwachsenenbildung. Braunschweig, S. 7–23.

SCHULENBERG, WOLFGANG (1978): Soziale Faktoren der Bildungsbereitschaft Erwachsener. Eine empirische Untersuchung, Stuttgart.

SCHULLER, TOM u. a. (2005): The benefits of learning. The impact of education on health, family life and social capital. London.

SCHULZ, MANUEL (1994): Gefahren und Chancen der politischen Bildung in der Risikogesellschaft, in: Pluskwa, Manfred (Hrsg.): Lernen in und an der Risikogesellschaft. Analyse, Orientierungen, Vermittlungswege. Bederkesa, S. 159–178.

SCHÜSSLER, INGEBORG (1998): Deutungslernen – „Ein Bemühen um die Kommunikation von Deutungssystemen" in Lehr-Lern-Prozessen, in: Arnold, Rolf/Kade, Jochen/Nolda, Sigrid/Schüssler, Ingeborg (Hrsg.): Lehren und Lernen im Modus der Auslegung. Erwachsenenbildung zwischen Wissensvermittlung, Deutungslernen und Aneignung. Baltmannsweiler, S. 88–113.

SCHÜSSLER, INGEBORG (2000): Deutungslernen. Erwachsenenbildung im Modus der Deutung. Eine explorative Studie zum Deutungslernen in der Erwachsenenbildung. Baltmannsweiler.

SCHWÄGERL, CHRISTIAN (2007): Wurzelbehandlung für den Zahn der Zeit. Deutschlands Bevölkerung altert schnell, deshalb braucht Alternsforschung dringend Schwung, in: Frankfurter Allgemeine Zeitung vom 29. Juni 2007, S. 10.

SEITTER, WOLFGANG (1999): Riskante Übergänge in der Moderne. Vereinskulturen, Bildungsbiographien, Migranten. Opladen.

SEITTER, WOLFGANG (2001a): Volksbildung, in: Arnold, Rolf/Nolda, Sigrid/Nuissl, Ekkehard (Hrsg.): Wörterbuch der Erwachsenenpädagogik. Bad Heilbrunn, S. 323 f.

SEITTER, WOLFGANG (2001b): Zwischen Proliferation und Klassifikation. Lernorte und Lernkontexte in pädagogischen Feldern, in: Zeitschrift für Erziehungswissenschaft, H. 2, S. 225–238.

SENZKY, KLAUS (1977): Systemorientierung der Erwachsenenbildung: theoretische Aspekte formaler Organisation. Stuttgart.

SIEBERT, HORST (1983): Adaption oder Antizipation – Die Zukunft als Lernaufgabe?, in: Schlutz, Erhard (Hrsg.): Erwachsenenbildung zwischen Schule und sozialer Arbeit. Bad Heilbrunn, S. 216–230.

SIEBERT, HORST (1994): Erwachsenenbildung als soziale Entsorgung der (Risiko-)Gesellschaft, in: Pluskwa, Manfred/Matzen, Jörg (Hrsg.): Lernen in und an der Risikogesellschaft. Analysen – Orientierungen – Vermittlungswege. Bederkesa, S. 41–47.

SIEBERT, HORST (1996a): Didaktisches Handeln in der Erwachsenenbildung. Neuwied.

SIEBERT, HORST (1996b): Über die Nutzlosigkeit von Belehrungen und Bekehrungen. Beiträge zur konstruktivistischen Pädagogik. Soest.

SIEBERT HORST (2003a): Konstruktivistische Ansätze einer Ermöglichungsdidaktik, in: Arnold, Rolf/ Schüssler, Ingeborg (Hrsg.): Ermöglichungsdidaktik. Erwachsenenpädagogische Grundlagen und Erfahrungen. Baltmannsweiler, S. 37–47.

SIEBERT, HORST (2003b): Vernetztes Lernen. Systemisch-konstruktivistische Methoden der Bildungsarbeit. München.

SIEBERT, HORST (2006): Selbstgesteuertes Lernen und Lernberatung. Konstruktivistische Perspektiven.

SIEBERT, HORST/GERL, HERBERT (1975): Lehr- und Lernverhalten bei Erwachsenen. Braunschweig.

SMITH, W. A. (1987): E. L. Thorndike, in: Jarvis, Peter (Hrsg.): Twentieth Century Thinkers in Adult Education. London, S. 98–118.

SPITZER, MANFRED (2002): Lernen. Gehirnforschung und die Schule des Lebens. Heidelberg.

STANG, RICHARD/HESSE, CLAUDIA (Hrsg.) Learning Centres. Bielefeld 2006.

STEHR, NICO (1994): Arbeit, Eigentum und Wissen. Zur Theorie von Wissensgesellschaften. Frankfurt a. M.

STEHR, NICO (2001): Moderne Wissensgesellschaften, in: Politik und Zeitgeschichte, B36, S. 7–13.

STOLZ, MATTHIAS (2005): Generation Praktikum, in: DIE ZEIT vom 31.3.2005.

STRZELEWICZ, WILLY (1970): Technokratische und emanzipatorische Erwachsenenbildung, in: Zeitschrift für Pädagogik, H. 5, S. 595–608.

STRZELEWICZ, WILLY (1977): Wissenschaftlichkeit und Erwachsenenbildung, in: Tietgens, Hans (Hrsg.): Erwachsenenbildung zwischen Wissenschaft und Unterrichtspraxis. Braunschweig, S. 26–37.

STRZELEWICZ, WILLY/RAAPKE, HANS-DIETRICH/SCHULENBERG, WOLFGANG (1966): Bildung und gesellschaftliches Bewusstsein. Eine mehrstufige soziologische Untersuchung in Westdeutschland. Stuttgart.

TASCHWER, KLAUS (1996): Wissen über Wissenschaft. Chancen und Grenzen der Popularisierung von Wissenschaft in der Erwachsenenbildung, in: Nolda, Sigrid (Hrsg.): Erwachsenenbildung in der Wissensgesellschaft. Bad Heilbrunn, S. 65–99.

TIETGENS, HANS (1972): Leiter und pädagogische Mitarbeitern an Volkshochschulen. Nürnberg.

TIETGENS, HANS (1978): Warum kommen wenig Industrie-Arbeiter in die Volkshochschule? Frankfurt a. M.: Deutscher Volkshochschule-Verband (1964), in: Schulenberg, Wolfgang (Hrsg.): Erwachsenenbildung. Darmstadt, S. 98–174.

TIETGENS, HANS (1981): Die Erwachsenenbildung. München.

TIETGENS, HANS (1991): Ein Blick der Erwachsenenbildung auf die Biographieforschung, in: Hoerning, Erika M. u. a.: Biographieforschung und Erwachsenenbildung. Bad Heilbrunn, S. 206–223.

TIETGENS, HANS (1992): Reflexionen zur Erwachsenendidaktik. Bad Heilbrunn.

TIETGENS, HANS (1996): Der Stellenwert von Wissensformen in der Geschichte der Erwachsenenbildung, in: Nolda, Sigrid (Hrsg.): Erwachsenenbildung in der Wissensgesellschaft. Bad Heilbrunn, S. 31–64.

TIETGENS, HANS (1997): Was bleibt in der Lerngesellschaft für die Bildung?, in: Erwachsenenbildung, H. 4, S. 161–163.

TIETGENS, HANS (^{2}1999): Geschichte der Erwachsenenbildung, in: Tippelt, Rudolf (Hrsg.): Handbuch der Erwachsenenbildung/Weiterbildung. Opladen, S. 25–41.

TIETGENS, HANS (2001a): Ideen und Wirklichkeiten der Erwachsenenbildung in der Weimarer Republik. Ein anderer Blick. Essen.

TIETGENS, HANS (2001b): Teilnehmerorientierung, in: Arnold, Rolf/Nolda, Sigrid/Nuissl, Ekkehard (Hrsg.): Wörterbuch Erwachsenenpädagogik. Bad Heilbrunn, S. 304 f.

TIETGENS, HANS (2003): Erwachsenenbildung, in: Weißeno, Georg (Hrsg.): Lexikon der politischen Bildung. Bd. 2: Außerschulische Jugend- und Erwachsenenbildung. Schwalbach/Ts., S. 60–63.

TIETGENS, HANS/WEINBERG, JOHANNES (1971): Erwachsene im Feld des Lehrens und Lehrens. Braunschweig.

TIPPELT, RUDOLF u. a. (2003): Weiterbildung, Lebensstil und soziale Lage in einer Metropole. Studie zu Weiterbildungsverhalten und -interessen der Münchner Bevölkerung. Bielefeld.

TOUGH, ALLEN (1971): The Adult's Learning Projects. A Fresh Approach to Theory and Practice in Adult Learning. Toronto.

TRAUTNER, HANNS M. (^{2}2003): Allgemeine Entwicklungspsychologie. Stuttgart.

TUIJNMAN, ALBERT C. (^{2}1996): Clienteles and Special Populations, in: Tuijnman, Albert C. (Hrsg.): Encyclopedia of Adult Education and Training. Oxford, S. 558–564.

UELTZHÖFFFER, JÖRG (2000): Lebenswelt und Bürgerschaftliches Engagement. Soziale Milieus in der Bürgergesellschaft. Stuttgart.

VENTH, ANGELA (2006): Gender-Porträt Erwachsenenbildung. Diskursanalytische Reflexionen zur Konstruktion des Geschlechterverhältnisses im Bildungsbereich, Bielefeld.

VER.DI (HRSG.): (2007): Bildung bewegt! Die ver.di-Bildungskonzeption. Berlin [http://www.verdi-bildu

ngsportal.de/upload/m4614f85b956da_verweis1. pdf]

WAIN, KENNETH (2004): The Learning Society in a Post-modern World. The Education Crisis. New York.

WEBER, WOLFGANG (1994): Persönliche Lebensge-schichte und berufliche Weiterbildung, in: Wiater, Werner (Hrsg.): Erwachsenenbildung und Lebens-lauf. Mündigkeit als lebenslanger Prozeß. Mün-chen, S. 55–64.

WEIL, MARKUS u. a. (2007): Best-Practice-Weiterbil-dung in KMU. Eine Befragung von Deutschschwei-zer KMU-Weiterbildungsverantwortlichen zu Stra-tegien, Lernformen und Kooperationen in der Weiterbildung. Zürich.

WEINBERG, JOHANNES (2000): Einführung in das Studi-um der Erwachsenenbildung. Bad Heilbrunn, über-arb. Neuaufl.

WEINERT, FRANZ E./MANDL, HEINZ (Hrsg.) (1997): Psy-chologie der Erwachsenenbildung, Göttingen.

WEITSCH, EDUARD (1948): Neue Beiträge zur Methode des Volkshochschulunterrichts, in: Lotze, Heiner (Hrsg.): Bausteine der Volkshochschule. Braun-schweig, S. 98–118.

WERNER, DIRK (2006): Trends und Kosten der betrieb-lichen Weiterbildung – Ergebnisse der IW-Weiter-bildungserhebung 2005, in: IW-Trends – Viertel-jahresschrift zur empirischen Wirtschaftsforschung aus dem Institut der deutschen Wirtschaft Köln, H. 1 [http://www.iwkoeln.de/data/pdf/content/tr ends01_06_2.pdf].

WILLKE, HELMUT (1998): Organisierte Wissensarbeit, in: Zeitschrift für Soziologie, H. 3, S. 161–177.

WILLKE, HELMUT (2002): Dystopia. Studie zur Krisis des Wissens in der modernen Gesellschaft. Frankfurt a. M.

WITTPOTH, JÜRGEN (1994): Rahmungen und Spielräu-me des Selbst. Frankfurt a. M.

WITTPOTH, JÜRGEN (1997): Grenzfall Weiterbildung, in: Lenzen, Dieter/Luhmann, Niklas (Hrsg.): Bil-dung und Weiterbildung im Erziehungssystem. Le-benslauf und Humanontogenese als Medium und Form. Frankfurt a. M., S. 71–93.

WITTPOTH, JÜRGEN (2001): Reflexive Moderne. Zum (Anregungs-)Gehalt einer mehrdeutigen Perspek-tive, in: Wittpoth, Jürgen (Hrsg.): Erwachsenenbil-dung und Zeitdiagnose. Bielefeld, S. 139–154.

WITTPOTH, JÜRGEN (2005): Heute hier, morgen dort … Wandel und Reflexivität in der Erwachsenen-pädagogik, in: Baldauf-Bergmann, Kristine/Küch-ler, Felicitas von/Weber, Christel (Hrsg.): Er-wachsenenbildung im Wandel – Ansätze einer reflexiven Weiterbildungspraxis. Baltmannsweiler, S. 17–27.

THE WORLD BANK (Hrsg.) (1999): The Importance of Education [http://siteresources.worldbank.org/ED UCATION/Resources/ESSU/education_strategy_19 99.pdf].

WRANA, DANIEL (2003): Lernen lebenslänglich. Die Karriere lebenslangen Lernens. Eine gouverne-mentalitätstheoretische Studie zum Weiterbil-dungssystem [www.copyriot.com/gouvernement alitaet/pdf/wrana.pdf].

WRANA, DANIEL (2006): Das Subjekt schreiben. Re-flexive Praktiken und Subjektivierung in der Wei-terbildung – eine Diskursanalyse. Baltmanns-weiler.

WURMS, RENATE (1992): „Von heute an gibt's mein Programm" – Zur Entwicklung der politischen Frauenbildungsarbeit, in: Arbeitsgruppe Frauen-bildung und Politik (Hrsg.): Ein Handbuch zur poli-tischen Frauenbildungsarbeit. Dortmund, S. 11–40.

ZECH, RAINER (2003): Lernerorientierte Qualitätstes-tierung in der Weiterbildung. LQW 2. Das Hand-buch. Hannover.

ZEUNER, CHRISTINE (2010): Arbeitsgemeinschaft. In: Arnold, R./Nolda, S./Nuissl, E. (Hrsg.): Wörterbuch der Erwachsenenbildung. Bad Heilbrunn, S. 27 f.

ZIMMER, GERHARD (2005): Konzeptualisierung virtuel-ler Lernorte. Erfolg durch Diskurs, in: Weiterbil-dung, H. 5, S. 12–15.

ZINKE, GERT/FOGOLIN, ANGELA (Hrsg.) (2003): Online-Communities – Chancen für informelles Lernen in der Arbeit. Bielefeld.

Personenregister

Sachregister

Abbildungsverzeichnis